Daniela Blickhan

Mit Kindern wachsen

NLP im Alltag

DANIELA BLICKHAN

MIT KINDERN WACHSEN

NLP IM ALLTAG

Erweiterte Neuauflage

Junfermann Verlag
Paderborn
2012

Auflage	5. erweiterte Neuauflage 2012
Coverbild	© vision images – Fotolia.com
Covergestaltung/Reihenentwurf	Christian Tschepp
Illustrationen im Text	Ruth Wild

Satz	JUNFERMANN Druck & Service, Paderborn
Bibliografische Information der Deutschen Bibliothek	Die Deutsche Bibliothek verzeichnet diese Publikation in der Deutschen Nationalbibliografie; detaillierte bibliografische Daten sind im Internet über http://dnb.ddb.de abrufbar.

ISBN 978-3-87387-865-5

Dieses Buch erscheint parallel als E-Book (ISBN 978-3-87387-881-5).

Inhalt

Vorwort zur erweiterten Auflage 2012

Als ich dieses Buch geschrieben habe, waren unsere beiden Kinder noch klein. Viele der Beispiele, die ich beschreibe, habe ich selbst erlebt und die Lösungen, die ich für alltägliche Probleme anbiete, haben wir selbst in unserer Familie ausprobiert – manchmal mehr, manchmal weniger erfolgreich. Und das war gut so, denn im Leben einer Familie geht es nicht um Erfolg. Viel wichtiger sind das Miteinander, das gegenseitige Vertrauen und die Bindung. Auf dieser Grundlage ist es durchaus in Ordnung, wenn auch mal „die Fetzen fliegen".

Mittlerweile sind unsere Kinder erwachsen. Und so wie die Kinder herangewachsen sind, hat sich auch unser Verständnis von uns als Familie Stück für Stück erweitert und verändert. Deshalb ist der Titel dieses Buches – „Mit Kindern wachsen" – für mich aktueller denn je.

In den gut 15 Jahren seit der ersten Veröffentlichung dieses Buches habe ich selbst vielfältige berufliche Erfahrung gesammelt. Als Psychologin, im Coaching und in den vielen Ausbildungskursen an unserem Institut habe ich NLP tagtäglich angewendet und in vielen Bereichen weiterentwickelt. Nach wie vor halte ich NLP für eine der wirksamsten Methoden, die es für Coaching und Persönlichkeitsentwicklung gibt. Ich hoffe, dass die ziel- und lösungsorientierte Grundhaltung, die das NLP prägt, in vielen Familien, Klassenzimmern, Kindergärten und Lebensbereichen von Kindern gelebt wird.

Mein persönlicher und beruflicher Weg hat mich in den letzten Jahren auch mehrfach nach Japan geführt, in eine Kultur, die so ganz anders als die unsere zu sein scheint. In Japan habe ich Seminare für Coaches geleitet und Kurse für junge Mütter, deren Ziel es war, ihre Kinder bestmöglich auf ihrem Lebensweg zu unterstützen. Besonders gefreut hat mich, dass mein Buch „Nerv nicht so, Mama!" 2009 ins Japanische übersetzt wurde. Die Inhalte trafen auf große Resonanz und inzwischen ist sogar eine Übersetzung ins Chinesische im Gespräch.

So anders die japanische Mentalität und Erziehungskultur auch sein mögen – und dabei reden wir noch nicht einmal von der chinesischen „Tiger-Mutter" –, so ähnlich sind die Themen, mit denen sich Eltern dort beschäftigen. Die Grundhaltung, die dieses Buch durchzieht, traf in Japan auf genauso offene Ohren wie in Deutschland. Und das ist nicht überraschend, denn in allen Familien geht es um vertrauensvolle Beziehungen und gemeinsames Wachsen.

Ich freue mich über diese (deutsche) Neuauflage von „Mit Kindern wachsen", denn sie gibt mir Gelegenheit, einen neuen Themenbereich mit aufzunehmen, der das Buch wunderbar ergänzt. Es geht dabei um die Positive Psychologie, die der Frage nachgeht, was das Leben lebenswert macht. Dieses Thema beschäftigt alle Eltern. Mittlerweile gibt es viele wirksame und leicht anwendbare Möglichkeiten, das „Aufblühen" von Menschen zu fördern – seien es Kinder oder Eltern. Das neue Kapitel „Glückliche Eltern – glückliche Kinder" finden Sie am Schluss des Buches.

Ich wünsche Ihnen viel Freude beim Lesen dieses Buches und vor allem beim Anwenden der Anregungen für sich und Ihre Familie. Ein Buch ist ja zunächst einmal ein Begleiter, der im Regal steht. Damit spürbare Veränderung aus ihm erwachsen kann, braucht es Gelegenheiten zum Tun, Ausprobieren, Anwenden ... und das möglichst mit Neugier und Spaß, denn so lernen wir am besten.

Ich wünsche Ihnen viel Freude beim Lesen und noch mehr beim Anwenden.

Januar 2012
Daniela Blickhan

Einleitung

„Mit Kindern wachsen“ – dieses Buch beschreibt, wie Eltern die Möglichkeiten und Grundannahmen des NLP in ihrem Alltag mit Kindern nutzen können. Es ist ein Lese- und Arbeitsbuch für Eltern, Großeltern, Erzieher, Pädagogen und für alle, die mit Kindern leben und arbeiten. Das Buch bietet Übungen und Anwendungshilfen, um mit dem Gelesenen praktische Erfahrungen zu machen und mit den eigenen Kindern neue Wege zu gehen – weg von Stress, Streit, Spannung, hin zu Spaß, Freude und gegenseitigem Verständnis.

Nicht die therapeutische Arbeit mit Kindern ist das Thema, sondern ein präventiver Ansatz: Was können Eltern[1] tun, damit sich „Störungen“ bei den Kindern gar nicht erst festsetzen? Wie können Sie *Ihre Kinder und sich selbst* unterstützen bei dem gemeinsamen Ziel, miteinander zu wachsen?

Die meisten Themen, die in diesem Buch angesprochen werden, sind bei Klein- und Kindergartenkindern aktuell, manche davon auch noch im Grundschulalter. Bei größeren Kindern lässt sich bereits viel vom normalen „Erwachsenen-NLP“ anwenden, und dafür gibt es ja eine Reihe von Büchern. Gerade die Eltern kleinerer Kinder sind noch viel unmittelbarer mit dem Thema beschäftigt, wie sie mit ihren Kindern gemeinsam einen Weg finden, der für alle stimmt. In den ersten Lebensjahren entwickeln sich Kinder mit ungeheurer Geschwindigkeit und Energie. Vielleicht können Eltern gerade in dieser Zeit die überschäumende Lebenskraft ihrer Kinder als Vorbild für ihre eigene Lern- und Entwicklungsfähigkeit annehmen.

Das Buch gliedert sich in zwei Teile. **Teil I** ist für die Eltern, die damit eine Grundlage für sich selbst schaffen können. Hier geht es um persönliche Ziele, Kraftquellen, den Umgang mit belastenden Gefühlen und die Frage nach der eigenen Identität. – **Teil II** ist für Eltern und Kinder gemeinsam. Wie können sie so miteinander umgehen, dass die Bedürfnisse und Absichten aller berücksichtigt werden? Neben den Grundlagen positiver und partnerschaftlicher Kommunikation zwischen Eltern und Kindern werden häufige Probleme und Lösungsmöglichkeiten beschrieben – zum Beispiel Streiten, Schlafen, Trotz und Aggressivität.

Schauen Sie, was Sie in diesem Buch für sich persönlich entdecken können. Kein Kind ist wie das andere und ebenso unterschiedlich sind Sie als Eltern und der Alltag in Ihrer Familie. Allgemeingültige Lösungen sind deshalb eine Illusion und deshalb

---

1 Im weiteren Text spreche ich der Einfachheit halber nur noch von **Eltern** und ihren Kindern. Falls dies für Sie als Leser nicht zutrifft, weil Sie nicht Mutter oder Vater, sondern Oma, Opa, Lehrer, Erzieher oder anderes sind, „übersetzen“ Sie dies bitte so, dass es für Sie zutrifft.

ist dieses Buch kein Erziehungs-Kochbuch mit Patentrezepten. Vielmehr soll es Sie neugierig machen, zusammen mit Ihren Kindern neue Wege zu gehen und alte, ausgetretene Strukturen auch einmal zu verlassen. Lesen Sie es neugierig – und setzen Sie sich nicht unter Druck, alle Vorschläge gleich in die Realität umsetzen zu müssen. Finden Sie heraus, welche Inhalte, Übungen und Anregungen für Sie hilfreich sind, und nehmen Sie diese mit in Ihren Alltag. Vielleicht merken Sie ja auch, dass Sie bestimmte Grundsätze selbst schon lange anwenden, ohne zu wissen, dass das „NLP" ist.

Und wenn Sie an sich zu zweifeln beginnen, weil Sie sich dabei ertappen, wie Sie unbeherrscht reagieren, Ihre Kinder anschreien und sich manchmal weit weg auf eine einsame Insel wünschen: Denken Sie an den Satz „Nobody is perfect". Das Ziel einer Familie ist nicht Perfektion, sondern gemeinsames Leben. Leben heißt lebendig sein und das umfasst alle Gefühlsbereiche, Stärken und Schwächen in gleichem Maß. Auch wer sich selbst wünscht, eine liebevolle, geduldige, gelassene Mutter (Vater / Oma / Opa / Lehrer / Erzieher ...) zu sein, entdeckt immer wieder Teile in sich, die unzufrieden, wütend, genervt oder ungerecht sind. Wer sich dann aber erlaubt, auch diese Seiten leben zu lassen, und nicht nur versucht, sie zu bekämpfen, kann seinen Kindern und Mitmenschen wieder mehr Raum für ihre Gefühle zugestehen – auch für die negativen. Damit sollen keineswegs unkontrollierte Wutausbrüche vor den Kindern salonfähig gemacht werden. Wichtig ist immer der Blick nach beiden Seiten, das heißt, offen zu sein für die eigenen Gefühle *und* für die Gefühle und Reaktionen der anderen, denn sie sind eine wichtige Rückmeldung.

Kinder brauchen keine perfekten Eltern. Sie brauchen Menschen mit Bedürfnissen und Gefühlen, die diese zeigen und auch einmal Dampf ablassen können. Sie dürfen spüren, dass Mama und Papa auch keine Übermenschen sind, denn das ist für die Kinder eine Entlastung. Eltern, die Fehler machen und bereit sind, daraus zu lernen, geben ihren Kindern ein lebendiges Vorbild für persönliches Wachstum. Darauf kommt es an – nicht auf Unfehlbarkeit!

Leslie Cameron-Bandler, eine NLP-Trainerin, drückt das sehr deutlich aus: „Bei dir ist nichts verkehrt. Du hattest einfach noch nicht die Gelegenheit zu lernen, wie du mit diesen Problemen anders umgehen kannst. Wie du die Welt wahrnimmst und darüber denkst, das bestimmt deine Erfahrungen und Erlebnisse in dieser Welt. Die meisten Menschen brauchen keine Therapie. Sie brauchen aber eine Möglichkeit, um zu lernen, wie sie ihre Wahrnehmungen, Gedanken, Gefühle und Handlungen zusammenführen können, um glücklich und erfolgreich zu leben." Auf dieser Grundlage können Eltern und Kinder **miteinander wachsen**.

I.

ELTERN

1. Was hat Erziehung mit NLP zu tun?

NLP kam ursprünglich aus dem therapeutischen Bereich: Die Begründer John Grinder und Richard Bandler wollten herausfinden, wie man Menschen dazu motivieren kann, sich persönlich zu verändern, Probleme zu lösen und neue Strategien zu entwickeln. Die Kernaussage lässt sich in einen einfachen Satz fassen:

> NLP hilft Menschen,
>
> ihre Ziele zu erkennen,
> sich selbst und andere besser zu verstehen und
> belastende Erfahrungen zu integrieren.

Deshalb lässt sich NLP überall dort einsetzen, wo Menschen miteinander zu tun haben: in der Schule, im Berufsleben, in der Ausbildung, in der Psychotherapie und natürlich auch im Alltag. Die therapeutische Anwendung von NLP wurde bereits in zahlreichen Büchern beschrieben, ebenso der Einsatz im beruflichen Bereich, zum Beispiel bei Kommunikations-, Führungs- und Verkaufstrainings oder in der betrieblichen Zusammenarbeit. Auch zum Thema NLP und Schule gibt es mittlerweile etliche Publikationen. Ein großer Bereich blieb bisher aber völlig unberücksichtigt – der Bereich Alltag und Familie. Lässt sich NLP denn auch im Privatleben einsetzen? Wie können Familien davon profitieren? Welche Ansatzpunkte bietet NLP für den konkreten Alltag mit Kindern?

1.1 Was ist NLP?

Am Anfang des NLP stand eine einfache Frage: Was ist es, das bestimmte Psychotherapeuten erfolgreich macht? Warum können diese Therapeuten anderen Menschen wirklich helfen, sich zu verändern – wie gehen sie mit ihren Klienten um? Die „Erfinder" des NLP nahmen deshalb das Verhalten erfolgreicher Therapeuten unter die Lupe und fanden Strategien und Grundeinstellungen, die ihren Umgang mit anderen Menschen bestimmten. Das war das „Rohmaterial", aus dem sie das „Neurolinguistische Programmieren" (NLP) entwickelten.

Der komplizierte Name lässt sich recht einfach erklären: NLP befasst sich mit den Zusammenhängen von körperlichen Vorgängen („Neuro"), Sprache („linguistisches") und inneren Verarbeitungsprozessen („Programmieren"). Unsere Gedanken und Gefühle werden in unserer Sprache sichtbar. Es besteht eine dauernde Wechselwirkung zwischen Körper, Geist und Seele – oder anders gesagt zwischen dem, was wir erleben, denken fühlen, und der Art und Weise, wie wir handeln. Keines dieser „Teile" existiert unabhängig von den anderen; alle sind eng miteinander vernetzt. Mit NLP kann man lernen, diese Zusammenhänge zu verstehen und zu nutzen.

Ein Beispiel:

Nehmen wir an, ein Vater ärgert sich über sein Kind, weil es einen wichtigen Geschäftsbericht als Ausschneidebogen missbraucht und zerschnippelt hat. Das Wort „Ärger" ist hier nichts anderes als ein Sammelbegriff für die komplexen physiologischen Vorgänge in seinem Körper: Sein Herzschlag beschleunigt sich, das Erregungsniveau steigt und bestimmte Stresshormone werden vermehrt ausgeschüttet, um nur einige zu nennen. Sein Bewusstsein erkennt dieses physiologische Muster als „Ärger" und verbindet es mit dem entsprechenden Wort und den internen Bewertungsprozessen, die dazugehören. Vielleicht wurde diesem Vater von klein an beigebracht, dass man Ärger nicht zeigen darf. Dann wird er seine physiologische Reaktion wahrscheinlich negativ bewerten und eher versuchen, sie zu unterdrücken. Vielleicht hatte er aber auch cholerische Vorbilder, die beim geringsten Anlass in die Luft gingen und sich damit erfolgreich gegen andere durchsetzen konnten. Daraus mag er allmählich gelernt haben, dass man Ärger ruhig ausdrücken soll, weil man dann der Überlegene ist. In diesem Fall würde die physiologische Reaktion eher positiv bewertet werden. – Das waren nur zwei mögliche Beispiele aus der Fülle der möglichen Bewertungsprozesse, die skizzenhaft die beiden Pole aufzeigen, zwischen denen sich die Bewertungen bewegen. Diese internen Bewertungen und Überzeugungen sind oft sehr komplex und dem Bewusstsein nicht unbedingt direkt zugänglich. Dann kann man erst aus der eigenen Gefühlsreaktion Rückschlüsse darauf ziehen.

Wer sich ärgert, sieht seine Umwelt anders als im ruhigen Zustand: Er sieht „rot". Entsprechend wird er auch anders mit dieser Umwelt umgehen, zum Beispiel mit: „Komm mir ja nicht zu nahe – ich bin auf 180!" Seine inneren Denkprogramme beeinflussen, wie er die Situation wahrnimmt und darauf reagiert. Seine Wahrnehmung wird wiederum beeinflusst von seinen internen Verarbeitungsprozessen, den sogenannten „Programmen". Diese individuelle innere Verarbeitung und Bewertung wirken sich weiter aus auf seine körperlichen Reaktionen und sein gesamtes Verhalten. Wer zum Beispiel gelernt hat: „Es ist nicht richtig, seine Gefühle zu zeigen", der wird sich in Konfliktsituationen eher zusammennehmen, seine Gefühle nach außen hin unterdrücken und vielleicht im Stillen vor Wut kochen – bis sich diese permanent unterdrückte Energie einen Ausweg in psychosomatischen Beschwerden sucht.

Gehen wir bei unserem Beispiel einen Schritt weiter und betrachten wir die „linguistische“ Komponente. Wenn wir den Vater bitten würden, uns die Gedanken zu nennen, die ihm durch den Kopf gehen, würde er in etwa sagen: „Das darf doch nicht wahr sein! Dieser Bericht war brandeilig, ich muss ihn morgen abgeben. Das gibt eine Katastrophe – mein Chef zerreißt mich in der Luft! Was hat sich der Kleine denn dabei nur gedacht? Dem muss ich aber mal gehörig den Kopf waschen!“ So weit die „inneren Dialoge“. Sie sind natürlich begleitet von entsprechend starken Gefühlen, wie wir vorhin bereits gesehen haben. Die dazugehörigen physiologischen Veränderungen haben wiederum direkte Auswirkungen auf sein äußeres Verhalten, sei es bewusst oder unbewusst. Er wird schimpfen, lauter reden, sich schneller bewegen, vielleicht auf den Tisch hauen – hier gibt es zahlreiche denkbare Varianten.

So viel zu den „neurolinguistischen Programmen“ dieses Vaters. NLP bietet aber weit mehr als bloße Beschreibungsmöglichkeiten dieser Zusammenhänge. Die zentrale Frage lautet ja: Wie kann man mit solchen und anderen belastenden Erfahrungen umgehen? Sind wir unseren „Programmen“ ausgeliefert, weil wir es nun einmal so gelernt haben, oder können wir die Strukturen unserer internen Verarbeitung aktiv beeinflussen und verändern? Können wir als Eltern dazu beitragen, dass unsere Kinder eine sinnvolle Verarbeitung und Bewertung ihrer eigenen Erfahrungen aufbauen können?

Diese Fragen möchte ich an dieser Stelle noch offenlassen. In den einzelnen Kapiteln dieses Buches wird es genau darum gehen, Antworten darauf zu geben. Behalten Sie deshalb die Fragen beim Lesen immer ein bißchen im Hinterkopf, um dann am Ende des Buches Ihre persönliche Antwort (und nur die ist für Sie relevant) zu finden.

1.2 Grundannahmen des NLP

NLP basiert auf bestimmten Grundannahmen über Erleben und Verhalten von Menschen. Sie bilden das Fundament für die praktische Anwendung von NLP im Alltag mit Kindern. Die Beispiele aus dem Alltagsleben mit Kindern sind hier nur kurz angerissen, da sie in den nachfolgenden Kapiteln ausführlich behandelt werden. Betrachten sie die Beispiele deshalb eher als „Appetithäppchen“, die ihnen den Mund wässrig machen sollen für die verschiedenen Gänge des Menüs, die danach folgen. *(Zur besseren Orientierung sind die Grundannahmen jeweils kursiv gedruckt, der Zusammenhang mit dem Thema Erziehung dagegen in normaler Schrift.)*

1.2.1 Jeder Mensch ist einzigartig.

Jeder Mensch nimmt die Welt und sich selbst auf seine ganz persönliche Art und Weise wahr. Jeder lebt gewissermaßen in seiner persönlichen Welt, in der er sich und andere in einer bestimmten Weise erlebt, bewertet und darauf reagiert. Eltern und Kinder haben deshalb nicht unbedingt die gleichen Wahrnehmungen, obwohl sie in der gleichen Situation sein können. Die Eltern werden die Welt durch ihre eigene „Brille" sehen, mit ihren Ohren hören und mit ihrem Körper fühlen. Diese Wahrnehmungen können sich beträchtlich von denen der Kinder unterscheiden.

Wenn Sie das konkret ausprobieren möchten, stellen Sie sich auf eine Leiter und sehen Sie sich die Umgebung von oben an. So etwa wird ein Kind die Welt anders sehen, wenn es erwachsen ist. Setzen Sie sich auch einmal auf den Boden und reden Sie aus dieser Haltung mit einem Erwachsenen – so ähnlich geht es einem vierjährigen Kind. Das sind Beispiele für die direkte visuelle Wahrnehmung, bei denen Sie aber möglicherweise schon einen Eindruck von den Konsequenzen dieser Perspektive auf Ihr Erleben und Verhalten bekommen können. Wie ging es Ihnen als „Riese" und dann als „Zwerg"? Wie haben Sie sich gefühlt, wie sah Ihr „Innenleben" aus? Wie würden Sie aus den unterschiedlichen Positionen heraus handeln und reagieren?

Jeder Mensch steht in ständigem Austausch mit seiner Umwelt. Eltern und Kinder beeinflussen sich gegenseitig. „Erziehung" ist keine Einbahnstraße, sondern ein wechselseitiger Prozess von Geben, Nehmen und Verändern. Sprache ist dabei übrigens keine notwendige Voraussetzung, denn schon kleine Babys „erziehen" ihre Eltern sehr effektiv. Ein Baby, das von Anfang an viel schreit und sich schwer beruhigen lässt, löst bei den Eltern andere Gefühle und Einstellungen aus als ein „pflegeleichtes", fröhliches Kind, das gut schläft, trinkt und keine Probleme macht. Die Selbst-Definition der Eltern kann sich in der Folge gehörig unterscheiden. Obwohl die einen, objektiv gesehen, sehr viel mehr für das Kind tun, erleben sie sich möglicherweise als „schlechte Eltern". Das Baby schreit und lässt sich nicht beruhigen. Die Eltern tragen es herum, wickeln es, füttern es und das Baby hört trotzdem nicht auf. Schließlich schläft es erschöpft ein und die Eltern ebenfalls. Insgeheim fürchten sie sich schon vor dem nächsten Alarm aus dem Kinderzimmer, denn sie sind am Ende ihrer Kräfte. Wenn das Baby beim nächsten Mal schreit, fühlen sie sich völlig zerschlagen und haben fast so etwas wie Wut auf den kleinen Schreihals. „Das darf aber doch nicht sein, denn die Kleine kann ja wirklich nichts dafür!" Die Verunsicherung und den inneren Aufruhr der Eltern nimmt das Kind wiederum auf seine Weise wahr und wird noch unruhiger ... Und so schaukelt sich die Problematik sehr schnell auf. Deshalb kann oft ein kurzer Zeitraum von einigen Stunden, in denen das

Baby von einer anderen (ausgeruhten) Person betreut wird, für alle Beteiligten wahre Wunder wirken, denn der Teufelskreis ist dann zumindest kurzzeitig unterbrochen.

Jeder Mensch hat bereits alle Fähigkeiten, Stärken und Kräfte in sich, die er für ein glückliches und erfülltes Leben braucht. Kinder haben ein unerschöpfliches Potenzial an Energie und Lebenskraft in sich. Die Eltern müssen ihren Kindern hier eigentlich nichts „geben". Sie brauchen ihnen auch nicht beizubringen, wie man glücklich ist, denn das wissen die Kinder bereits. Die Eltern können den Kindern helfen, ihre Energie zu kanalisieren und sinnvoll einzusetzen – aber die Energie selbst und der Wunsch nach Weiterentwicklung ist in den Kindern bereits da. Das Laufen oder Sprechen muss man keinem Kind beibringen, denn der Antrieb zu diesen ungeheuren Entwicklungsschritten liegt ausschließlich im Kind selbst. Wenn man ein Kind betrachtet, das gerade Laufen lernt, wundert man sich oft über die Unermüdlichkeit, mit der es dabei ist, diesen ersten Schritt alleine zu lernen. Es fällt unzählige Male hin und rappelt sich immer wieder auf, um es sofort noch einmal zu versuchen. Und wenn es dann geschafft ist, leuchten die Augen, denn das Kind „weiß", dass das sein eigener Erfolg ist, den es jetzt erlebt. Beim Sprechenlernen ist ebenfalls keine Hilfestellung nötig, denn das Kind findet seine Lernmöglichkeiten allein.

Wie problematisch es werden kann, wenn Eltern zu stark in solche selbststeuernden Prozesse eingreifen wollen, kann am Beispiel von stotternden Kindern deutlich werden. Fast alle Kinder haben mit drei oder vier Jahren eine Phase der Entwicklung, in der sie stottern. Anscheinend denken sie schneller, als sie sprechen können, und das Ergebnis ist stockendes, wiederholendes Sprechen. Wenn die Familie deswegen beunruhigt ist („Er muss doch richtig sprechen lernen!") und das Kind immer wieder darauf hinweist, dass es langsam und richtig sprechen und nicht so stottern soll, verschärft sich oft die Problematik und das Kind wird zum „Stotterer". Es ist nun so aufmerksam geworden, auf seine Art zu sprechen, dass es gar nicht mehr „normal" sprechen kann. Der automatische Entwicklungsprozess, der sich selbst steuert, wurde gestört. Eltern, die das häufig auftretende Stottern kleiner Kinder dagegen als normale Phase der Entwicklung annehmen und gelassen darauf reagieren, unterstützen ihre Kinder wesentlich besser in ihrer Entwicklung. Wenn sie ihnen (trotz des Stotterns) aufmerksam zuhören und ihnen nicht das Wort aus dem Mund nehmen, geben sie den Kindern die Ruhe und Gelassenheit, durch diese Phase hindurchzugehen.

Der Begriff „Förderung" wird in diesem Zusammenhang oft missverstanden. Sicher gibt es Bedingungen, die aktive Unterstützung von außen verlangen, etwa Behinderungen oder Entwicklungsverzögerungen mit den verschiedensten Ursachen. Frühzeitige Förderung ist hier unerlässlich. – Andererseits werden Kinder in unserem Kulturkreis oft schlicht und einfach überfordert. Dreijährige im Skikurs oder im Musikunterricht, Grundschulkinder mit Terminkalender ... Wenn Eltern ihren Kindern erlauben, sich aus sich selbst heraus zu entwickeln, weil sie auf deren inneres Potenzial vertrauen, werden sie den Kindern die Freiräume zugestehen können, die diese zu ihrer gesunden Entwicklung brauchen.

Nicht nur die Kinder, auch die Eltern haben alle notwendigen Ressourcen bereits in sich. Um glücklich und erfüllt zu leben, brauchen sie keine „Fütterung" von außen. Alle Fähigkeiten, die sie benötigen, sind in ihnen bereits angelegt. Der Zugang dazu mag in bestimmten Bereichen verschüttet oder blockiert sein, doch das Potenzial ist da. „Eigentlich wusste ich das schon lange. Mir war nur der Zugang dazu versperrt. Und wenn ich es mir recht überlege, habe ich genau diese Fähigkeit auch schon einmal gehabt – in einem anderen Zusammenhang zwar und zu einer anderen Zeit; aber ich konnte es. Dann kann ich es auch jetzt wieder lernen!" Solche Äußerungen hört man oft von Klienten in der psychotherapeutischen Arbeit. Auch hier muss nichts von außen zugeführt werden, denn die Fähigkeit liegt im Klienten selbst. Der Therapeut ist eher ein Bergführer, der hilft, schwierige Wege wieder passierbar zu machen oder den Eingang zu einer verschütteten Höhle freizulegen. Gehen muss der Wanderer schon selbst.

1.2.2 Ziele sind wichtiger als Probleme

Für das persönliche Wachstum bringt es wenig, nur nach den Ursachen von Problemen zu graben. Viel wichtiger ist es, den Blick in die Zukunft zu richten und die eigenen Ziele zu klären. „Warum schaffe ich es einfach nie, gelassen und souverän mit meinen Kindern umzugehen? Immer wieder gehe ich in die Luft und hinterher tut es mir leid." Selbst wenn diese Mutter wüsste, **warum** sie immer wieder so reagiert – sei es, weil ihre Eltern sie falsch behandelt haben oder ihr Mann ihr die Unterstützung und Anerkennung versagt, die sie nötig braucht: Für den konkreten Umgang mit ihren Kindern bringt ihr das kaum etwas. Für manche Menschen ist es wichtig, die Ursache zu kennen, denn dieses Wissen gibt ihnen Orientierung und Sicherheit. Diese Sicherheit ist allerdings trügerisch, denn selbst wenn man die Ursache kennt, warum man sich falsch verhält, bedeutet das nicht automatisch, dass man weiß, **wie** man es besser machen könnte. Das Bestimmen der Ursachen hält uns in der Vergangenheit fest – die Suche nach Zielen lenkt unsere Aufmerksamkeit auf die Zukunft und ihre Veränderungsmöglichkeiten. Nur wer sein Ziel kennt, wird Wege finden, um dorthin zu gelangen. Wer sich immer nur damit beschäftigt, was er wieder falsch gemacht hat und warum, wird nicht lernen, es besser zu machen. Wir alle sind gut geübt in der Suche nach Ursachen. Die Beschäftigung mit unseren Zielen ist den meisten leider weniger vertraut.

Gerade im Leben mit Kindern erscheint es mir wichtig, mehr die Ziele und weniger die Probleme zu betrachten. Kinder leben absolut in der Gegenwart und weisen uns auf die Zukunft hin. Wir tun ihnen und uns keinen Gefallen, wenn wir dauernd in der Vergangenheit graben. Wie wir selbst auch erzogen wurden – mittlerweile sind wir erwachsen und können die Verantwortung für unser eigenes Leben übernehmen!

Jeder Mensch trifft – bewusst oder unbewusst – die beste Wahl unter seinen Verhaltensalternativen, die ihm momentan zur Verfügung stehen. Irgendwann war jedes Verhalten einmal sinnvoll, auch wenn es inzwischen fehl am Platz zu sein scheint. Die „beste Wahl" ist hier absolut subjektiv. Für einen Außenstehenden mag das Verhalten unangemessen und falsch sein – in diesem Moment stehen dem Handelnden selbst aber keine besseren Möglichkeiten zur Verfügung. Seine Verhaltensauswahl ist ihm meistens nicht einmal bewusst und wird ihm erst durch nachträgliche Reflektion zugänglich.

Für ein Baby ist Weinen die beste Möglichkeit, um den anderen zu signalisieren: „Ich brauche Hilfe. Mir fehlt etwas!" Für einen Erwachsenen ist die gleiche Strategie heute im Umgang mit seinen eigenen Kindern weniger angemessen. Ein Erwachsener verfügt über differenziertere Möglichkeiten, um sich verständlich zu machen.

Absicht und Verhalten sind zwei verschiedene Dinge. Jedes Verhalten hat eine positive Absicht. Alle Eltern kennen Phasen, in denen ein Kind sich unausstehlich verhält und in einem fort quengelt. So beschreiben sie allerdings nur sein *Verhalten.* Die *Absicht* hinter diesem Verhalten kann eine ganz andere sein. Vielleicht will es Zuwendung von den Eltern und möchte sie darauf aufmerksam machen, dass es ein Problem hat. Wenn die Eltern nur auf sein Verhalten reagieren, scheint ein Konflikt vorprogrammiert. „Kannst du denn nicht endlich mit deiner Quengelei aufhören?!" Das Kind fühlt sich missverstanden und nervt immer weiter, bis es schließlich zu den berühmten „Erziehungsmaßnahmen" kommt. Am Ende geht es keinem der Beteiligten gut, denn auch die Eltern merken, dass da vielleicht doch irgendetwas anderes los war ... Wenn Eltern sensibel sein können für die eigentliche Absicht des Kindes, öffnen sich andere Möglichkeiten, mit einem Quengelkind umzugehen. Nehmen wir einmal an, die eigentliche Absicht des Kindes ist es, Zuwendung zu bekommen. Wenn die Eltern auf diese Absicht reagieren, statt sich über das Verhalten zu ärgern, können sie sich überlegen, in welcher Form sie ihm diesen Wunsch jetzt erfüllen könnten. Damit machen sie das quengelige Verhalten überflüssig, denn die Absicht des Kindes ist erfüllt.

„Ist das nicht ein Sieg im Machtkampf? Das Kind hat erreicht, was es wollte, und ich habe wieder mal nachgegeben ..." Wer diesen Einwand formuliert, geht von grundsätzlich anderen Voraussetzungen aus. Es geht hier in keiner Weise um Machtkämpfe, sondern darum, die Absicht des Kindes als grundsätzlich positiv anzuerkennen. Es mag sein, dass wir selbst etwas anderes als positiv bewerten würden, aber in der Welt des Kindes zählen **seine** Maßstäbe und nicht die anderer Menschen. Zurück zu unserem Beispiel: Gegen die Absicht, Zuwendung zu erhalten, ist ja an sich nichts einzuwenden. Gegen den Ausdruck dieser Absicht im aktuellen (quengeligen) Verhalten mag aus unserer Sicht einiges sprechen; aber nicht gegen die Absicht.[2]

Erziehung bedeutet nicht, das Verhalten der Kinder zu formen, sondern aufmerksam zu sein für die Absichten des Kindes und hilfsbereit bei deren Verwirklichung. Kinder verändern zu wollen, scheint mir das falsche Ziel zu sein, denn wer will schon gerne von einem anderen verändert werden? Das impliziert ja, dass das Kind so wie es ist, nicht gut genug ist. Eine derartige Abwertung seiner Person wird es kaum zur freudigen Veränderung motivieren – eher zum trotzigen Beharren, um so wenigs-

---

2 In Kapitel 10 werden wir uns ausführlich damit beschäftigen, wie man die positive Absicht würdigen kann und neue Verhaltensmöglichkeiten findet, die die Absicht mindestens ebenso gut sicherstellen, wie das „Problemverhalten" es bisher tat. An dieser Stelle nur eine mögliche Reaktion der Eltern eines quengeligen Kindes: „Was ist denn heute los mit dir? Erzähl mal. Ich glaube, ich habe gerade ein bisschen wenig Zeit für dich gehabt, stimmt das? Schau, ich möchte jetzt noch diese Sache fertig machen, dann können wir miteinander spielen. Suchst du dir schon einmal etwas aus, was wir zusammen machen wollen?" Vielleicht überlegen Eltern und Kind ja am Ende sogar gemeinsam, wie man diese gute Absicht auch mit anderen Verhaltensweisen sicherstellen könnte.

tens den eigenen Selbstwert zu schützen. „Ich finde das aber gut so! Warum sollte ich das denn anders machen?" Wesentlich hilfreicher erscheint mir ein anderer Blickwinkel: Wenn die Eltern beginnen, bei Problemen mit ihren Kindern zunächst einmal die eigene Wahrnehmung und ihr eigenes Verhalten zu überprüfen und zu verändern, ist der Grundstein für eine positive Entwicklung gelegt. Dann wollen die Eltern nicht ihr Kind ändern, sondern sich selbst neue Wahlmöglichkeiten schaffen, wie sie anders mit ihrem Kind umgehen können. Durch ihr verändertes Verhalten erleichtern sie es dann wiederum ihrem Kind, sich ebenfalls zu ändern – wenn es das möchte, denn:

„Entwicklung" heißt, neue Wege und Wahlmöglichkeiten zu eröffnen, ohne dadurch alte Wege abschaffen zu müssen. Ein kleines Kind lernt Sprechen. Damit stehen ihm neue Wege offen, mit seiner Umwelt unzugehen. Wenn es etwas haben möchte, kann es das gezielt benennen und muss nicht mehr losschreien wie ein Säugling. Es kann jetzt rufen, reden, verhandeln, fordern – und wenn es will, kann es auch immer wieder einmal den alten Weg benutzen und einfach losschreien. Und es wird sicher Gelegenheiten geben, in denen die alte Methode nach wie vor die beste ist – zum Beispiel, wenn mich der Partner nicht ernst nimmt oder wenn ich starke Gefühle direkt ausdrücken möchte. Der alte Weg ist ja nicht auf einmal falsch, nur weil es andere Wege gibt. Wenn ich aber mehrere Wege kenne, kann ich mir jeweils den besten aussuchen und bin nicht mehr auf einen allein angewiesen. Und wer erkennt, dass er jahrelang einen Umweg in Kauf genommen hat und jetzt eine Abkürzung entdeckt, der wird den neuen Weg sicher gern und häufig nutzen.

Für viele Menschen ist diese Einsicht bei persönlichen Veränderungen enorm entlastend: „Ich muss ja gar kein anderer werden. Meine alten Lösungswege stehen mir auch weiterhin offen. Mit dieser Sicherheit, dass mir nichts ‚weggenommen' wird, fällt es mir viel leichter, neue Wege zu finden und auszuprobieren."

1.2.3 Die Bedeutung der Kommunikation ist gleichbedeutend mit der Antwort, die sie erzielt

Etwas weniger abstrakt heißt das: Nicht was ich im Kopf habe, ist entscheidend. Ausschlaggebend ist das, was bei meinem Gegenüber „ankommt". Wenn zwei über das Gleiche reden, meinen sie bekanntlich nicht unbedingt dasselbe. „Ich habe meinem Sohn schon tausendmal gesagt, wie sehr mich das aufregt, wenn er seine Sachen immer überall in der Gegend verstreut. Er will einfach keine Ordnung halten." Das Klagelied einer genervten Mutter klingt für „NLP-Ohren" ganz anders: Wenn ich mit meinen Klagen nichts erreiche, bedeutet das nicht unbedingt, dass mein Kind verstockt und unverbesserlich ist. Vielleicht habe ich das Kind mit meinen Klagen und Vorschriften einfach nicht erreicht. Entscheidend ist, ob ich bereit bin, seinen „Widerstand“ ernst zu nehmen und auf meine Fähigkeiten im Umgang mit ihm zu beziehen. „Was will ich eigentlich von ihm? Warum ist mir die Ordnung so wichtig, welches meiner eigenen Bedürfnisse wird dadurch berührt? Welche anderen Möglichkeiten gibt es, mich meinem Sohn verständlich zu machen? Vielleicht können wir ja einmal über mich und meine Bedürfnisse sprechen, denn bisher war ich ja vor allem mit Vorwürfen bei der Hand. Möglicherweise *weiß* er nicht einmal, warum mir das so wichtig ist, dass in meinem Lebensbereich nicht solch ein Chaos herrscht.“

Fehler sind Information für mich, wie ich es beim nächsten Mal besser machen kann. „Heute ist mir die Hand ausgerutscht. Dabei wollte ich doch mein Kind bestimmt niemals schlagen. Ich bin eben keine gute Mutter.“ Diese Selbstvorwürfe helfen weder der Mutter noch dem Kind. Viel hilfreicher ist es, den eigenen Fehler nicht nur als solchen abzuspeichern, sondern ihn außerdem als wichtige Informationsquelle zu nutzen: Was genau ist da abgelaufen? Was war meine Absicht, wie habe ich sie verwirklicht? Wenn mein Verhalten in diesem Fall unangemessen war – wie könnte ich meine Absicht auf andere Weise verwirklichen, die für alle Beteiligten sinnvoller ist?

Achte auf die Botschaften, die du vom anderen erhältst, und nimm sie ernst. Die Mutter eines zweijährigen Mädchens möchte sich mit ihrer Freundin unterhalten. Die Kleine will dabei aber nicht das fünfte Rad am Wagen sein, sondern möchte mit ihrer Mutter spielen. Sie klettert auf ihren Schoß und bringt ein Bilderbuch mit. Die Mutter hat aber dazu keine Lust, denn sie möchte sich eigentlich mit ihrer Freundin unterhalten. Sie versucht, ihre Tochter abzuwimmeln und für etwas anderes zu interessieren. Das Mädchen möchte aber, dass die Mama sich mit ihm beschäftigt, wird deshalb immer lauter und stört das Gespräch zunehmend. Die Mutter sagt schließlich seufzend zu ihrer Freundin: „Die Kleine führt sich heute mal wieder auf. Das ist wohl das Trotzalter. Meine Mutter meint immer, das dürfte man gar nicht ernst nehmen, dann hört es von selbst wieder auf.“

Der Umgang mit Kindern im Trotzalter ist sicher alles andere als einfach. Dennoch lohnt sich die Frage, was das Mädchen mit seinem Verhalten ausdrücken wollte. Wollte sie sich wirklich „aufführen“? Oder stand dahinter eine ganz andere Botschaft? Wenn die Mutter diese ernst genommen und beantwortet hätte – müsste sich das Kind dann noch aufführen? Die Mutter könnte zum Beispiel ihr Gespräch einen Moment unterbrechen und sich ganz ihrer Tochter zuwenden. „Dein Bilderbuch bringst du mir – du möchtest es gerne mit mir anschauen. Ich möchte aber jetzt erst noch mit Andrea reden. Komm, wir schauen eine Seite zusammen an, dann schaust du alleine weiter. Später lese ich es dir dann ganz vor.“ Natürlich gibt es keine Garantie, dass die Tochter damit zufrieden ist. Der Erfolg dieser Methode hängt auch vom Alter des Kindes ab. Doch schon kleine Kinder merken so, dass die Mutter sie gehört hat und nicht abwimmeln möchte. Wenn sie die Erfahrung machen, dass die Mutter ihr Versprechen, das Buch später vorzulesen, dann auch einhält, stärkt das ihr Vertrauen und die Fähigkeit, auch einmal warten zu können.

1.2.4 Unser Bild von der Welt ist nicht die Welt selbst

Ebenso wie eine Landkarte nicht das Gleiche ist wie die Landschaft, die sie repräsentiert, sind unsere Wahrnehmungen von der Welt nicht die Welt selbst. Jeder Mensch nimmt die Welt durch seine fünf Sinne auf: Er sieht, hört, fühlt, riecht und schmeckt seine Welt. Diese Sinneseindrücke werden auf zwei Ebenen verarbeitet, einer bewussten und einer unbewussten.

Der Begriff des „Unbewussten“ dient uns hier gewissermaßen als Denkmodell. Sicher können Wissenschaftler darüber streiten, was das Unbewusste eigentlich ist. Gehen wir einmal von der Seite der Erfahrung heran: Erinnern Sie sich an Situationen, in denen Sie „automatisch“ gehandelt haben, ohne genau darüber nachzudenken. Hier hat das Unbewusste die Steuerung übernommen. Sicher kennen Sie auch Zeiten beim Autofahren, in denen Sie die letzten gefahrenen Kilometer gar nicht so wahrgenommen haben, weil Sie in Gedanken ganz weit weg waren. Trotzdem können Sie sicher sein, dass Sie in einer kritischen Situation blitzschnell wieder „da“ gewesen wären. Auch hier ist das Unbewusste maßgeblich beteiligt. Die Grenzen zwischen bewusst und unbewusst können immer wieder auch fließend sein. Für uns soll weniger die Frage wichtig sein: „Gibt es das überhaupt?“ – denn die ist zweitrangig. Entscheidend ist, dass das Modell des unbewussten Verarbeitung hilfreich ist beim Umgang mit uns selbst und anderen.

„Das ist ja wieder mal ein Chaos im Kinderzimmer. Sie hat ja alle Spielsachen wild verstreut.“ So weit die bewusste Verarbeitung der Situation im Kinderzimmer. Im Unbewussten der Eltern könnten nun Prozesse ablaufen wie: „Man kann ihr nichts mehr schenken, sie geht ja gar nicht sorgfältig mit ihren Sachen um.“ – „Das Kind ist nicht fähig, Ordnung zu halten.“ – „Ich halte dieses Chaos nicht aus, mir wird ganz schlecht, wenn ich das sehe.“ Vielleicht haben auch die eigenen Eltern immer geschimpft über die Unordnung und die persönliche Erinnerung mit den damit verbundenen Gefühlen steigt nun wieder auf.

Die Wahrnehmung des Kindes kann in dieser Situation eine ganz andere sein, denn durch das Spielen haben dieselben Dinge für das Kind eine ganz andere Bedeutung und einen anderen Wert bekommen. Es erinnert sich noch, wie es mit den einzelnen Spielsachen gespielt hat. Die Dinge haben dadurch Leben bekommen und unterliegen der ganz persönlichen Ordnung des Kindes, die für die Eltern nicht wahrnehmbar ist, denn sie sehen nur das Ergebnis, nicht aber den Prozess der Entstehung im Spiel.

1.3 Was ist Erziehung?

Die Grundannahmen des NLP beschreiben den Menschen als einzigartig, wertvoll und lernfähig. Diese Sichtweise legt den Grundstein zu einer liebevollen Beziehung zwischen Eltern und Kindern. Die Eltern wollen den Kindern weniger etwas beibringen als ihnen vielmehr helfen, sich eigenständig und unabhängig zu verantwortungsvollen, selbstständigen Menschen zu entwickeln. Die Frage ist nicht: „Was kann ich *mit meinem Kind* tun, damit es sich verändert?“, sondern vielmehr: „Was kann ich *mit mir* und *für mich* tun, damit ich so mit meinem Kind umgehen kann, wie es für uns beide angemessen ist?“ Erst danach stellt sich die Frage: „Was kann ich *für mein Kind* tun?“

Probleme werden nicht einseitig negativ betrachtet, sondern gemeinsam als Entwicklungsaufgaben gelöst. Sie betreffen Eltern und Kinder in gleichem Maß, denn beide sind Partner auf diesem Weg.

„Eure Kinder sind nicht eure Kinder.
Sie sind die Söhne und Töchter der Sehnsucht des Lebens nach sich selber.
Sie kommen durch euch, aber nicht von euch.
Und obwohl sie mit euch sind, gehören sie euch doch nicht.
Ihr dürft ihnen eure Liebe geben, aber nicht eure Gedanken.
Denn sie haben ihre eigenen Gedanken.
Ihr dürft ihren Körpern ein Haus geben, aber nicht ihren Seelen.
Denn ihre Seelen wohnen im Haus von morgen, das ihr nicht besuchen könnt,
nicht einmal in euren Träumen.
Ihr dürft euch bemühen, wie sie zu sein, aber versucht nicht, sie euch ähnlich zu machen.
Denn das Leben läuft nicht rückwärts, noch verweilt es im Gestern.“

Kahlil Gibran: Der Prophet

2. | Wie Ziele Wirklichkeit werden

2.1 Nie wieder „gute Vorsätze"

Eine ganz alltägliche Situation: Eine Mutter steht mit ihren beiden Kindern an der Kasse im Supermarkt. Das Baby sitzt im Einkaufswagen und will immer wieder aufstehen, um nach den interessanten Sachen zu greifen, die da vor seinen Augen aufgebaut sind: Kaugummis, Süßigkeiten, Zigaretten ... Die Mutter hält das Baby in seinem Sitz fest, woraufhin es erst quengelt und dann anfängt zu schreien. Mit der anderen Hand versucht sie, ihren Einkauf auf das Kassenband zu packen. In der Zwischenzeit hat das größere Kind eine Handvoll Süßigkeiten gesammelt, die in kindgerechter Augenhöhe dekoriert sind, und legt sie ebenfalls aufs Kassenband: „Mama, das will ich haben!" Die Mutter ist mittlerweile schon recht entnervt und reagiert unwirsch: „Leg das sofort wieder zurück!" Ein Machtkampf bahnt sich an, das Baby schreit und von hinten schauen neugierige Gesichter zu. Was wird sie wohl tun? Vielleicht kommen auch einige gut gemeinte Kommentare wie: „So was darf man ja wohl nicht durchgehen lassen." Oder: „Die armen Kinder ..." Kürzen wir die Szene ab und betrachten das Ende des Dramas: Schließlich wird die Mutter handgreiflich, schreit das ältere Kind an und verlässt im Eiltempo die Szene, zwei brüllende Kinder im Schlepp.

Eine alltägliche Geschichte. Wie geht sie weiter? Vielleicht schafft es die Mutter, draußen ihre Kinder zu beruhigen (und sich selbst auch, denn sie ist mindestens genauso aufgewühlt!) und den Rest des Tages in einigermaßen guter Stimmung hinter sich zu bringen. Oder der Kampf geht weiter und es wird einer dieser Tage, von denen man abends froh ist, dass sie vorbei sind. Vielleicht hat sie ja einen verständnisvollen Mann, der dann ein offenens Ohr für ihre Selbstvorwürfe und Zweifel hat. Wenn sie Pech hat, ist er aber für solche Dinge gar nicht ansprechbar, weil er mit seinen eigenen Problemen genug zu tun hat. Wenn die Mutter dann in Ruhe über den Vorfall im Supermarkt nachdenkt, fällt ihr wohl auf, dass sie wesentlich härter reagiert hat, als sie eigentlich wollte. Und sie nimmt sich vor „Nie wieder! ... Beim nächsten Mal mache ich es bestimmt besser."

Wie groß ist die Wahrscheinlichkeit, dass solche guten Vorsätze zu einer Verhaltensänderung führen? Erfahrungsgemäß ist sie recht gering, da Vorsätze im Alltag sehr schnell unter die Räder kommen. Um neue Verhaltensmöglichkeiten auszuprobieren, brauchen wir Gelassenheit, Neugierde und Kreativität – und genau das fehlt uns in gefühlsmäßig belastenden Situationen. Unter Stress greifen wir automatisch auf bekanntes, altbewährtes Verhalten zurück. Oft sind das Verhaltensweisen, die wir noch aus unserer eigenen Kindheit kennen. Die Erinnerungen daran, wie unsere Eltern damals mit uns umgegangen sind, bestimmen unser Verhaltensrepertoire ganz entscheidend mit. Wenn mit uns damals eine „harte Linie" gefahren wurde, bedarf es bewusster Arbeit an uns selbst, um andere Verhaltensmöglichkeiten aufzubauen: Die inneren Bilder, Dialoge und Gefühle von damals beeinflussen uns noch heute, wenn wir mit unseren eigenen Kindern umgehen. Damals haben wir Werte, Überzeugungen und Verhaltensmuster übernommen, die wir oft als Erwachsene noch mit uns tragen. Diese Verhaltensweisen mögen damals sinnvoll gewesen sein; sie sind es aber heute in unseren veränderten Lebensumständen oft nicht mehr. Unter bestimmten Umständen ist die alte Lösung auch heute noch sinnvoll. Sie ist aber nicht die einzige und schon gar nicht automatisch die beste. Es lohnt sich, nach anderen Möglichkeiten Ausschau zu halten, um neue Wege zu öffnen. Sonst geht es einem wie der Maus im Laufrad, die immer nur in eine Richtung rennt, ohne jemals anzukommen.

Die Mutter aus unserem Supermarktbeispiel *möchte* eigentlich auch lieber anders reagieren, aber in diesem Moment fehlt ihr die innere Möglichkeit dazu. Sie steht unter Stress, fühlt sich wahrscheinlich von vielen Augenpaaren beobachtet und in die Enge getrieben. Sie erlebt ihre Kinder in diesem Moment als zwei weitere Gegner, die man bezwingen muss, um diese Situation zu überstehen. So greift sie zu drastischen Mitteln, schreit und zerrt die Kinder mit sich: „Still jetzt oder es donnert!" Einem Außenstehenden fallen sicher auf Anhieb mehrere Möglichkeiten ein, wie man hier anders reagieren könnte, aber diesen inneren Abstand hat die Mutter in unserem Beispiel momentan nicht.

Wie könnte sie sich dabei unterstützen, emotionalen Spielraum zu gewinnen und andere Verhaltensmöglichkeiten einzusetzen? Gute Vorsätze allein reichen offensichtlich nicht aus – positiv formulierte Ziele, die auf die eigene Persönlichkeit abgestimmt sind, helfen hier wesenlich weiter.

Man kann Ziele so formulieren, dass man sie wahrscheinlich eher nicht erreichen wird. „Ich will mein Kind nicht mehr anschreien" ist ein typisches Beispiel dafür. Um diesen Vorsatz zu verstehen, müssen wir erst einmal daran denken, dass wir das Kind anschreien. In unserem Unbewussten entsteht also davon eine innere Vorstellung. Dazu kommt dann die abstrakte innere Anweisung: „Aufhören damit" oder: „Nicht mehr schreien". Doch das wird überlagert von der inneren Repräsentation des Anschreiens, die ja mit vielen Gefühlen und Erinnerungen verknüpft ist. (Vielleicht auch mit positiven: Wenn es nämlich einmal funktioniert hat und man damit zum Sieger im Machtkampf wurde.) Diese innere Repräsentation des Schreiens wirkt wesentlich schneller und direkter auf unser Verhalten als das abstrakte Verbot „Nicht mehr!".

Ein weiteres Beispiel: Ein Kind balanciert waghalsig auf einer Mauer, die Eltern sehen es und rufen „Fall bloß nicht runter!" Kaum sind diese Worte ausgesprochen, passiert es schon – das Kind liegt auf der Nase. Um den Zuruf „Fall bloß nicht runter!" zu verstehen, muss sich das Kind eine innere Vorstellung vom Fallen machen, denn sonst würde es den Satz nicht verstehen können. Sein Unbewusstes und sein Körper reagieren unmittelbar auf diese innere Repräsentation – und das Kind fällt hin. Die Eltern würden ihrem Kind also wesentlich mehr helfen, wenn sie zum Beispiel sagen „Halte dich schön fest", „Bleib gut stehen" oder wenn sie direkt hingehen (nicht hin*rennen*!) und ihrem Kind Hilfestellung geben.

Diese Phänomene mögen auf den ersten Blick vielleicht überraschend erscheinen, lassen sich aber relativ einfach mit der Funktionsweise unseres Gehirns erklären. Die beiden Gehirnhälften sind für verschiedene Aufgaben zuständig: die rechte für ganzheitliches Wahrnehmen und bildhaftes Denken, die linke für analytische Prozesse, abstraktes Denken und Sprache. Die ganzheitliche rechte Gehirnhälfte steuert unser Verhalten viel unmittelbarer als die linke. Dies geschieht weitgehend unbewusst. „Ich will aufhören, so viel Schokolade zu essen“ – Die Schokolade-Bilder der rechten Gehirnhälfte mit ihren Assoziationen, Gefühlen und Geschmackserinnerungen sind für uns viel verlockender als die verbietenden Kommentare der linken.

Verbote haben also einen großen Nachteil: Sie zeigen uns nicht, welche Alternative sinnvoll ist. Nur positive Zielvorstellungen können unser Verhalten entscheidend beeinflussen, denn dann stimmen Bilder und Kommentare beider Gehirnhälften überein. Fragen Sie einmal jemanden, der aufhören will zu rauchen, was er stattdessen will. Wahrscheinlich wird er erstaunt sein, denn so hat er die Sache noch nie betrachtet. Wenn die Mutter aus unserem Beispiel ihre Kinder nicht mehr anschreien will, hat sie dann überhaupt Alternativen? Was könnte sie anstelle des Schreiens tun, das genauso wirkungsvoll wäre?

2.2 Der positive Zielrahmen

Jeder Mensch plant und handelt zielorientiert. Das ist nichts Neues. Neu ist dagegen die Erkenntnis, dass die Art und Weise, wie wir unsere Ziele formulieren, ganz entscheidend dazu beiträgt, ob wir sie erreichen – oder eben nicht. Es gibt einige einfache Kriterien, die ein gutes Ziel ausmachen. „Gut“ heißt in diesem Zusammenhang, dass die Art und Weise, wie wir an unser Ziel denken und es formulieren, uns hilft, es zu erreichen. Diese Kriterien bilden den Rahmen für ein gutes Ziel und deshalb nennen wir sie den „positiven Zielrahmen“. Er unterstützt Sie dabei, Ihr Ziel lebendig werden zu lassen. So bekommt es Aufforderungscharakter und motiviert Ihr Unbewusstes, die Bedingungen zu schaffen, die Sie brauchen, um ans Ziel zu gelangen.

Lassen Sie Ihre Ziele lebendig werden!

Formulieren Sie Ihre persönlichen Ziele nach diesem positiven Zielrahmen:

Positiv:	Formulieren Sie Ihr Ziel **positiv** – ohne sprachliche Verneinung!
Oekologisch:	Formulieren Sie Ihr Ziel so, dass die Erreichbarkeit **in Ihrer eigenen Person** liegt! Welche **Konsequenzen** entstehen, wenn Sie am Ziel sind – welchen **Preis** sind Sie bereit, dafür zu zahlen? Wie wird Ihre Umgebung reagieren, wie wirkt es sich auf Ihr gesamtes Leben aus (Familie, Partnerschaft, Beruf ...)?
Sensorisch konkret:	Formulieren Sie Ihr Ziel so konkret, dass Sie den Zielzustand **sehen, hören und spüren** – vielleicht auch riechen und schmecken. Erleben Sie, wie es sein wird, **am Ziel zu sein**!
Individuell:	Formulieren Sie Ihr Ziel so, dass Sie den Kern Ihrer Wünsche und Ihre **persönliche Bedeutung** treffen! Wozu wollen Sie Ihr Ziel erreichen? Gibt es vielleicht ein größeres Ziel „dahinter"?
Testbar:	Formulieren Sie Ihr Ziel so **konkret**, dass die Erreichung **eindeutig überprüfbar** ist. Woran werden Sie merken, dass Sie Ihr Ziel erreicht haben? Woran werden andere Menschen merken, dass Sie Ihr Ziel erreicht haben?
Interessant:	Formulieren Sie Ihr Ziel **in der Gegenwart** – so, als ob Sie es **schon erreicht** hätten! Formulieren Sie das Ziel kurz und prägnant!
Verhalten:	Wie werde ich mich verhalten, wenn ich mein Ziel erreicht habe?

Was wird nun aus dem Ziel „Ich will meine Kinder nicht mehr anschreien"? Gehen wir hier die einzelnen Kriterien der Reihe nach durch:

Positiv: Ich will sie nicht mehr anschreien, sondern gelassen bleiben. „Beim nächsten Mal sage ich meinen Kindern klar und bestimmt, was mir wichtig ist."

Oekologisch: Wie sieht es mit der **Ökologie** aus? Die Wahl meiner Worte, der Tonfall und die Gestik liegen in diesem Beispiel in meiner eigenen Kontrolle. Anders wäre es bei Zielen wie: „Meine Kinder sollen mir besser gehorchen / mich mögen etc." Hier stimmt etwas nicht mit der Ökologie, denn es geht nicht nur um *mein eigenes Verhalten*. Das Verhalten anderer kann ich aber nicht ändern – ich kann nur mithelfen, die Bedingungen zu schaffen, unter denen *der andere* sein Verhalten ändern kann und will. Dieser kleine Unterschied im Blickwinkel – mein Verhalten oder das des anderen – ist von entscheidender Bedeutung! Das gilt auch bei Kleinkindern, die sich ja angeblich noch leicht „lenken" lassen. Spätestens wenn es um Essen, Verdauung oder Schlafen geht, wird den meisten Eltern klar, dass sie hier nichts mehr „lenken" können. Man kann kein Kind zwingen, zu essen, zu trinken oder zu schlafen. Wir können nur Bedingungen und eine Familienatmosphäre schaffen, die es dem Kind erleichtern, sein Verhalten zu ändern. Vielleicht ist diese Verhaltensänderung etwas anders als geplant, weil das Ziel des Kindes nicht exakt mit dem der Eltern übereinstimmte. Genau darin liegt aber eine große Lernchance: Wenn wir als Eltern es schaffen, unseren Anspruch von Allmacht und Allwissenheit zu relativieren und unsere Kinder wirklich ernst zu nehmen mit ihren Wünschen, Gefühlen und Bedürfnissen, kann sich eine neue Welt öffnen, in der auch Eltern von ihren Kindern lernen.

Weitere Fragen zur **Ökologie** beziehen sich auf die Konsequenzen, die aus dem neuen Verhalten entstehen können. Wie wird meine Umwelt reagieren, welche Konsequenzen werden mir entstehen? Wie werden die Kinder reagieren? Möglicherweise sind sie überrascht, wie anders ich mich verhalte. Es kann sein, dass dadurch mancher Machtkampf gar nicht erst eskaliert. Sinnvoll wäre es aber trotzdem, sich weitere konkrete Verhaltensweisen zu überlegen, zum Beispiel: „Wenn ich beim ersten Mal noch nichts erreiche, wiederhole ich es klar und bestimmt ein weiteres Mal." Wie wird die Umwelt reagieren? Es ist ja durchaus möglich, dass die Leute hinter der Kasse „erzieherisches Eingreifen" erwarten. Kommen dann gute Ratschläge, Kommentare und persönliche Angriffe? Wie gehe ich damit um? Bin ich bereit, in Kauf zu nehmen, dass die Klärung der Situation eventuell länger dauert als bei der alten Lösung? Riskiere ich, dass von anderen Kunden ungeduldige Aufforderungen kommen können? Ganz allgemein formuliert heißt das: Wie hoch ist der Preis für die neue Lösung? Bin ich bereit, ihn zu zahlen – oder ist mir der Preis zu hoch?

Das führt direkt zu einem weiteren wichtigen Aspekt der **Ökologie**. Ist der Nutzen des gegenwärtigen Verhaltens in meinem Ziel enthalten? Bei genauem Hinsehen gibt es immer eine gute Absicht, warum ich mein Ziel bisher noch nicht verwirklicht habe – sei es, dass ich sicherstellen wollte, dass ich alle nötigen Informationen vorher sammeln kann, oder weil ich mir genügend Zeit lassen wollte oder weil ich bestimmte Dinge noch klären / lernen / erfahren wollte ... Dies hängt von der persönlichen Geschichte ab. Entscheidend für ein „ökologisches" Ziel ist, dass die gute Absicht des gegenwärtigen Zustandes im Ziel enthalten ist und gesichert bleibt.

In der Situation im Supermarkt erlebt die Mutter recht heftige Gefühle, denn sie steht unter Stress. Zu viel stürmt gleichzeitig auf sie ein: Sie muss sich auf zwei Kinder mit unterschiedlichen Bedürfnissen konzentrieren, gleichzeitig den Einkauf auf das Kassenband packen und bezahlen. Durch ihr Schreien kann sie diese Gefühle wenigstens teilweise ausdrücken und so den inneren Druck vermindern. Diese Tatsache ist von entscheidender Bedeutung. Eine neuer Weg kann nur dann „ökologisch" sein, wenn er der Mutter auch ermöglicht, ihre Gefühle angemessen auszudrücken. Wenn sie sich ab sofort immer nur beherrschen und die Zähne zusammenbeißen will, ist das keine Lösung. Über kurz oder lang würden sich hier ihre Gefühle wie in einem Dampfkessel anstauen. – Ökologisch sinnvoller wäre es etwa, die Kinder ruhig und bestimmt anzusprechen und **danach** selbst „Dampf abzulassen“. (Viele Eltern kennen den wohltuenden Effekt einer ausgiebigen Kissenschlacht mit ihren Kindern, die am Ende im allgemeinen Gelächter endet, weil sich jeder austoben konnte. Kissen gehören zwar nicht zur Standardausstattung eines Supermarkts, aber spätestens zu Hause wären sie verfügbar.)

Sensorisch konkret: Wie wird es schließlich sein, wenn ich am Ziel bin? „Ich höre mich selbst mit bestimmter, ruhiger Stimme sprechen, ich sehe meine Kinder und im Hintergrund die Kassiererin mit anderen Kunden. Ich stehe fest mit beiden Füßen auf dem Boden und vertrete meinen Standpunkt. Ich atme ruhig und bin mir bewusst, wie wichtig es jetzt für mich ist, die Wünsche meiner Kinder ernst zu nehmen und die Sache mit ihnen zu klären ...“

Individuell: Geht es mir nur darum, meinen Kindern klar und bestimmt zu vermitteln, was mir wichtig ist? Oder spielt auch eine Rolle, was die Leute von mir denken und welchen Eindruck ich nach außen mache? Vielleicht heißt das Ziel dahinter: „Ich achte meine Kinder und nehme ihre Wünsche ernst – auch wenn andere Leute anderer Meinung sein mögen.“

Testbar: Woran werde ich merken, dass ich meinen Kindern klar und bestimmt sage, was mir wichtig ist? Wie klingt dann meine Stimme, wie atme ich, was nehme ich wahr? Was sehen die anderen Leute, was hören und sehen meine Kinder?

Interessant im Sinne dieses Kriteriums ist das Ziel bereits, und zum

Verhalten, das dazu nötig ist, wissen wir inzwischen auch schon einiges mehr.

In manchen Formulierungen des eigenen Ziels steckt wertvolle Information, die wichtige Hinweise zum Erreichen des Ziels geben kann. Dazu einige Beispiele:

„Noch mehr“, „noch besser“

„Ich möchte mich noch besser durchsetzen können.“ „Ich möchte mehr Selbstvertrauen haben.“ In solchen positive Steigerungen liegt eine persönliche Stärke verborgen. Wenn ich etwas noch besser können möchte, setzt das voraus, dass ich es zu einem gewissen Grad bereits jetzt kann. Diese Tatsache erscheint banal, ist uns aber unter Umständen nicht bewusst. Sie kann eine wertvolle Hilfe sein, um das Ziel zu erreichen.

Versteckte negative Formulierungen

„Ich möchte es schaffen, in größeren Gruppen sicher und selbstbewusst meine Meinung zu sagen.“ Dieses Ziel klingt zunächst positiv, denn es ist auf den ersten Blick keine negative Formulierung zu erkennen. Stellen Sie es aber einmal folgendem Ziel gegenüber: „Ich möchte in größeren Gruppen sicher und selbstbewusst meine Meinung sagen." Oder direkt: „Ich sage in größeren Gruppen sicher und selbstbewusst meine Meinung." Bemerken Sie einen Unterschied? Negative können sich offensichtlich auch verstecken – zum Beispiel hinter Formulierungen wie „es schaffen" oder „*über*leben".

Polaritäten im Ziel

„Ich möchte meinem Kind meine Zuwendung deutlich zeigen, aber ihm auch Grenzen setzen." Derartige Polaritäten („aber", „dagegen", „trotzdem") lassen sich meist recht einfach in ein „und" umwandeln, sobald der zugrunde liegende einschränkende Glaubenssatz bewusst gemacht wird. Dabei ergeben sich dann meist zwei Teilziele, die miteinander zu tun haben und sich nicht widersprechen.

„Weg von" oder „hin zu"

Ein Ziel ist wesentlich leichter erreichbar, wenn man sich klar ist, *wohin* man kommen möchte. Wer sich vor allem mit dem beschäftigt, von dem er *weg*kommen möchte, der kann sein Ziel leicht aus dem Auge verlieren oder sich unter Druck fühlen.

2.3 Vom Wunsch zur Wirklichkeit

Sobald Sie Ihr Ziel nach dem positiven Zielrahmen formuliert haben, gibt es zwei Möglichkeiten: Sie können es Ihrem Unbewussten überlassen, dafür zu sorgen, dass Sie Ihr Ziel erreichen. Dazu denken Sie möglichst oft an Ihr Ziel, lassen es lebendig werden und stellen sich vor, wie es sein wird, am Ziel zu sein. So wird Ihr Unbewusstes Sie dabei unterstützen, entsprechend zu handeln, sodass Sie Ihr Ziel erreichen. Manche Menschen haben mit dieser Methode erstaunliche Erfolge.

Andere – und das ist die zweite Möglichkeit – möchten aber auch bewusst etwas dazu tun und das Ziel durch geplantes Handeln erreichen. (Das Unbewusste wird dabei trotzdem kräftig mithelfen, denn ausschalten können wir es zum Glück nicht.) „Positiv denken allein genügt nicht – man muss auch positiv handeln!" Um Ihr Ziel so in Ihre persönliche Lebenswelt einzubetten, helfen Ihnen folgende Fragen. Einige sind den Kriterien des positiven Zielrahmens ähnlich – der Schwerpunkt liegt jetzt aber auf der Frage, wie Sie Ihr Ziel *erreichen*.

Ziele erreichen

„Ich will"

- Wie genau sieht mein Ziel aus? Wird es mir bringen, was ich *wirklich* will?
- Wenn ich das Ziel erreicht habe:
  - Welche Konsequenzen entstehen daraus für mein gesamtes Leben?
  - Welche Vorteile hat das für mich?
  - Was ist der Preis dafür?

Wie weiß ich, dass ich mein Ziel erreicht habe?
Welche *Bedingungen* sind zu erfüllen, um dahin zu kommen? WER bin ich dann?

„Ich werde"

- Positiv formulieren nach dem Zielrahmen: Was kann ich *tun*? (statt: vermeiden, aufhören etc.)
- Zeitrahmen und Meilensteine für den Fortschritt setzen: Welche einzelnen Schritte sind zu gehen, welche Reihenfolge ist wichtig dabei? Warum ist jeder einzelne Schritt notwendig?
- Was genau ist zu tun? Was muss ich dazu lernen/können/haben? Wie kann ich das sicherstellen?
- Liegt das Ziel in meiner Verantwortlichkeit und Initiative? Wer ist noch beteiligt? Wann ist das Ziel erreicht? Wie kann ich das überprüfen, welche Kriterien habe ich dafür?

„Ich mache es"

- Wen betrifft die neue Lösung?
- Wer könnte Einwände dagegen haben? Was würde derjenige brauchen, um meine Lösung zu unterstützen?
- Was ist positiv an meinem bisherigen Verhalten? Wie kann ich diesen Nutzen beibehalten, wenn ich die neue Lösung einsetze?
- Wann und wo will ich die neue Lösung einsetzen? Wann nicht?

Wählen Sie für Übungszwecke erst einmal ein kleineres überschaubares Ziel, um mit dem Prozess vertraut zu werden. Dann können Sie aufbauen und umfassendere Ziele angehen.

In diesem Zusammenhang ergibt sich ein interessanter Nebeneffekt. Wer genau klärt, was er tun, sehen, hören und fühlen wird, wenn er am Ziel ist, der kann exakt dieses Wissen nutzen, um sein Ziel schneller zu erreichen. „Wenn ich am Ziel bin, fühle ich mich entspannt, schaue meine Mitmenschen mit offenen Augen an und höre meine Stimme klar und kräftig." Jedes Mal, wenn dieser Mensch sich nun bewusst entspannt, seine Augen öffnet, andere direkt anschaut und klar und kräftig spricht, ist er seinem Ziel ein Stück näher gekommen. Ursache und Wirkung lassen sich hier also vertauschen.

2.4 Auf dem Weg zum Ziel

Sie haben Ihr Ziel positiv formuliert und optimal in Ihre persönliche Lebensumwelt eingebettet. Wenn Sie nun die ersten Schritte auf Ihrem Weg zum Ziel gehen, ist ganz entscheidend, dass Sie bewusst darauf achten, wie Ihre Umwelt reagiert. Beobachten Sie genau, hören Sie gut zu, schauen Sie hin, fühlen Sie sich ein – hier sind wichtige Informationen, die Sie nutzen können. Mit diesem Feedback können Sie Ihre Zieldefiniton manchmal auch ändern, denn Sie merken, ob eine erneute Feinabstimmung nötig geworden ist. Vielleicht tauchen auf dem Weg zum Ziel neue Aspekte der persönlichen Ökologie auf, die Sie bisher noch nicht genügend berücksichtigt hatten. In dem Maß, in dem Sie sich verändern, verändert sich auch das System, in dem Sie leben. Gerade eine Familie ist ein „Mikrokosmos" voller gegenseitiger Abhängigkeiten und Einflüsse.

Was bedeutet eigentlich „am Ziel sein"? Sicher ist damit kein Endpunkt erreicht, an dem man immer bleibt, denn solche Endgültigkeit gibt es im Leben nur auf dem Friedhof. Am Ziel zu sein bedeutet zunächst einmal persönlichen Erfolg. Kann ich mich darüber freuen? Weiß ich zu würdigen, was ich da erreicht habe – oder schaue ich schon wieder weiter zur nächsten Etappe, die bewältigt werden muss? Der Vater, der zu seinem Kind sagt: „Da hast du aber ein schönes Haus gemalt. Mach doch noch einen Baum und eine Sonne und ein paar Tiere dazu", verleitet das Kind dazu, genau diese Haltung einzunehmen. Wie anders wirkt es, wenn er sagt: „Das ist aber ein schönes Haus. Es hat ja ganz viele Fenster, aus denen jemand herausschauen kann. Wer darin wohnt, hat sicher viel Platz." Manchmal ist es gar nicht so leicht, einfach nur zu *sein,* statt zu *tun*!

„Was man hat, muss man hüten und bewahren." Diese Großmutter-Weisheit ist für Ziele ganz aktuell. Die Mutter aus unserem Supermarkt-Beispiel, die mit ihren Kindern klar und bestimmt reden wollte, wird Energie brauchen, um diese Fähigkeit zu bewahren und auszubauen. Indem sie bewusst wahrnimmt, welche Vorteile die neue Lösung für sie hat, kann sie dies für ihren neuen Weg nutzen. Neue Wege sind zunächst nur Trampelpfade, die durch häufiges Gehen breiter und fester werden. Am Ende sind sie aber vielleicht besser zu gehen als der alte Pfad, auf dem inzwischen Unkraut wuchert, weil ihn niemand mehr benutzt ...

2.5 Gesunder Egoismus

Nachdem wir uns mit der *Formulierung* von Zielen und dem Weg dorthin beschäftigt haben, noch einige Worte zu den *Inhalten* der Ziele. Wenn man Eltern nach persönlichen Zielen fragt, nennen sie hauptsächlich solche, die die Kinder oder die ganze Familie betreffen: „Ich will in einer harmonischen Familie leben." „Ich will, dass meine Kinder glücklich aufwachsen." „Meine Kinder sollen nicht die gleichen Fehler machen müssen wie ich." „Ich will mehr Geduld haben, öfter mit meinen Kindern spielen ..." Selten antworten Eltern mit ganz persönlichen, „egoistischen" Zielen: „Ich will regelmäßig Zeit für mich selbst, persönlichen Freiraum, etwas nur für mich allein ..." Vor allem die Mütter tun sich hier besonders schwer. Wenn man genauer nachfragt, leidet fast jede Mutter daran, persönlich eingeschränkt zu sein und zu wenig persönlichen Freiraum zu haben.

Eltern mit kleinen Kindern erscheinen natürlich in vielerlei Hinsicht eingeschränkt gegenüber kinderlosen Paaren. An dieser Tatsache lässt sich nicht rütteln. Doch zum Eltern-Sein gehört nicht notwendigerweise auch eine persönliche Opferhaltung. Kinder lernen vieles am Vorbild und uns bleibt die Entscheidung überlassen, welche Grundhaltung wir ihnen vorleben wollen: Verleugnung eigener Wünsche und Bedürfnisse, Einschränkung und Selbstaufgabe – oder gesunden Egoismus, bei dem die eigenen Bedürfnisse einen angemessenen Platz erhalten. Kinder aufopfernder Eltern bekommen leicht ein schlechtes Gewissen, wenn sie später eigene Wege gehen und sich von den Eltern lösen. Wer dagegen bereits als Kind lernt, dass die Eltern eigene Wünsche und Ziele haben, die ihnen so wichtig sind, dass sie ihre Kraft dafür einsetzen, der bekommt ein anderes Bild von der Welt.

3. | Kraft für den Alltag

Was bedeutet es eigentlich, Kinder zu haben? Kinder bringen Leben in unsere Erwachsenenwelt, sie wirbeln viel Staub auf und bringen uns dazu, Dinge zu tun, die wir uns nie vorstellen konnten. Kinder sind kreativ, spontan, voller Energie und Tatendrang. Sie sind der Mittelpunkt ihrer Welt und oft bringen sie uns an unsere Grenzen. Von Kindern können wir lernen, unsere eigenen Grenzen klar zu setzen – und sie zu überschreiten, um zu wachsen.

Das alles kostet viel Kraft. Woher nehmen wir die Energie dafür? Wo sind unsere eigenen Quellen, an denen wir wieder auftanken können? Jeder Mensch hat dafür ganz persönliche Erfahrungen, Erinnerungen oder Visionen, aus denen er Kraft und Energie schöpfen kann. Für den einen sind positive *Erinnerungen* seine Quelle der Kraft. Er denkt an den letzten Urlaub oder an bestimmte Erlebnisse mit seinen Kindern und versetzt sich so in eine ganz besondere Stimmung, die er mit in seinen Alltag nimmt, um diesen mit neuer Kraft zu meistern. Andere Menschen erlauben sich Tagträume und malen sich ihre *Zukunft* in leuchtenden Farben aus. Auch persönliche Ziele können so zur Kraftquelle werden, indem man sich vorstellt, wie es sein wird, am Ziel zu sein, und diesen positiven Zustand mit allen Sinnen erlebt. Im letzten Kapitel haben wir uns damit eingehend beschäftigt. Wir müssen aber nicht unbedingt in die Vergangenheit oder die Zukunft gehen, denn auch die *Gegenwart* kann zur Kraftquelle werden: Viele Eltern kennen wohl das ganz besondere Gefühl, das man spüren kann, wenn man am Bett seines schlafenden Kindes steht.

ÜBUNG: KRAFTQUELLEN

Nehmen Sie sich einige Minuten Zeit, um Ihre eigenen Kraftquellen zu finden. Sie brauchen nichts zu tun, als offen zu sein für die Bilder, Klänge und Gefühle, die von selbst kommen.

1. Kraftquellen der Gegenwart

Konzentrieren Sie sich auf etwas besonders Schönes / Harmonisches / Beruhigendes in Ihrer Umgebung und nehmen Sie es mit allen Sinnen in sich auf. Lassen Sie für kurze Zeit alles andere um sich versinken.

Zum Beispiel: *Machen Sie es wie ein Kind, das ganz in seinem Tun aufgeht. Es betrachtet vielleicht nur ein Steinchen am Wegesrand und doch versinkt in dieser Zeit alles andere ringsherum.*
Oder beobachten Sie Ihr Kind bei seinem intensiven Spiel. Schauen Sie ihm aufmerksam zu, als sähen Sie zum ersten Mal, wie es ganz stillhält, schaut und leise mit sich selber spricht. Dabei spüren Sie, wie dieser Augenblick seine ganz besondere Qualität erhält, indem Sie sich ganz mit Ihrem Kind verbunden fühlen. Für einen Augenblick spüren Sie das ganz besondere Wissen Ihres Kindes und die tiefe Übereinstimmung zwischen Ihnen beiden.

2. Kraftquellen der Vergangenheit

Erinnern Sie sich an eine schöne Situation oder an ein ganz besonderes Erlebnis, das für Sie sehr wichtig war. Lassen Sie das Hier und Jetzt für kurze Zeit versinken und erleben Sie die Erfahrung in Ihrer Erinnerung innerlich noch einmal nach, als würde sie jetzt gerade noch einmal geschehen.

Zum Beispiel: *Denken Sie an ein schönes Erlebnis mit Ihrem Kind, das Sie ganz besonders berührt hat. Das kann das erste Lächeln Ihres Babys sein oder ein Augenblick innerer Übereinstimmung oder ein Geschenk Ihres Kindes für Sie … Erleben Sie einfach noch einmal die ganz besondere Qualität dieses Augenblicks. Was genau war es, das in Ihnen sozusagen die Sonne aufgehen ließ? Lassen Sie das Erlebnis noch einmal ablaufen – so, als würde es gerade eben geschehen: Sehen Sie durch Ihre eigenen Augen, hören Sie mit Ihren eigenen Ohren und spüren Sie, was das Schöne, Einzigartige und Bereichernde dieser Erfahrung ist. Vielleicht möchten Sie dies dann Ihr Kind wissen lassen, auf eine ganz besondere Art und Weise, die keine Worte braucht.*

3. Kraftquellen der Zukunft

Denken Sie an eine ideale Situation und malen Sie sich diese in allen Einzelheiten aus, als wäre Sie real. Erleben Sie Ihre Vision so klar und deutlich, als würde sie jetzt eben Wirklichkeit.

Zum Beispiel: *Stellen Sie sich vor, einer Ihrer sehnlichsten Wünsche geht in Erfüllung ... Was bedeutet das für Sie? Was ändert sich dadurch? Wie viel reicher ist Ihr Leben geworden, wenn Sie spüren, dass Sie Ihr Ziel erreicht haben ...? Oder stellen Sie sich vor, Ihr Kind bekommt seinen sehnlichsten Wunsch erfüllt. Betrachten Sie Ihr Kind dabei, als würde es tatsächlich vor Ihnen stehen: Sehen Sie seine leuchtenden Augen und hören Sie den hellen, klaren Klang seiner Stimme. Können Sie wahrnehmen, wie glücklich Ihr Kind in diesem Augenblick ist? Lassen Sie dieses Glück ausstrahlen, sodass Sie etwas davon für sich selbst spüren können. Kinder sind freigebig und ihr Glück wächst, je mehr Menschen daran teilhaben.*

Wenn Sie sich gerade Zeit genommen haben für diese Übung – wie geht es Ihnen jetzt? Spüren Sie einen Unterschied in Ihrer Stimmung? Was hat sich an Ihrem Körpergefühl verändert? Erinnern Sie sich einen Moment daran, wie es Ihnen vor der Übung ging. Dann hören, spüren und schauen Sie in sich hinein, um die Veränderungen wahrzunehmen.

Möglicherweise sind Sie sogar überrascht vom Ergebnis dieser einfachen Übung. Für einige Minuten haben Sie an Ihre Quellen der Kraft gedacht und allein diese Gedanken verändern Ihre Gefühle und Ihr Befinden. Dieser Zusammenhang zwischen Denken, Fühlen und Er-Leben erscheint uns so selbstverständlich, dass wir uns darüber kaum Gedanken machen. Es lohnt sich aber, hier einmal genauer hinzusehen, denn diese Verbindungen sind von entscheidender Bedeutung für unser gesamtes Leben. Ein einfaches Modell kann die Zusammenhänge anschaulich machen:

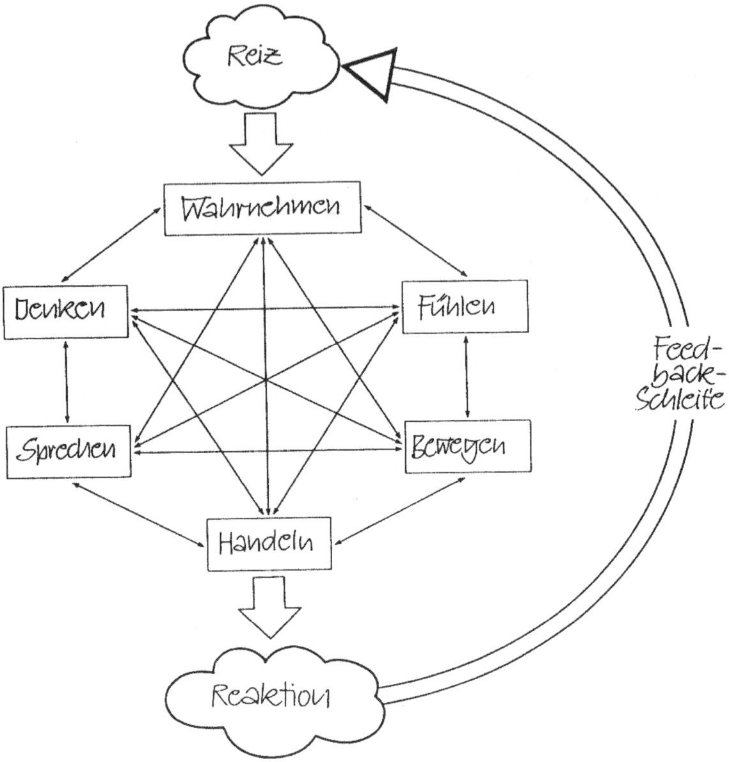

Aus unserer Umwelt strömen ständig Reize auf uns ein. Diese Reize von außen werden gefiltert, verarbeitet und lösen dann in uns eine bestimmte Reaktion aus. Diese Reaktion lässt sich oft nur dann verstehen, wenn man unsere interne Verarbeitung miteinbezieht: all das, was wir glauben, denken und wie wir unsere Erfahrungen in unser persönliches Bild der Welt einordnen. Das Verarbeitungssystem umfasst psychische und physische Prozesse gleichermaßen. Sie stehen in ständiger gegenseitiger Wechselwirkung. Ein einfaches Beispiel dafür: Sie suchen schon eine ganze Weile Ihre Autoschlüssel und können sie einfach nicht finden, obwohl Sie überall intensiv danach schauen. Plötzlich finden Sie den Schlüsselbund genau dort, wo Sie in der letzten halben Stunde bereits mehrfach gesucht haben. Die Erklärung für dieses seltsame Phänomen ist einfach: Unsere Wahrnehmung wird beeinflusst von dem, was wir wissen, glauben und fühlen. „Da kann der Schlüssel nicht sein, dort habe ich ihn garantiert nicht hingelegt." –Durch diese Vor-Einstellung schränken wir unsere Wahrnehmung in diesem Bereich ein und sehen den Schlüssel nicht, obwohl er tatsächlich da liegt.

Mit unseren fünf Sinnen nehmen wir Reize der Umwelt auf. Wir sehen, hören, fühlen, schmecken und riechen die Welt. Aus dem großen Angebot an Reizen „suchen" wir uns einzelne heraus, die dann in unser Bewusstsein gelangen und die wir wahrnehmen. Diese Auswahl geschieht blitzschnell und bleibt weitgehend unbewusst. Sie ist notwendig zum Überleben, denn sonst würden wir von der Masse der auf uns einstürmenden Reize buchstäblich überwältigt. Nur manchmal können wir die Auswahl auch bewusst mitsteuern, zum Beispiel wenn wir etwas suchen oder uns auf eine bestimmte Sache konzentrieren. Unser Unbewusstes ist hier aber weitaus schneller und auch leistungsfähiger als das bewusste Denken. Es sortiert die ankommenden Reize nach bestimmten Kriterien, zum Beispiel: Ist ein Reiz gefährlich? Berührt er eines unserer Grundbedürfnisse (zum Beispiel Sicherheit, körperliches Wohlergehen, Zuwendung)? Ist dieser Reiz neu und macht uns deshalb neugierig? Solche Reize sind für unser Überleben wichtig und gelangen deshalb am ehesten durch unsere Wahrnehmungsfilter.

Die Auswahl der Reize wird auch beeinflusst durch frühe Lernerfahrungen aus der eigenen Kindheit. Sie haben als Kind nach und nach gelernt, bestimmte Botschaften gegeneinander abzuwägen. Wenn Ihre Mutter zu Ihnen sagte: „Es ist alles in Ordnung, mach dir keine Sorgen", dabei aber die Lippen zusammenpresste und Tränen in den Augen hatte – welcher der beiden Botschaften haben Sie eher geglaubt? Sie hörten eine Botschaft und sahen eine andere. Beide widersprachen sich – welcher haben Sie gelaubt?

Wenn Ihr Vater mit Ihnen schimpfte und Ihnen einen leichten Klaps gab, dabei aber lächelte und Ihnen zuzwinkerte – welcher Botschaft haben Sie dann mehr Vertrauen geschenkt? Kinder mit vielen solchen widersprüchlichen Erfahrungen lernen, im späteren Leben mehr auf das zu vertrauen, was sie sehen, anstatt dem zu glauben, was man ihnen sagt. Das kann dann so weit führen, dass eine Frau nach einer Liebeserklärung verlangt: „Zeig mir, dass du mich liebst!" Ein kleines Geschenk oder ein Blumenstrauß bedeuten für sie mehr als noch so viele Worte. Und der Partner, der mit anderen Erfahrungen groß wurde, und dem vielleicht Worte mehr bedeuten, wird dem verständnislos gegenüberstehen, weil beide buchstäblich verschiedene Sprachen sprechen.

Weiter in unserem Verarbeitungsmodell: Die Reize, die wir wahrnehmen, werden also zuerst gefiltert und dann weiterverarbeitet. Dabei beeinflussen sich die verschiedenen Ebenen der Verarbeitung gegenseitig: **Gedanken** werden von **Gefühlen** begleitet und Gefühle regen zum Denken an. (Sie können das Denken allerdings auch hemmen, wie wir es in Stresssituationen oft erleben.) Je nachdem wie wir uns fühlen, ändern sich unsere **Bewegungen** – zum Beispiel das Tempo, der Rhythmus, die Intensität – und auch unsere **Sprache** – laut oder leise, voll oder zaghaft, monoton oder ausdrucksvoll ... Unsere äußere **Körperhaltung** wirkt wieder auf unsere Gefühle zurück: Wenn wir aufrecht und entspannt an eine Sache herangehen, fühlen wir uns anders, als wenn wir den Kopf einziehen und die Schultern verspannen. Scheinbar banale Feststellungen, doch sind sie von weitreichender Bedeutung – dann nämlich, wenn wir die Sache umkehren und bewusst unsere Körperhaltung ändern, um uns in eine andere Stimmung zu bringen. In der modernen Depressionstherapie wird dieser Zusammenhang genutzt. Depressiven Patienten wird Waldlauf und körperliche Bewegung verordnet, um so über den Körper Zugang zur Psyche zu bekommen.

3.1 Persönliche Schatzsuche

In der letzten Übung sind Sie auf „Schatzsuche" gegangen und haben einige Ihrer persönlichen Ressourcen gefunden. Was ist es, das sie zu Kraftquellen macht? Wie bekommen manche Erlebnisse diese ganz besondere Bedeutung, die sie für uns so einzigartig macht? Betrachtet man den Inhalt, so handelt es sich um persönliche Erfahrungen, in denen man direkten Zugang zu seinen Stärken und Fähigkeiten hatte. Oder es sind Erlebnisse von besonderer Gefühlsqualität, sogenannte „Gipfelerlebnisse", die uns zum Ursprung unserer Lebendigkeit führen.

Was macht die Einzigartigkeit dieser Erfahrungen aus? Viele Menschen beschreiben ihre Erinnerungen hier als besonders farbig, intensiv, klar, harmonisch, berührend ... Offensichtlich ist nicht nur der Inhalt entscheidend, sondern auch die Art und Weise, wie wir diesen Inhalt intern repräsentieren. Wir denken in Bildern, Klängen, Worten und Gefühlen. Ein Sinneskanal ist dabei in der Regel bevorzugt. Gehen Sie dazu noch einmal zurück zu einer Ihrer Kraftquellen: Was ist für Sie das Wichtigste daran? Ist es das, was Sie sehen, die inneren und äußeren Bilder? Oder erhält Ihre Ressource ihre ganz besondere Kraft aus dem, was es dabei zu hören gibt, durch Klänge, Geräusche, Musik, bestimmte Worte ...? Für andere ist die kinästhetische Qualität entscheidend, nämlich das, was sie spüren. Möglicherweise sind es auch Geruch oder Geschmack, die ihre Kraftquelle auszeichnen, doch ist das seltener. Diese beiden Sinnesqualitäten treten eher in Verbindung mit einer der drei anderen auf.

Jeder Mensch hat aus seiner persönlichen Geschichte heraus eine Vorliebe für einen bestimmten Sinneskanal entwickelt. Manche Menschen „glauben nur, was sie sehen", für andere „macht der Ton die Musik" und wieder andere wollen „begreifen", was da „vor sich geht". Entsprechend ist die visuelle, auditive oder kinästhetische Komponente der Repräsentation entscheidend. Nicht immer und überall, denn das ist keineswegs eine bestimmte Schublade, in der wir eingesperrt sind. In anderen Kontexten können andere Sinneskanäle wichtiger sein – auch „visuelle Typen" lassen sich einmal von einem Konzert verzaubern und Kinästheten können das Farbenspiel eines Sonnenuntergangs ebenso genießen. Wer aber weiß, welcher Sinneskanal für ihn bei der Bewertung bestimmter Erfahrungen entscheidend ist, kann dieses Wissen nutzen, um besseren Zugang zu seinen Erfahrungen zu bekommen. Und wer weiß, dass sein Partner „begreifen" muss, was los ist, wird vielleicht nicht immer versuchen, ihm die Geschichte „klar-machen" zu wollen.

Die Qualitäten der Wahrnehmung und der inneren Repräsentation unserer Erfahrungen kann man als „Submodalitäten" bezeichnen. Hier eine Zusammenstellung der wichtigsten:

Liste der Submodalitäten

Visuell

Helligkeit	dunkel / hell
Größe	groß / klein
Farbe	bunt / schwarzweiß
Farbsättigung	pastell / kräftig
Bewegung	schnell / langsam / keine
Entfernung	nah / fern
Tiefe	dreidimensional / flach
Schärfe	scharf / verschwommen
Kontrast	stark / schwach
Begrenzung	mit Rahmen / unbegrenzt, offen

Auditiv

Lautstärke	laut / leise
Tonhöhe	hoch / tief
Tempo	langsam / schnell
Entfernung	nah / fern
Richtung	stereo / mono
Geräuschart	Ton / Worte / Stimme
Rhythmus	schnell / langsam
Dauer	stetig / unterbrochen

Kinästhetisch

Ort	Wo im Körper?
Intensität	stark / schwach
Oberfläche	rau / glatt
Dauer	stetig / unterbrochen
Temperatur	heiß / kalt
Gewicht	schwer / leicht
Art	taktil / emotional

Lassen Sie sich von dieser unpersönlichen Liste nicht abschrecken. Wenn Sie sie mit Leben füllen, werden Sie die besondere Bedeutung der Submodalitäten spüren: Nehmen Sie eine Ihrer Kraftquellen und finden Sie heraus, welche Submodalitäten für Sie persönlich wichtig sind. Beginnen Sie mit den visuellen und probieren Sie aus, was geschieht, wenn Sie zum Beispiel die Helligkeit oder die Farbigkeit des Bildes verändern. Wird das Gefühl stärker oder schwächer? Angenehmer oder eher unangenehmer? Als Faustregel gilt: Wenn eine Veränderung Ihr Gefühl schöner macht, verändern Sie Ihre innere Vorstellung entsprechend. Wenn sie aber das Gefühl weniger angenehm werden lässt, gehen Sie mit dieser Submodalität wieder zurück zum

Zustand vor der Veränderung. Gehen Sie spielerisch und neugierig an die Sache heran und sammeln Sie Erfahrungen damit. Vielleicht finden Sie ein Muster heraus, das für alle Ihre positiven Erinnerungen gilt. Welche Submodalitäten „machen" Ihre Erinnerung positiv?

3.2 Anker: Schlüssel zur Schatzkiste

Sie haben einige Ihrer persönlichen Ressourcen gefunden und die wichtigen Submodalitäten identifiziert. Was machen Sie nun damit? Wie können Sie Ihr Wissen im Alltag nutzen? Erinnern Sie sich, wie erfrischt Sie nach der kurzen Übung „Kraftquellen“ waren. Sie haben sich für kurze Zeit auf Ihre persönlichen Ressourcen konzentriert und die begleitenden positiven Gefühle erlebt. Solch eine positive Gefühlsdusche ist gerade im Alltag mit Kindern sehr hilfreich. Kinder leben im direkten Kontakt mit ihren Kraftquellen und deshalb erscheint uns ihre Energie oft so grenzenlos und unerschöpflich. Hier können wir wieder einmal von unseren Kindern lernen!

Was ist wichtig im Leben mit Kindern? Spaß, Freude, Spontaneität, Gelassenheit, Konsequenz, Kreativität ... Die Liste ließe sich beliebig verlängern. All das hat jeder von uns schon erlebt und trotzdem ist uns der Kontakt mit diesen Fähigkeiten oft nicht möglich. Wir haben alles in uns, was wir brauchen, um glücklich zu sein – nur der Zugang ist manchmal verschüttet oder blockiert. Es liegt an uns, ihn wieder freizulegen! Ressourcen können uns helfen, Durststrecken im Alltag zu überwinden.

Jeder Mensch kennt zahlreiche Beispiele dafür: Sie hören kurz die Klänge eines Sirtaki und schon versetzt Ihre Erinnerung Sie in eine andere Welt ... zurück nach Griechenland in den letzten Urlaub. Ihre Stimmung ändert sich von einem Moment auf den anderen, Bilder (von dem griechischen Restaurant am Meer in der Abendsonne) tauchen vor Ihrem geistigen Auge auf, zu den Sirtakiklängen hören Sie die griechischen Stimmen ... Oder Sie hören einige Oldies im Radio und bei einem Lied durchzuckt Sie plötzlich die Erkenntnis: Genau auf dieses Lied hatten Sie damals mit Ihrer ersten Liebe getanzt und sich dabei bis über beide Ohren verliebt. Plötzlich sehen Sie IHN (bzw. SIE) ganz deutlich vor sich, spüren Ihre Aufregung wieder, das Herzflattern und die weichen Knie ... Und Sie fühlen sich gerade wieder so wie mit 17. Oder Sie nehmen das Baby einer Freundin auf den Arm und der ganz besondere Duft eines Säuglings erinnert Sie an die ersten Tage mit Ihrem eigenen Kind. Ihre Stimmung ändert sich ganz plötzlich, als Sie so „zurückversetzt“ werden in jene Zeit und Erinnerungen aufsteigen ...

All das sind Beispiele für natürliche Anker, von denen wir ständig umgeben sind. Solche kleinen Reize können unser ganzes Erleben verändern – unsere Wahrnehmungen, Gefühle, Gedanken und oft auch unsere Handlungen. Ganzheitliche Reaktionen unseres Organismus können also von sehr kleinen, isolierten Reizen ausgelöst werden. Ein banales Beispiel, das dennoch lebenswichtig ist: Immer, wenn wir eine rote Ampel sehen, läuft eine innerliche STOPP-Reaktion ab. Wir treten auf die

Bremse und bleiben stehen – oft sogar schon, bevor der Reiz bis in unser Bewusstsein gedrungen ist, und wir erkennen: „Die Ampel ist rot."

Die Verbindungen zwischen Reiz und Reaktion sind unterschiedlich stark und beständig. Manche Verknüpfungen sind recht lose und ändern sich leicht. Andere dagegen sind so fest verankert, dass praktisch immer die gleiche Reaktion auf den Reiz folgt. Bei solch einer festen Verknüpfung sprechen wir von einem „Anker". Ein Anker ist also ein Reiz, der bei einer Person eine ganz bestimmte Reaktion auslöst. Psychologen bezeichnen diese Reiz-Reaktions-Verknüpfung als Habit (Gewohnheit). Solche Anker sind etwas völlig Natürliches. Jeder Mensch ist ständig von Ankern umgeben und reagiert auf sie. Genauso setzen wir immer wieder neue Anker, auf die andere Menschen dann ihrerseits reagieren. Im Alltag mit Kindern können wir dafür unzählige Beispiele finden – positive, in denen wir diese Anker als hilfreich empfinden, und auch negative, in denen wir uns dadurch eingeschränkt fühlen.

Ein Krabbelkind hört das klare „Nein!" der Eltern und reagiert darauf – oder auch nicht. Wenn es ein paar Monate älter ist, wird dieser Anker schon fest etabliert sein. Wenn das Kind das „Nein!" hört, wird es innehalten und die Eltern anschauen. Der Anker als Reiz löst hier also die innerliche Stopp-Reaktion aus. Anker helfen uns in vielen Situationen, rasch und zweckmäßig zu handeln. Wir müssen nicht erst lange nach der passenden Reaktion suchen, sondern reagieren schnell und unbewusst „wie im Schlaf". Wenn ein Erwachsener den schrillen Schmerzensschrei eines kleinen Kindes hört, wird er unmittelbar darauf reagieren, aufmerksam werden, hinlaufen und dem Kind helfen wollen. Kindergeschrei ist ein sehr mächtiger Anker mit zahlreichen Facetten: Quengeln, Brüllen, Klagen, Jauchzen ...

Um auf sie zu reagieren, müssen Anker uns nicht unbedingt bewusst sein. Vielmehr wird der größte Teil von ihnen unbewusst bleiben und löst dennoch Reaktionen in uns aus. Wenn wir eine „Bewusstheitshierarchie" der Anker-Reize aufstellen wollen, kann sie folgendermaßen aussehen:

3.2.1 *Unbewusste Reize*

In diese Kategorie fallen die meisten Geruchs- oder Geschmacks-Anker. Auch visuelle Reize können unbewusst sein, z. B. Farben oder ein bestimmtes Gesicht in einer Menschenmenge. Sie nehmen bewusst nichts Besonderes wahr, dennoch ändert sich Ihre Stimmung.

3.2.2 *Halb bewusste Reize*

Diese Anker finden wir oft bei neuen Bekanntschaften. „Irgendwas an ihm gefällt mir nicht ..." Und Sie grübeln und grübeln, was das wohl sein könnte. „Es liegt mir auf der Zunge, aber ich komme nicht darauf." – Bis Sie dann plötzlich erkennen, dass dieser Bekannte ähnlich die Nase rümpft oder ähnlich gestikuliert wie Ihr Ex-Partner – und schon bei dem konnten Sie das absolut nicht leiden!

3.2.3 *Bewusste Reize*

Beispiele hierfür sind etwa der Katalog des Reisebüros oder ein Urlaubsfoto, dass Sie an den Ort Ihres letzten Urlaubs zurückversetzt. Oder (ein unbeliebter Anker!) der Anblick und das Geräusch des Bohrers beim Zahnarzt ...

Es gibt allerdings kaum Anker, die ausschließlich bewusste Anteile haben. Fast alle werden neben ihrem bewussten Inhalt noch halbbewusste oder unbewusste Teile haben. Diese sind oft wirksamer als die bewussten – vor allem, wenn es um emotionale Reaktionen geht.

3.3 Ankern – aber wie?

Ein Anker kann Ihnen den direkten Zugang zu Ihren persönlichen Kraftquellen erleichtern. Der Prozess des Verankerns selbst ist sehr einfach und wirkungsvoll.

1. Versetzen Sie sich immer ganz hinein in das Gefühl oder Erlebnis, das Sie verankern möchten. Lassen Sie sich ruhig Zeit dafür, es lohnt sich. Erleben Sie die Situation noch einmal, so, als würde sie jetzt eben geschehen. Sehen Sie alles wie durch Ihre eigenen Augen, hören Sie mit Ihren eigenen Ohren und spüren Sie die ganz besonderen Gefühle, die Sie in dieser Situation haben.

2. Wenn das Gefühl, das Sie ankern wollen, ganz intensiv ist, dann setzen Sie Ihren Anker – zum Beispiel durch eine bestimmte Bewegung oder ein Bild, das Sie vor Ihrem inneren Auge entstehen lassen. Warten Sie mit dem Ankern bis zum Höhepunkt, an dem Sie das Gefühl ganz deutlich spüren.

3. Wählen Sie einen Anker, der **einfach** zu wiederholen ist, aber dennoch in gewisser Weise **einzigartig**.

- **Einfach** soll er deshalb sein, damit Sie ihn (unauffällig) benutzen können, wenn Sie ihn brauchen. Wählen Sie also nicht gerade Bewegungen zum Ankern wie „mit der rechten Hand am rechten Schulterblatt kratzen“. Einfache Anker können z. B. sein
  - Hände verschränken,
  - Hände ineinanderlegen,
  - eine Hand auf den Oberschenkel legen (merken Sie sich die genaue Stelle!),
  - mit einer Hand das andere Handgelenk umfassen,
  - an einen Ring oder ein anderes Schmuckstück fassen usw.
- **Einzigartig** soll ein Anker sein, weil er so am dauerhaftesten bestehen bleibt. Denken Sie z. B. an eine gute Schneiderschere: Wenn Sie diese öfter verwenden, um Papier oder Pappe zu schneiden, wird sie Ihnen für den eigentlichen Zweck nur noch schlechte Dienste leisten – sie ist stumpf geworden. Im übertragenen Sinne gilt das auch für Anker. Wenn Sie ganz ähnliche Anker für verschiedene Gefühle etablieren, werden sich diese vermischen zu einem „Gefühls-Nebel“.

4. Wichtig ist, dass Sie den Anker immer wieder **genauso** auslösen, wie Sie ihn etabliert haben. Wenn Sie beispielsweise eine Hand auf den Oberschenkel gelegt haben, ist entscheidend, dass Sie die Hand immer wieder **genau** an diese Stelle legen, mit dem gleichen Druck usw. So wirkt der Anker am effektivsten.

Nach den theoretischen Überlegungen geht es nun in die Praxis: Die nächste Übung zeigt Ihnen, wie Sie einen positiven Unterstützungs-Anker etablieren und nutzen können.

ÜBUNG: ANKERN

Diese Übung kann Ihnen im Alltag bei vielen Gelegenheiten sehr hilfreich sein, z. B. wenn Sie sich abgespannt, gelangweilt oder gereizt fühlen und gerne wieder innerlich zur Ruhe und Zufriedenheit kommen möchten.

Nehmen Sie sich jetzt mindestens eine Viertelstunde Zeit. Sorgen Sie dafür, dass Sie in dieser Zeit nicht gestört werden, und suchen Sie sich eine angenehme Umgebung. Setzen Sie sich bequem hin und nehmen Sie sich einige Minuten Zeit, um zur Ruhe zu kommen und sich zu entspannen. Gehen Sie in Gedanken durch Ihren ganzen Körper und lassen Sie alle Spannungen los. Entspannen Sie Nacken, Schultern, Arme, Bauch und Beine. Atmen Sie einige Male tief aus.

1. Erinnern Sie sich nun an eine Situation, in der Sie sich ganz wohlgefühlt haben. Sie waren damals aufmerksam und gelassen, fühlten sich rundum wohl und entspannt – was immer das für Sie in Ihrer Situation bedeuten mag. Vielleicht heißt das für Sie, aktiv und konzentriert zu sein, kreativ, spontan oder auch ganz anders ...
   Es geht hier um Ihr ganz persönliches Gefühl, das Sie ankern möchten. Erinnern Sie sich an eine Situation, in der Sie dieses Gefühl hundertprozentig erlebt haben.
2. Wenn Sie eine solche Situation gefunden haben, versetzen Sie sich ganz dorthin zurück. Erleben Sie die Situation noch einmal aufs Neue wie in der Gegenwart, so als würde sie jetzt in diesem Moment passieren. Schauen Sie sich gut um und hören Sie genau hin. Gibt es außerdem noch bestimmte Gefühle und Empfindungen dabei?
3. Vielleicht können Sie noch einige Veränderungen an den Submodalitäten vornehmen, um Ihr positives Gefühl zu verstärken. Probieren Sie aus, wie es sich für Sie am besten anfühlt. Als Grundregel gilt dabei: Wenn sich Ihr positives Gefühl und damit der Zugang zu Ihrem Ressource-Gefühl verstärkt, führen Sie die Veränderung durch. Bleibt das Gefühl dagegen gleich oder wird es eher schwächer, gehen Sie zu Ihrem ursprünglichen Ausgangspunkt zurück und machen die Veränderung wieder rückgängig.

Experimentieren Sie mit den Veränderungen der Submodalitäten. Einige Anregungen:

Was sehen Sie?

- Machen Sie die Farben kräftiger und leuchtender.
- Holen Sie das Bild näher zu sich heran.
- Verbessern Sie die Schärfe.
- Verändern Sie die Helligkeit so, dass es am schönsten aussieht.
- Sehen Sie ein Standbild oder einen Film? Verändern Sie die Geschwindigkeit so, dass es am schönsten aussieht.
- Versetzen Sie sich direkt in das Bild hinein, sodass Sie alles durch Ihre eigenen Augen sehen und die Situation noch einmal komplett erleben.

Was hören Sie?

- Sind es Geräusche oder Stimmen?
- Stimmen Sie die Lautstärke genau ab, sodass Sie sich wohlfühlen dabei.
- Genauso regeln Sie die Tonhöhe und den Rhythmus.
- Stellen Sie genau die Richtung ein, aus der die Geräusche/Stimmen kommen.

Wie fühlt es sich an?

- Verändern Sie Bewegung, Rhythmus, Wärme, Entspannung so, dass es sich am besten anfühlt.

4. Nachdem Sie nun alles so sehen, hören, fühlen, wie es für Sie am angenehmsten ist, lassen Sie dieses besondere Gefühl ganz lebendig werden. Welcher Anker passt für dieses Gefühl und für Sie? Finden Sie IHREN Anker und verbinden Sie ihn mit Ihrem Gefühl. (Beispiele: eine bestimmte Art, die Hände zu verschränken, die Schultern zu lockern, den Kopf aufzurichten; oder ein tiefer Atemzug; oder ein inneres Bild, ein Symbol, ein Wort ...)
   Wenn Sie das Gefühl zu hundert Prozent spüren, setzen Sie Ihren Anker. Atmen Sie zum Beispiel tief durch oder machen Sie Ihre ganz bestimmte Bewegung.
5. Machen Sie das mindestens dreimal hintereinander: Versetzen Sie sich zurück in die Situation mit allem, was Sie sehen, hören und fühlen. Lassen Sie Ihre positiven Empfindungen ganz stark werden und setzen Sie dann Ihren persönlichen Anker.

Damit haben Sie sich einen persönlichen *Anker* für diesen positiven Gefühlszustand geschaffen. Probieren Sie ihn gleich einmal aus: Spüren Sie, wie sich dieses positive Gefühl wieder in Ihnen ausbreitet, wenn Sie Ihren Anker aktivieren?

Sie können den Effekt eines Ankers auch verstärken, indem Sie eine weitere (ähnliche!) Ressource auf die gleiche Weise verankern. Sie setzen dann gewissermaßen mehrere Anker übereinander. Das funktioniert am besten, wenn die Gefühle möglichst ähnlich sind, also ähnliche Ressourcen beteiligt sind. Aktive Durchsetzungsfähigkeit und völlige Entspannung sind möglicherweise keine ganz ideale Kombination – Selbstsicherheit, Klarheit und Gelassenheit ergänzen sich dagegen gut.

Der Effekt doppelter oder dreifacher Anker lässt sich einfach veranschaulichen: Stellen Sie sich vor, mehrere Personen ziehen an einem Strang. Wenn sie alle dasselbe Ziel haben, werden sie auch ihre gemeinsame Anstrengung am besten koordinieren können. Sobald aber die Ziele auch nur leicht voneinander abweichen, ziehen sie nicht mehr exakt in die gleiche Richtung. Am Ende behindern sie sich vielleicht sogar gegenseitig. Wenn es darum geht, welche Gefühle zusammenpassen und sich innerhalb eines Ankers vertragen, verlassen Sie sich auf Ihr inneres Gefühl und die Ideen, die Ihnen dazu kommen. Ihr Unbewusstes weiß selbst sehr gut, wie es seine einzelnen „Arbeiter“ koordinieren muss, damit jede Gruppe sich ganz auf ein Ziel konzentriert und sie sich nicht gegenseitig im Weg stehen. Sie brauchen sich nur etwas Zeit und Ruhe dafür nehmen und nach innen hören – dann kommen Ihnen die Ideen, die Sie zum Ankern brauchen, ganz von selbst.

3.4 Wozu Anker gut sein können – und wozu nicht

Der praktische Nutzen des Verankerns von Ressourcen ist offensichtlich: Wann immer Sie in einer Situation das Gefühl haben, Sie bräuchten jetzt eine bestimmte Fähigkeit, ein Gefühl, eine Stimmung, um mit der Situation besser umgehen zu können – bedienen Sie sich Ihres Ankers! Sie werden vielleicht selbst überrascht sein, wie unmittelbar und eindrucksvoll Sie eine Veränderung in Ihrem Erleben wahrnehmen können. In Kapitel 9 („Schlaf, Kindlein, schlaf ...!“) wird beschrieben, wie Eltern ihren persönlichen Entspannungs-Anker nutzen können, um ihrem Kind den Weg in einen ruhigen Schlaf zu erleichtern. Ebenso kann man seinen Kindern mit Ankern helfen. Sie können zum Beispiel Bilder oder Fotos, die für Ihr Kind eine besondere Bedeutung haben, in seiner unmittelbaren Umgebung aufhängen. Schon ganz kleine Kinder reagieren darauf unmittelbar. Für unsere Tochter hatte die Musik, die sie aus einem Urlaub auf Mauritius kannte, lange Zeit eine ganz besondere Bedeutung. Diese Musik erinnerte sie immer direkt an die schöne Zeit im Urlaub, als sie abends ganz lange aufbleiben durfte und mit den Erwachsenen tanzte. Lag sie morgens noch ganz verschlafen im Bett und fand nicht in den Tag, ließ ich manchmal diese Musik spielen. Die Veränderung war sofort zu sehen und zu hören: Sie war plötzlich hellwach, gut gelaunt und bekam Lust, sich zu bewegen. Auf diese Weise hatten wir es mehrfach geschafft, noch rechtzeitig in den Kindergarten zu kommen, obwohl sie am Vorabend spät ins Bett gegangen war.

Besondere Anker für Tast- und Geruchssinn sind Schmusetiere. Manche Kinder wehren sich vehement dagegen, dass der geliebte Bär einmal gewaschen werden soll – er riecht doch genau richtig so! Und wenn er gewaschen wird, ist er nicht mehr derselbe ... Jede Familie hat auch ihre ganz persönlichen Rituale, die für alle von großer Bedeutung sein können. Rituale gibt es beim Schlafengehen, beim Essen oder Spielen. Hier finden sich zahlreiche gemeinsame Anker für Eltern und Kinder.

Anker helfen in vielen Fällen – doch alle Probleme können sie auch nicht lösen. Bei sehr intensiven negativen Erlebnissen sind meistens andere Lösungswege notwendig oder ein „Stapel“ sehr sorgfältig aufgebauter Anker, wie es etwa mit professioneller Beratung durch einen Psychotherapeuten möglich ist. Einfaches Ankern reicht auch dann nicht aus, wenn durch das „Problemverhalten“ unbewusst eine positive Absicht erreicht und verstärkt wird. (Psychologen nennen das den sekundären Gewinn.) Auch solche Situationen kann man lösen. Man benutzt dazu allerdings keine Anker, sondern lässt das Unbewusste neue Möglichkeiten finden, diese positive Absicht des „Problemverhaltens“ auf andere Weise sicherzustellen – sodass das unerwünschte Verhalten nicht mehr nötig ist, aber der Nutzen trotzdem gesichert bleibt.[3]

Zusammenfassend lässt sich also sagen: Für viele Fälle des Alltags, in denen es um kleinere Schwierigkeiten oder unangenehme Gefühle geht, helfen Anker auf sehr einfache und wirksame Weise, um im rechten Moment Zugang zu den nötigen eigenen Ressourcen zu finden.

---

3 Damit werden wir uns ausführlich in Kapitel 10 beschäftigen.

4. Umgang mit schlechtem Gewissen und Schuldgefühlen

4.1 „Zwei Seelen streiten in meiner Brust ..."

Vor einiger Zeit nahm ich an einer Müttergruppe teil. Acht Frauen verschiedenen Alters, alle mit mindestens einem Kind, kamen hier zusammen, um über Lust und Frust im Leben als Mutter zu reden, sich auszutauschen und neue Anregungen zu bekommen. Beim ersten Treffen ging es um die momentane Situation der Teilnehmerinnen: Was gefällt mir an meinem Leben als Mutter, was möchte ich ändern, was fehlt mir? Die Antworten waren unterschiedlich, je nach Alter und Anzahl der Kinder und Berufs- bzw. Hausfrauentätigkeit der Mutter. Bald kristallisierte sich jedoch eine Gemeinsamkeit heraus, die alle betraf: Jede Frau wünschte sich mehr Zeit für sich allein, mehr Freiraum ohne Kinder, Aufgaben und Pflichten.

Im weiteren Gespräch stellte sich heraus, dass die Verwirklichung dieses Wunsches gar nicht so unerreichbar schien – wenn das schlechte Gewissen der Mütter nicht wäre ... Im Extremfall könnte das heißen: „Ich kann doch mein Kind nicht einfach allein / bei Fremden / beim Vater ... lassen! Für mein Kind ist es so wichtig, dass ich da bin. Meine Pläne laufen mir ja nicht weg. Ich warte eben noch ein paar Monate (bzw. Jahre)." – Wie ist das denn mit dem schlechten Gewissen, das uns Eltern oft plagt? Alle Mütter kennen es in der einen oder anderen Form – wie steht es mit den Vätern? Manche Väter behaupten ja schlicht und einfach, nie ein schlechtes Gewissen zu haben. Trifft das zu oder verdrängen sie es einfach nur besser? Sind schlechtes Gewissen und Schuldgefühle reine Frauensache? Die Trennung von „Männer"- und „Frauen"-Problemen ist eine künstliche, könnten Sie jetzt sagen – und damit haben Sie recht. Dennoch habe ich sie hier erwähnt, um die Behauptung zu entkräften, ein schlechtes Gewissen sei nur Sache der Mütter. Alle, die mit Kindern zu tun haben, machen Fehler und haben manchmal deshalb Schuldgefühle. Die Frage ist nun, wie wir damit umgehen können, sodass alle Beteiligten davon profitieren: Vater, Mutter und Kind.

Eines scheint speziell bei Müttern ziemlich weitverbreitet zu sein: das schlechte Gewissen, sein Kind abzugeben oder genauer gesagt abzuschieben. Nehmen wir das Beispiel einer Mutter, die beschlossen hat, etwas für sich zu tun und regelmäßig in die Sauna oder in den Fitnessclub gehen will. Sie hat eine zuverlässige Babysitterin gefunden und sich mit ihrem Kind schon mehrmals mit ihr getroffen, damit die Kleine ihre Betreuerin kennenlernen kann. Nun will die Mutter also in die Sauna gehen und verabschiedet sich von ihrer zehn Monate alten Tochter. Diese ist damit aber keineswegs einverstanden, schreit und springt der Betreuerin schier vom Arm, um die Mutter zu erreichen. Die beherrscht ihre aufsteigende Panik und erklärt ihrer Tochter, dass sie jetzt nur kurz weggeht und bald wieder da ist. „In der Zwischenzeit passt Frau A. auf dich auf ..." Der Rest ihres Satzes geht im ohrenbetäubenden Geschrei unter. Diese Szene kann unterschiedlich weitergehen: Die Mutter versucht vielleicht noch eine Weile, ihr Kind zu trösten (wahrscheinlich ein aussichtsloses Unternehmen in dieser Lage), gibt schließlich auf und bleibt zu Hause. Oder sie glaubt, dass sich die Tochter schon beruhigen lassen wird, sobald sie selbst außer Sichtweite ist, und verlässt fluchtartig das Haus. Zahlreiche Varianten sind möglich, doch gehen wir einmal davon aus, dass die Mutter nicht aufgibt und tatsächlich geht. Das Schreien des Kindes noch im Ohr, hat sie ein sehr unangenehmes Gefühl im Bauch und ihre Gedanken rotieren. „Was tue ich meinem Kind da an – so wichtig ist die Sauna ja auch wieder nicht! Wäre ich nicht besser dageblieben? Aber nein, Frau A. hat mich ja auch schon fast zur Tür hinausgeschoben. Sie wird die Kleine schon beruhigen können – hoffentlich ...." Zweifel, Vorwürfe und Unsicherheit werden sie noch eine ganze Weile begleiten, bis sie sich schließlich „zusammennimmt" und den Vorfall beiseiteschiebt.

Natürlich könnte man jetzt sagen, sie hätte ja einfach zu Hause bleiben können. So lebenswichtig ist ein Saunabesuch ja wirklich nicht – oder vielleicht doch? Die Sauna an sich ist wohl nicht das Entscheidende, darauf könnte die Mutter sicher verzichten. Worauf sie aber langfristig nicht verzichten kann, ist der Freiraum, etwas für sich selbst zu tun, das ihr wichtig ist. Das mag im Einzelfall nicht immer mit den Interessen des Kindes übereinstimmen – insgesamt gesehen hat aber ein Kind wesentlich mehr von einer Mutter, die ihm zeigt, dass sie ihre eigenen Bedürfnisse auch ernst nimmt, als von einer sich aufopfernden Märtyrerin. „Theoretisch ist das sehr einleuchtend", würde nun die Mutter aus unserem Beispiel sagen, „aber was mache ich denn mit meinem schlechten Gewissen, das mich immer noch plagt? Wie mache ich es beim nächsten Mal, damit sich diese Szene nicht wiederholt?"

Männer haben naturgemäß weniger Probleme damit, ihr Kind abzugeben, denn das lernen sie vom ersten Tag des Vaterseins an. Nur die Mutter kann stillen, sie weiß (angeblich?) besser mit dem Baby umzugehen und kann es schneller beruhigen. Zusammen mit der biologischen Tatsache von Schwangerschaft und Geburt trägt all das dazu bei, dass wir kaum einen Vater finden werden, der sein Kind mit schlechtem Gewissen der Mutter überlässt. Männer haben oft andere Problembereiche, in denen sie das schlechte Gewissen plagen kann. Nach einer (nicht repräsentativen) Befragung möchte ich hier nur einige nennen: „Mir ist die Hand ausgerutscht." „Ich war unfreundlich zu meinem Kind, weil ich meine Ruhe haben wollte." „Ich habe nicht aufgepasst und deshalb hat der Kleine sich wehgetan." „Ich habe zu wenig Zeit für meine Kinder."

Zum Umgang mit schlechtem Gewissen gibt es eine einfache Faustregel: Lernen Sie, was daraus zu lernen ist, und dann schließen Sie Frieden mit sich! Selbstvorwürfe nutzen niemandem. Wenn man dagegen vor sich selbst zugibt, einen Fehler gemacht zu haben, kann man daraus lernen – und es beim nächsten Mal anders machen. Nehmen wir das altbekannte Ohrfeigen-Beispiel: Das Kind quengelt schon eine Weile, der Vater muss aber dringend noch einen Brief fertig machen und hat keine Zeit, das gewünschte Buch vorzulesen. Das Kind quengelt heftiger, der Erwachsene wird nervös und gereizt. Am Ende schüttet das Kind aus Versehen sein Saftglas um – genau auf den fast fertigen Brief, der jetzt gleich zur Post sollte ... „Kannst du denn nicht aufpassen?!" Und im gleichen Moment bekommt das Kind eine Ohrfeige verpasst. – Für einen Moment sind beide erschrocken, dann weint das Kind los und der

Vater fängt an, sich zu entschuldigen, denn er ist einer von denen, die sich einmal entschlossen hatten, ihr Kind nie zu schlagen. Die Entschuldigungen helfen aber nichts, denn das Kind weint nur noch heftiger. Nachdem er es schließlich geschafft hat, sein Kind zu beruhigen, ist es für den Brief sowieso zu spät geworden. Der Vater ist darüber ärgerlich und trägt aber gleichzeitig ein schlechtes Gewissen mit sich herum wegen der Ohrfeige.

Was bewirkt das schlechte Gewissen? Zunächst einmal blockiert es Energie. Wir beschäftigen uns gedanklich immer wieder mit der schiefgelaufenen Situation. Dabei drehen wir uns aber im Kreis, denn es geht immer nur um das Fehlverhalten (zum Beispiel die Ohrfeige). Selbstvorwürfe steigern nicht gerade unser Selbstwertgefühl – und in solch einer Stimmung tun wir uns recht schwer, einen Weg aus der Sackgasse zu finden.

Grundlage eines schlechten Gewissens ist die Überzeugung, etwas falsch gemacht zu haben. Die zentralen Fragen, um hier weiterzukommen, lauten also: Wie mache ich es in Zukunft besser? Was will ich anders machen – und vor allem: Was kann ich anders machen? Was *kann* ich aus der vergangenen Situation lernen, das mir in Zukunft helfen wird? Die Situation als solche ist vorbei. Tatsachen wie zum Beispiel die Ohrfeige kann ich nicht mehr ungeschehen machen. Das ist aber auch nicht nötig, denn perfekte Eltern gibt es nicht. Jeder von uns macht Fehler und ich halte es für wichtig, dass unsere Kinder das auch mitbekommen. Entscheidend ist, ob ich vor meinem Kind zugeben kann, dass ich auch einmal etwas falsch gemacht habe. Dabei ist keine große Zerknirschung nötig – im Gegenteil. Unsere Aufgabe ist es, den Kindern ein Modell dafür zu geben, wie man mit Fehlern umgehen und daraus lernen kann. Je selbstverständlicher man einräumt, hier etwas falsch gemacht zu haben, desto eher lernt das Kind, dass Fehler etwas ganz Normales und Menschliches sind. Indem sie Fehler zugeben, steigen Eltern von ihrem Podest der Überlegenheit herunter und stellen sich auf eine partnerschaftliche Ebene mit ihrem Kind. Damit ist einem Kind viel mehr gedient als mit „fehlerlosen Über-Eltern", die immer recht haben.

ÜBUNG: FEHLER ALS LERNCHANCE

Denken Sie an eine Situation, in der Sie sich nach Ihrer Überzeugung falsch verhalten haben. Es geht also um eine Situation, bei der Sie noch jetzt mit einem schlechten Gewissen an Ihr damaliges Verhalten denken.

Stellen Sie sich vor, Sie sitzen im Kino. Auf der Leinwand wird ein Film laufen, in dem Sie die Hauptrolle spielen. Sie sitzen aber ganz bequem im Zuschauerraum, in einem weichen Kinosessel in einer der hinteren Reihen. Wenn Sie es sich in Ihrem Sitz bequem gemacht haben, kann der Film beginnen. Im Film auf der Leinwand können Sie die Situation als Zuschauer von außen noch einmal anschauen. Betrachten Sie diesen Film genau – bleiben Sie dabei aber der außen stehende Zuschauer! Sehen Sie sich selbst zu, wie Sie sich im Film verhalten. Hören Sie genau hin. Beobachten Sie sich und die anderen Beteiligten, als sähen Sie dies zum ersten Mal: neugierig und sachlich. Was tun Sie, was tun die anderen?

Wenn der Film zu Ende ist, fragen Sie sich selbst: *Was hätte ich damals gebraucht, um anders regieren zu können? Was hat mir gefehlt?* Oft kommen hier die Antworten ganz spontan. Nehmen Sie sie an, ohne sie zu analysieren oder zu bewerten. – Falls Ihnen hier anscheinend nichts einfällt, können Sie auch ein Gespräch mit dem Hauptdarsteller des Films beginnen. Er (das heißt Ihr jüngeres Selbst) ist nämlich auch im Kino, und kann Ihnen hier sicher weiterhelfen.

In unserem Ohrfeigen-Beispiel könnte der Vater vielleicht antworten: „Ich hätte erst einmal Ruhe und Klarheit gebraucht. So hätte ich mit meinem Sohn eine Vereinbarung treffen können: Ich mache jetzt den Brief fertig und er darf mich zur Post begleiten. Auf dem Rückweg könnten wir dann kurz am Spielplatz vorbeifahren."

Wenn Sie wissen, was Sie gebraucht hätten: Erinnern Sie sich an eine Situation, in der Sie genau das hatten – in der Sie sich zum Beispiel ruhig und klar gefühlt haben. Ankern Sie Ihre Ressource. Nehmen Sie dann dieses Gefühl und vermitteln Sie es Ihrem jüngeren Selbst. Vielleicht geben Sie es ihm / ihr als Päckchen, schön verpackt mit Schleife. Oder Sie bündeln das Gefühl in einer bestimmten Farbe und schicken diese Farbe wie mit einem Scheinwerfer auf die Leinwand, sodass Ihr jüngeres Selbst ganz darin eingehüllt ist. Oder als Musik, als Symbol oder was immer für Sie passend erscheint.

Lassen Sie dann den Film noch einmal von Anfang an laufen, *mit dieser Ressource.* Schauen Sie sich diesen neuen Film aufmerksam an: Was ist anders? Wie verhalten sich die Beteiligten – wie geht die Situation diesmal aus? Nehmen Sie sich dafür genügend Zeit.

Wenn Sie damit fertig sind, spüren Sie vielleicht, dass es schwierig ist, die Trennung von Zuschauer und jüngerem Selbst aufrechtzuerhalten. Finden Sie jetzt einen Weg, um Ihr jüngeres Selbst in sich aufzunehmen und mit diesen neuen Erfahrungen und Einsichten zu integrieren. Vielleicht wollen Sie ihn / sie in den Arm nehmen und dann verschmelzen. Oder Sie gehen auf ihn / sie zu und schlüpfen in dieselbe Haut – wie zwei Bilder, die übereinandergeblendet werden, sodass ein neues Bild mit beiden Qualitäten entsteht. Nehmen Sie sich in jedem Fall auch hier wieder genügend Zeit und finden Sie Ihren ganz persönlichen Weg der Integration.

Am Ende können Sie sich einen kleinen Tagtraum erlauben: Wie werden Sie sich beim nächsten Mal in einer ähnlichen Situation verhalten? Was werden Sie anders machen, wie werden andere darauf reagieren? Wie wird die Situation anders sein?

ZUSAMMENFASSUNG DER ÜBUNG: FEHLER ALS LERNCHANCE

1. Denken Sie an eine belastende Situation, in der Sie glauben, falsch gehandelt zu haben.
2. Stellen Sie sich vor, Sie sitzen im Kino. Sehen Sie sich als Beobachter den Film der Situation auf der Leinwand an.
3. Was hätte Ihr jüngeres Selbst damals gebraucht? Identifizieren Sie die Ressource.
4. Erinnern Sie sich an eine Situation, in der Sie Zugang zu dieser Ressource hatten. Ankern Sie die Ressource.
5. Geben Sie die Ressource Ihrem jüngeren Selbst (als Farbe, Ton, Symbol ...). Lassen Sie den Film der Situation X noch einmal neu ablaufen, mit der Ressource. Schauen Sie genau zu und sehen / hören / fühlen Sie die Unterschiede.
6. Integrieren Sie Ihr jüngeres Selbst mit den neuen Erfahrungen und nehmen Sie es in sich auf.
7. Tagtraum: Wie werden Sie in Zukunft in ähnlichen Situationen anders reagieren?

Diese Übung kann sehr weitreichende Auswirkungen auf unser Verhalten haben. Wir öffnen so einen Weg aus der Sackgasse des schlechten Gewissens und können neue Wege sehen, anstatt uns im Kreis von Zweifeln und Vorwürfen zu drehen. Die Übung ist immer dann angebracht, wenn wir uns im Nachhinein viele (unangenehme) Gedanken über eine Situation machen. Manchmal muss es aber auch schneller gehen: dann etwa, wenn wir merken, dass wir eben einen großen Fehler gemacht haben und ungerecht waren.

4.2 Erste Hilfe bei Fehlern

Als ich einmal meine Kinder baden wollte, musste ich noch kurz aus dem Badezimmer, um Handtücher zu holen. Beide standen vor der schaumgefüllten Badewanne. Als ich wiederkam, sah ich ein Buch im Wasser liegen. Meine Tochter hatte die Hände im Wasser, der kleine Bruder stand scheinbar unbeteiligt daneben. Ich war an diesem Abend schon recht überreizt, schrie meine Tochter an und schimpfte wie ein Rohrspatz. Sie begann zu weinen – und plötzlich stellte sich heraus: Der kleine Bruder hatte das Buch ins Wasser geworfen und sie wollte es gerade retten und herausholen, als ich ins Bad kam.

Das änderte die Sachlage natürlich erheblich, zumal ich sicher sein konnte, dass es sich genauso abgespielt hatte. Ich war ehrlich erschrocken über meine Überreaktion, die noch dazu falsch war, kniete mich hin und sagte zu ihr: „Da habe ich wirklich etwas falsch gemacht. Das tut mir aber wirklich leid. Jetzt darfst du mich dafür richtig ausschimpfen!“ Sie war noch am Weinen und hatte erst einmal Schwierigkeiten mit dem „Umschalten“. Nachdem ich sie nochmals ermutigt hatte, begann sie dann zu schimpfen – nicht mit Schimpfworten, sondern ganz ehrlich:“ „Das darfst du aber nicht, mich für etwas schimpfen, was der Tobias gemacht hat! Ich wollte doch nur das Buch wieder rausholen und du darfst mich dafür nicht schimpfen. Das hast du jetzt aber falsch gemacht!“ So ging es eine Weile und am Ende war die Luft wieder rein zwischen uns. Mir ist diese Szene sehr nahegegangen, denn selten habe ich so direkt gemerkt, dass ich mein Kind unüberlegt und ungerecht behandelt habe. Die spontane „Erste-Hilfe-Methode“ wollte ich mir für die Zukunft gut merken, denn sie hatte uns beiden sehr geholfen. – Wenn Sie jetzt denken: Warum hat sie denn nicht den kleinen Bruder stattdessen geschimpft? Er war zu der Zeit noch im vorsprachlichen Alter. Lange Vorträge hätten nichts genutzt. Ich habe ihm am Ende klar und deutlich gesagt, dass er so etwas nicht tun darf, und damit war auch meine Tochter zufrieden. Entscheidend war nicht, den „Richtigen“ zu schimpfen, sondern mich bei der „Falschen“ auf diese Weise zu entschuldigen.

4.3 Integration widersprechender Anteile

Bisher waren die beschriebenen Ursachen für das schlechte Gewissen relativ einfach: ein Fehler, eine unbedachte Handlung oder Ähnliches. Wenn wir aber zurückdenken an unser Eingangsbeispiel von der Mutter, die ihr Kind nur mit schlechtem Gewissen beim Babysitter zurücklässt und selbst in die Sauna geht, wird die Angelegenheit komplexer. Es gibt hier kein eindeutiges „Richtig“ oder „Falsch“. Zwei Ansprüche der Mutter liegen stattdessen im Konflikt: der Anspruch auf Zeit für sich selbst und der Wunsch, seinem Kind keine Trennung zuzumuten. Beide haben ihre Berechtigung und sind aber offensichtlich so nicht unter einen Hut zu bringen. In einem Fall wie diesem, in dem sich zwei Anteile der eigenen Persönlichkeit widersprechen, ist eine komplexere Lösung gefordert.

Sehen wir uns den inneren Konflikt dieser Mutter einmal genauer an. Einerseits möchte sie, dass es ihrem Kind gut geht. Sie befürchtet, dass die Kleine bei der Betreuerin unglücklich ist und weint, weil sie sich verlassen fühlt. Sie möchte ihrem Kind helfen und es beschützen. Sie möchte eine gute Mutter sein. – Andererseits braucht sie auch einmal Zeit für sich alleine. Der Saunabesuch wäre so schön entspannend; außerdem ist die Kleine doch wirklich schon groß genug, um einige

Stunden Abwesenheit der Mutter zu überleben ... Oder etwa nicht? Sie möchte ja schließlich ihr Kind nicht überbehüten, sondern es zu einem selbstständigen, selbstsicheren Menschen erziehen.

Diese Argumente machen den gefühlsmäßigen Konflikt schon etwas klarer. Die Mutter spürt jetzt nicht mehr nur ihr schlechtes Gewissen, sondern sie kann die beiden „Seelen", die da in ihr streiten, besser erkennen. Zwei Anteile ihrer Persönlichkeit, zwei Werthaltungen, Ansprüche und Überzeugungen liegen im Konflikt. Sie fühlt sich buchstäblich hin- und hergerissen.

Nehmen wir an, die Mutter bittet hier einen Psychotherapeuten um Rat. Er hilft ihr bei der Lösung des inneren Konflikts. Seine Vorschläge erscheinen im Folgenden als Übungen, darauf folgt jeweils der entsprechende Inhalt unseres Beispiels.

VORBEREITUNG: DEN KNOTEN ENTWIRREN

Erinnern Sie sich an eine Situation, in der Sie sich hin- und hergerissen fühlten. Einerseits möchten Sie gerne etwas tun, andererseits denken Sie aber, dass sie das nicht können / dürfen etc.

Gehen Sie nun daran, die beiden Anteile zu identifizieren, die hier miteinander im Konflikt liegen. Was möchte der eine Teil in Ihnen, was möchte der andere? Konzentrieren Sie sich immer nur auf einen Teil und „blenden" Sie den anderen in der Zwischenzeit aus. Benennen Sie Ihre Absichten, Motive und Überzeugungen für jeden Anteil. (Es kann sehr hilfreich sein, hier zwei Blätter Papier zu nehmen und Ihre Ideen aufzuschreiben.)

Die beiden Anteile – nennen wir sie A und B – stehen sich also gegenüber. Wie sehen sie sich an? Was hält der eine vom anderen? Vielleicht kennen sie sich nicht einmal mehr, weil zwischen ihnen seit einiger Zeit eine dicke Mauer steht. So verschieden sie auch scheinen mögen – etwas haben sie doch gemeinsam. Was ist es, das beide Teile verbindet? Um das herauszufinden, gibt es mehrere Möglichkeiten. Ein Weg, der vielen Menschen leichtfällt, ist das räumliche Ankern der Positionen.

GUTE ABSICHTEN

1. Suchen Sie sich einen freien Platz im Raum. Von dieser Beobachterposition aus finden Sie zwei Plätze für die Teile A und B. Wichtig ist, dass die Teile A und B sich dabei sehen können, zum Beispiel so:

Beobachter (C)

Teil A   Teil B

2. Gehen Sie in die Position A und identifizieren Sie sich ganz mit dem Teil A. Beschreiben Sie sich, Ihre Überzeugungen, Ziele und Motive. Wie sehen Sie Teil B? Was halten Sie von ihm? – Gehen Sie dann zurück in die Beobachterposition (auch innerlich: Lassen Sie Teil A an seinem Platz!) und erst dann in die Position B. Identifizieren Sie sich nun ganz mit Teil B und wiederholen Sie die Schritte wie bei A. – Gehen Sie dann zurück in die Beobachterposition.
3. Gehen Sie in Position A und nennen Sie Ihre gute Absicht. Welches Ziel haben Sie? Was wollen Sie sicherstellen? – Gehen Sie zurück zu C und machen Sie dann dasselbe in Position B.

Jeder der beiden Teile ist ein Bestandteil der gesamten Persönlichkeit. Und als solcher hat jeder eine „gute Absicht". In unserem Beispiel war das bei A der Wunsch, eine gute Mutter zu sein, die für Schutz und Wohl ihres Kindes sorgt. Teil B möchte der Mutter persönlichen Freiraum ermöglichen und das Kind zu einem selbstständigen Menschen erziehen. Jede dieser guten Absichten ist verständlich und hilfreich. Der Konflikt zwischen beiden Teilen schluckt aber Energie, die nötig wäre, um die Absicht in die Tat umzusetzen. Wichtig ist also zunächst einmal, dass beide Teile gegenseitig ihre gute Absicht akzeptieren und sich gegenseitig „leben lassen". Das ist leichter gesagt als getan, denn beide scheinen doch ganz verschiedene Ziele zu verfolgen.

Wenn zwei sich streiten, freut sich der Dritte ... Er kann nämlich als Außenstehender den Konflikt leichter durchschauen und Auswege erkennen. Und genau da liegt die Lösung des Konflikts der beiden Teile: Wenn wir einen Schritt zurücktreten und beide Teile von außen betrachten, stellt sich bald heraus, dass sie doch nicht so unterschiedlich sind, wie es auf den ersten Blick scheinen mochte. Beide Teile haben Gemeinsamkeiten, die sie verbinden. Und um diese Gemeinsamkeiten geht es im nächsten Schritt. Welches gemeinsame Ziel haben beide Teile? Was ist es, das für beide stimmt?

DAS GEMEINSAME ZIEL

1. Gehen Sie in Position C und beschreiben Sie von dort aus das gemeinsame Ziel beider Teile. Was verbindet sie, welche Absicht haben sie gemeinsam? (Wenn Ihnen das zunächst schwerfällt, beginnen Sie bei ganz „großen" Gemeinsamkeiten: Beide Teile gehören zu mir. Beide wollen, dass ich überlebe. Beide möchten Harmonie in der Familie usw.). Dieses gemeinsame Ziel ist entscheidend für die spätere Integration: Nehmen Sie sich genügend Zeit dafür.
2. Gehen Sie dann in Position A, schauen Sie zu B und beschreiben Sie B's Stärken. Was hat oder kann Teil B, das für Teil A nützlich und hilfreich wäre? Was kann A von B lernen? Welche Ressourcen hat A, die B fehlen? – Machen Sie dann dasselbe von Position B aus.
3. Von Position C aus: Sehen Sie das gemeinsame Ziel beider Teile und finden Sie auf dieser Grundlage einen Weg, wie A und B sich gegenseitig ihre Ressourcen schenken können. (Vielleicht übergeben sie sich gegenseitig Päckchen oder schicken Symbole oder Lichtstrahlen hin und her – hier gibt es zahlreiche Möglichkeiten.)

Oft wird an dieser Stelle bereits deutlich, wie schwer es ist, die Trennung der beiden Teile aufrechtzuerhalten. Es scheint so, als ob beide eine gegenseitige Anziehungskraft entwickeln, um zueinanderzukommen und zu einer vollständigen Persönlichkeit zu verschmelzen. Genau das ist der entscheidende Schritt der Integration. Es geht nicht nur um ein Zusammenkommen der beiden, denn es entsteht auch etwas ganz Neues. Das Ganze ist mehr als die Summe der Teile.

INTEGRATION

1. Gehen Sie langsam auf direktem Weg zwischen A und B hin und her. Nehmen Sie dabei mit allen Sinnen wahr, wie Sie zuerst Teil A sind, dann zu einem Zwischenstadium kommen und schließlich voll und ganz Teil B sind. Wiederholen Sie dies mehrmals, bis Sie den „Übergangspunkt" zwischen A und B genau spüren, sehen, hören können.
2. Gehen Sie ein letztes Mal zwischen A und B hin und her, bleiben Sie dann am Übergangspunkt stehen. Wenn Sie nun einen Schritt nach vorne machen, können Sie wahrnehmen, wie sich beide Teile in Ihnen vereinen. So entsteht etwas Neues: Beide Teile verschmelzen in einer neuen, vollständigen Qualität. Nehmen Sie sich Zeit, um das mit allen Sinnen wahrzunehmen.
3. Erlauben Sie sich dann einen Tagtraum: Wie wird es sein, wenn Sie mit diesen neuen Erfahrungen in die Zukunft gehen? Denken Sie an verschiedene konkrete Situationen und prüfen Sie die Ökologie: Was wird anders sein, für Sie, für Ihre Familie, für Ihren Beruf ...? Wenn Einwände auftauchen (das merken Sie zum Beispiel an einem „komischen Gefühl" oder an einem „Aber ..."), bedeutet das, dass ein Teil noch nicht mit dieser Lösung einverstanden ist. Bitten Sie ihn deshalb, seine Wünsche und Bedingungen zu nennen, damit Sie diese berücksichtigen können. Oft geht das mit einer einfachen Vereinbarung, vielleicht ist es aber auch sinnvoll, mit diesem Teil den ganzen Prozess noch einmal durchzugehen.

Die Ökologie ist der wichtigste Teil des Prozesses. Veränderungen helfen uns nur dann, wenn Sie sinnvoll in unser Leben eingebettet sind. Wir leben nicht im luftleeren Raum und nicht auf einer einsamen Insel. Wenn wir uns verändern, ändert sich auch das System, in dem wir leben – oft zum Positiven, doch manchmal sind auch Risiken und Konsequenzen dabei, die uns vielleicht auf den ersten Blick entgangen sind. Es lohnt sich deshalb, im Geiste Situationen aus verschiedenen Lebensbereichen durchzuspielen und zu klären, was sich dort alles ändern kann, wenn Sie sich ändern. Dabei hilft uns oft unser Körper auf direkte Weise mit konkreten Reaktionen. Plötzliche Kopfschmerzen, unangenehme Gefühle oder „geistige Funkstille" vermitteln deutlich, dass mindestens ein Teil noch Einwände hat. Andererseits kann Ihnen ein inneres Glücksgefühl ebenso klar zeigen, dass die Lösung für alle Teile ökologisch ist.

Gehen wir an dieser Stelle noch einmal zurück zu unserem Beipiel. Die Mutter hat die beiden Teile identifiziert: die *„gute Mutter"* und die *„selbstständige Frau"*. Beide Teile haben unterschiedliche Stärken und ein gemeinsames Ziel: Beide möchten, dass es Mutter *und* Kind gut geht. Auf dieser Basis erscheint es nur folgerichtig, dass beide aufhören, sich zu bekämpfen, und stattdessen ihre Energien vereinen. Die *„gute Mutter"* ist fürsorglich, beschützend und der „ruhende Pol". Die *„selbstständige Frau"* weiß, was sie will, ist aktiv und selbstbewusst und möchte diese Qualitäten auch ihrem Kind vermitteln. Beide können also voneinander lernen und tauschen Geschenke aus: „Ruhe" und „Fürsorge" einerseits, „Aktivität" und „Selbstbewusstsein" andererseits. Indem die Mutter zwischen den beiden Teilen hin- und herwechselt, spürt sie deutlich, dass beide nur künstlich getrennt waren und gemeinsam viel mehr erreichen können. Als sie dann den Schritt nach vorne in die Integration macht, nimmt sie deutliche innere Veränderungen wahr und merkt, wie es ist, eine *selbstbewusste* ***und*** *fürsorgliche* Mutter zu sein, die ihre Bedürfnisse ebenso ernst nimmt wie die ihres Kindes.

Als sie dann in Gedanken durchspielt, wie sie sich in Zukunft verhalten wird, kommen ihr eine Fülle neuer Ideen. Sie wird genau prüfen, was ihr persönlich ganz wichtig ist, und das dann auch durchführen. Sie wird nicht mehr in die Sauna gehen, weil sie denkt: „Ich sollte mal wieder ...", sondern sie wird warten, bis sie ein klares Bedürfnis spürt und merkt: „Ich will!" Dann wird sie auch den Rahmen entsprechend gestalten – vielleicht zuvor mit dem Kind noch einige Male gemeinsam mit der Betreuerin zusammen sein, bevor sie die beiden dann allein lässt. Und beim Abschied wird sie ihre innere Sicherheit ihrem Kind vermitteln können, besser als mit Worten: mit ihrer Ausstrahlung und der Gewissheit „Ich traue dir zu, dass du das schaffst!". Sie verbraucht ihre eigene Energie dann nicht mehr im Kampf der beiden Anteile ihrer Persönlichkeit, sondern kann sie nutzen, um zu handeln.

ZUSAMMENFASSUNG: INTEGRATION WIDERSPRECHENDER TEILE

1. Den Knoten entwirren
Identifizieren Sie die beiden Teile, die im Konflikt liegen. Finden Sie drei Plätze im Raum für die Positionen A, B und C.

2. Gute Absichten
Gehen Sie nacheinander in die Teile A und B hinein und beschreiben Sie Ihre Überzeugungen, Motive und Ziele. Was halten Sie von dem jeweils anderen Teil? Nennen Sie Ihre gute Absicht für die Gesamtpersönlichkeit.

3. Das gemeinsame Ziel
Von Position C aus beschreiben Sie, was A und B verbindet. Welches gemeinsame Ziel haben beide? Identifizieren Sie die Ressourcen beider Teile. Was hat A, das B fehlt, und umgekehrt? Finden Sie einen Weg zum gegenseitigen Austausch der Ressourcen (Geschenke).

4. Integration
Gehen Sie langsam zwischen A und B hin und her. Spüren Sie den Übergang. Von diesem Punkt des Übergangs aus machen Sie dann einen Schritt nach vorne, um wahrzunehmen, wie sich beide Teile in Ihnen vereinen. So entsteht etwas Neues: Beide Teile verschmelzen in einer neuen, vollständigen Qualität. Nehmen Sie sich Zeit, um das mit allen Sinnen wahrzunehmen.

5. Tagtraum
Wie wird es sein, wenn Sie mit diesen neuen Erfahrungen in die Zukunft gehen? Prüfen Sie an verschiedenen konkreten Situationen die Ökologie: Was wird anders sein, für Sie, für Ihre Familie, für Ihren Beruf ...? Bei Einwänden bitten Sie den entsprechenden Teil, seine Wünsche und Bedingungen zu nennen (eventuell mit diesem Teil den ganzen Prozess noch einmal durchgehen).

Hierbei handelt es sich um weit mehr als um eine bloße Übung. Zwei getrennte Teile der Persönlichkeit versöhnen sich und das kann weitreichende Auswirkungen auf unser Verhalten haben. Deshalb ist es hier ganz besonders wichtig, dass Sie sich viel Zeit und Ruhe nehmen, um alle „Beteiligten“ mit einzubeziehen. Wir wollen nicht einfach zwei Teile zusammenbringen, sondern sie auf der Basis eines gemeinsamen Zieles versöhnen. Dieses gemeinsame Ziel bildet den Boden der Integration. Nur wenn er fest und solide ist, kann man darauf bauen. Andernfalls würde unser Haus auf unsicherem Grund stehen.

4.4 Praktische Tips zur Integration

Bisher sind wir davon ausgegangen, dass Sie diese Übung alleine machen. Oft kann es aber hilfreich sein, sich Unterstützung zu holen, etwa vom Partner oder einer guten Freundin. Der Partner kann Ihnen beispielsweise die Anweisungen für die einzelnen Schritte geben, sodass Sie sich nicht auf die Vorgehensweise konzentrieren zu brauchen und ganz aufmerksam sein können für die Inhalte.

Eine andere Variante wäre ein „Rollenspiel“: Sie geben Ihrem Partner genaue Regieanweisungen für einen der beiden Teile. Dann ist ein direktes Gespräch möglich, in dem Sie das gemeinsame Ziel klären und die Ressourcen herausfinden. Danach werden die Positionen getauscht. – Wichtig ist hier, dass der Partner nicht seine eigenen Anteile hereinbringt, sondern genau Ihren Regieanweisungen folgt! – Die abschließende Integration machen Sie dann wieder alleine, vielleicht mit verbaler Unterstützung Ihres Partners.

Manche Menschen wandern bei solchen Übungen nicht so gerne im Raum herum. Sie können die Teile auch in jeweils eine Hand „setzen“ und damit arbeiten. Wichtig ist hier, dass Sie ein möglichst genaues Bild beider Teile sehen, wie sie in Ihrer Hand sind. Am Anfang kann das auch noch ein Symbol sein. Spätestens nach dem Austausch der Ressourcen sollten Sie jedoch darauf achten, dass Sie beide Teile als Ihr eigenes Abbild sehen. Die Integration geschieht, indem Sie beide Hände langsam zusammen bewegen. Oft erfolgt die Bewegung auch hier „wie von selbst“, als würden sich die Teile magnetisch anziehen.

Man kann auf diese Weise viele innere Konflikte lösen – alle wahrscheinlich aber nicht. Wenn es um sehr zentrale Teile der Persönlichkeit geht, ziehen diese manchmal die Notbremse. Sie können das an plötzlicher Verwirrung merken oder daran, dass Sie partout kein gemeinsames Ziel der beiden finden können. Das mag ein Zeichen dafür sein, dass es im Moment besser wäre, das Thema dem Unbewussten zur Klärung zu überlassen und einige Zeit später noch einmal daranzugehen. Bei anderen Themen ist es auch sinnvoll, sich professionelle Hilfe eines Psychotherapeuten zu holen.

5. | „Eltern sein dagegen sehr …“

5.1 Vom Umgang mit der eigenen Identität

„Spielen wir Vater-Mutter-Kind?“ Kinder im Vorschulalter lieben dieses Spiel und werden nicht müde, es in immer neuen Varianten auszuprobieren. Ein Rollentausch ist noch leicht möglich, und so kann aus dem „Vater“, der es leid ist, immer nur ins Büro gehen zu müssen, ganz schnell eine „Mutter“ werden, die im Zentrum des Spiels steht und über eine gewisse Macht verfügt: „Du bist das Kind, du musst jetzt ins Bett gehen und schlafen.“ Kinder lernen in diesem Alter spielerisch geschlechtsspezifisches Rollenverhalten. Sie beginnen, sich als Mädchen oder Junge zu sehen und zu fühlen; und sie lernen auch, dass sie im wirklichen Leben nicht über Nacht zum anderen Geschlecht überwechseln können. Die Entwicklung der geschlechtlichen Identität geht Hand in Hand mit dem Kennenlernen der eigenen sozialen Rolle. Dieser Lernprozess braucht Zeit. Manche Eltern werden davon überrascht, dass ihr so modern erzogenes Mädchen plötzlich auf Rüschenkleidchen und Lackschuhen besteht. Diese Attribute können sehr wichtig sein, denn sie demonstrieren die Zugehörigkeit zu der Gruppe der „Mädchen“. (Ähnliches gilt natürlich auch für die Jungen, die sich mit Händen und Füßen wehren würden, ein pinkfarbenes T-Shirt auch nur anzufassen – „Das ist eine Mädchenfarbe!“ – und dafür dringend ein ganz spezielles Buben-Outfit brauchen.)

Wenn wir den weiteren Verlauf der Entwicklung wie im Zeitraffer betrachten, kommt nach dieser „Rollenbestimmung“ erst einmal eine relativ ruhige Phase, in der sich die Kinder in ihrer sozialen Rolle häuslich einrichten. Sie lernen in Kindergarten und Schule eine Vielzahl sozialer Normen kennen und finden ihren persönlichen Weg, damit umzugehen. Doch dann kommt mit der Pubertät die nächste Klippe. Plötzlich ist die eigenen Identität zum Dreh- und Angelpunkt geworden. „Wer bin ich? Wie sehen mich die anderen? Was gehört zu mir, was wollen mir andere einreden?“ Die Mädchen und Jungen müssen ihre Identität als Frau oder Mann finden, definieren und vielleicht auch verteidigen gegen Einflüsse von außen.

Nehmen wir einmal an, dieser Prozess sei nach einer bestimmten Zeit abgeschlossen (Ist er das überhaupt jemals?) und vor uns steht nun ein erwachsenes Paar. Sie wird schwanger – und nach neun Monaten werden aus Mann und Frau plötzlich „Mama“ und „Papa“. Die eigene Identität ändert sich von Grund auf. Andere Dinge stehen im Mittelpunkt und zugleich ändern sich auch die eigenen Werte und Kriterien. Was ist mir wichtig? Wofür setze ich mich ein? Was sind meine Ziele? Welchen Preis bin ich bereit, dafür zu zahlen? Die Antworten auf diese und ähnliche Fragen können sich mit der Geburt eines Kindes in erstaunlich kurzer Zeit drastisch ändern. Wissen Sie noch, wie es Ihnen damit ging?

ÜBUNG: LEBENSFRAGEN

Sie finden hier eine ganze Reihe von Fragen über Ihre Einstellungen, Werte, Motive und Ziele in verschiedenen Lebensphasen. Natürlich durchläuft jeder Mensch eine andere Entwicklung und die genannten Phasen sind nur Beispiele. Wenn die Beschreibung nicht auf Ihr Leben passt, ändern Sie sie entsprechend ab. Ziel dieser Übung ist es, die Entwicklung der eigenen Identität mit ihren verschiedenen Facetten einmal anders zu betrachten.

Wenn Sie sich nun an verschiedene Phasen Ihres Lebens erinnern, stellen Sie sich jedes Mal folgende Fragen: „Wer" war ich? Wie habe ich mich gefühlt? Wie bin ich auf die Welt zugegangen? Worauf war ich stolz? Was war mir damals wichtig? Was wollte ich erreichen, was vermeiden? Welcher Mensch war für mich damals am wichtigsten?

Stellen Sie sich diese Fragen (und weitere, die Ihnen dazu einfallen) für folgende Lebensabschnitte:

- Kleinkindalter (soweit Sie sich erinnern können),
- Grundschulalter,
- Pubertät (als Sie das erste Mal verliebt waren),
- Zeit des Studiums / der Berufsausbildung,
- Heirat / feste Bindung an einen Partner,
- Geburt des ersten Kindes / des zweiten ...,
- ....

Durch diese Übung wird sich das Wort „Identität" für Sie persönlich schon mit etwas mehr Leben gefüllt haben.

5.2 Mann und Frau oder Mama und Papa?

Was bedeutet eigentlich „Identität“? Bedeutet es das unverwechselbare an mir, das „Ich bin *Ich bin Ich*“? Wie weiß ich denn, was unverwechselbar an mir ist? Brauche ich dazu nicht den Bezug zum anderen? Einerseits sind wir einzigartig und unverwechselbar. Jeder von uns hat seine ganz speziellen Erfahrungen, Wahrnehmungen, Werte und Einstellungen. – Andererseits haben wir Gemeinsamkeiten mit allen anderen Menschen, etwa die Tatsache, dass wir die Welt durch unsere fünf Sinne aufnehmen und dabei bestimmten Grenzen unterliegen. Ein Hund kann wesentlich höhere Töne hören als wir, Katzen sehen im Dunkeln besser und viele Tiere können wesentlich feiner riechen und schmecken als wir Menschen. Insofern sind wir alle gleich, denn wir haben gleiche Wahrnehmungsschwellen. Das Spannungsfeld zwischen „einzigartig“ und „gleich“ macht unsere Identität aus.

Kleine Kinder sind zunächst absolut egozentrisch. Sie sind buchstäblich der Mittelpunkt ihrer eigenen Welt. Dass es eine andere Wahrnehmungswelt geben könnte, ist ihnen fremd. Später verlagert sich das Gewicht zum anderen Pol: Kinder wollen genauso sein wie andere, passen sich an Gruppennormen an. Sie finden ihre „Rolle“, das heißt, sie zeigen in einem bestimmten Kontext ein relativ konstantes und vorhersagbares Verhalten. Das Vater-Mutter-Kind-Spiel ist dafür nur ein Übungsfeld von vielen.

Was bedeutet es, eine Rolle zu übernehmen? Ist das nur ein passiver Prozess, in dem sich der Einzelne an Normen und Rollenerwartungen anpasst? Oder gibt es auch eine aktive Rollengestaltung? Wie hängt die Rolle mit der Identität zusammen? Manche Rollen füllen ihren Träger ja vollkommen aus, sodass es scheint, als sei in diesem Fall die Rolle die Identität. Manche Manager fühlen sich ohne Terminkalender und tragbares Telefon schlicht und einfach nicht vollständig. Sie haben massive Schwierigkeiten, aus ihrer Rolle einmal auszusteigen – weil sie gar nicht mehr genau wissen, wer sie außerhalb der gewohnten Rolle eigentlich sind.

Die Rolle als Vater oder Mutter kann ganz leicht auch so „identitätsfüllend“ werden. Denken Sie nur an manches junge Elternpaar, das sich gegenseitig nur noch mit „Papa“ und „Mama“ anspricht. Wenn der Sprössling dabei ist, mag eine solche Anrede ja durchaus hilfreich sein, um keine Verwirrung zu stiften. Aber spätestens, wenn das Kind im Bett ist, wäre eigentlich die Gelegenheit gekommen, um die Rolle für kurze Zeit abzulegen und sich von Mama und Papa wieder in Mann und Frau zu verwandeln. Wenn der Sprössling dann schreit, weil er einen Albtraum hat, kann es den Eltern allerdings ähnlich wie Aschenputtel ergehen: Beim Glockenschlag verwandelt sich die Zauberkutsche wieder zurück in einen Kürbis ...

ÜBUNG: MEINE ROLLEN

Für diese Übung brauchen Sie Papier und Stift. Schreiben Sie zunächst Ihre wichtigsten Rollen auf – zum Beispiel Mutter, Partnerin, berufstätige Frau oder Geldverdiener, Manager, Vater, Spielkamerad, Ehemann ...

Finden Sie dann die Unterschiede in diesen Rollen. Wenn Sie sich in Ihren verschiedenen Rollen betrachten – wo sind Unterschiede in Ihrem Verhalten, Ihrem Wertesystem, Ihren Einstellungen? Betrachten Sie Ihre Ergebnisse unter dem Blickwinkel „Rollenerwartung – Rollengestaltung“. Die gefundenen Unterschiede sind einerseits Anpassung an die jeweilige Rolle, andererseits Ihre perönliche Flexibilität.

Nehmen Sie nun ein neues Blatt und finden Sie heraus, was Sie in allen Rollen immer gleich machen, denken, fühlen, wünschen, beurteilen ... Diese Unveränderlichkeiten sind Bausteine Ihrer persönlichen Identität.

Einerseits verhalte ich mich unterschiedlich in meinen verschiedenen Rollen, andererseits gibt es Einstellungen, Motive und Werte, die für mich immer gleich wichtig sind. Ist das nicht ein Widerspruch in sich? Diese Frage mag während der letzten Übung bei manchem Leser aufgetaucht sein. Sie führt uns zu einem zentralen Thema: Wie beeinflussen sich Identität und Verhalten? Welche Zusammenhänge gibt es zwischen dem, was ich denke, was ich glaube und wie ich mich verhalte?

5.3 Die Pyramide der Persönlichkeit

Robert Dilts, einer der bedeutendsten NLP-Trainer unserer Zeit, hat ein anschauliches Modell eingeführt, wie unsere Persönlichkeit strukturiert ist. Dieses Modell bietet Hilfe zum Verständnis, warum wir auf eine ganz bestimmte Weise handeln und wie wir uns verändern können.

Er benutzt dazu das Bild einer Pyramide. Den Boden, das Fundament bildet unsere **Umwelt**. Das können beispielsweise andere Menschen sein, aber auch Dinge. Äußere Reize, die auf uns einwirken, bestimmen unsere Lebensbedingungen mit und bilden Bestandteile unserer Umwelt. Auf sie reagieren wir auf die eine oder andere Weise: mit gezieltem Handeln, durch Sprache oder auch mit unbewussten Reaktionen unseres Körpers, der sogenannten Körpersprache. Unser **Verhalten** ist also das „Erdgeschoss“ der Pyramide. Auch die Gedanken gehören hierhin, mit denen wir auf bestimmte Ereignisse reagieren. „Als mich mein Mann so angesehen hat, wurde ich ganz wütend." „Wenn mein Kind mir ständig am Rockzipfel hängt, werde ich ganz nervös."

Im nächsten Stockwerk geht es um unsere **Fähigkeiten**: Wir betrachten nicht mehr nur das bloße sichtbare Tun, sondern unsere Fähigkeiten dahinter. Hier fließen unser Wissen und unsere Erfahrungen mit ein. „Als mein Sohn heute so geweint hat, habe ich ihn getröstet. Ich weiß, dass ich ihn beruhigen *kann*." „In der Elternbeiratssitzung im Kindergarten wollte ich eigentlich nichts sagen, weil ich die dort alle noch nicht kenne. Doch dann habe ich mir ein Herz gefasst – und ich habe es *geschafft*."

Um etwas Bestimmtes tun zu können, muss ich auch daran glauben, dass ich es kann. Unsere Einstellungen, Motive und Werthaltungen bilden deshalb die nächsthöhere Ebene, die der **Glaubenssätze**. „Ich darf meine Meinung vertereten." „Ich habe ein Recht auf einige Stunden ganz ohne Kinder und Familie."

Ich kann aber nur dann an etwas glauben, wenn es in mein eigenes Selbstbild passt. Hier sind wir an der Spitze der Pyramide angelangt: der persönlichen **Identität**. „Ich bin ein guter Vater." „Ich bin eine selbstbewusste Frau."

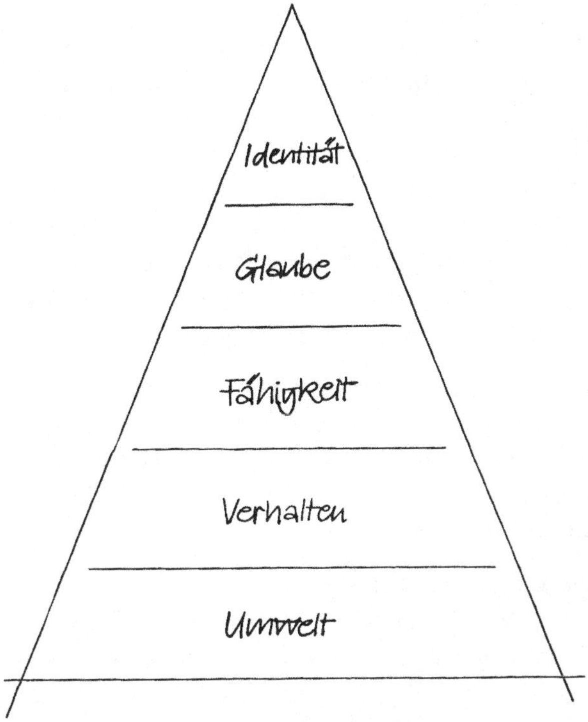

Die Pyramide steht also auf dem soliden Boden der Umwelt. Richten wir den Blick einmal nach oben: Was ist über unserer Pyramide? Gibt es eine höhere Ebene als die persönliche Identität? Robert Dilts nennt hier als oberste Dimension die Spiritualität: Wozu gehöre ich? Wofür lebe ich? Wofür „bin" ich? Hier berührt die Pyramide sozusagen die Wolken und den Himmel.

Dieses Modell ist nicht nur sehr anschaulich, sondern auch hilfreich bei der Lösung persönlicher Probleme. Sehen wir uns das im Einzelnen an einem Beispiel an. Erinnern Sie sich hier noch einmal an das „Supermarkt-Beispiel" aus dem ersten Kapitel: Eine Mutter steht mit ihren beiden schreienden Kindern an der Kasse und ist mit der Situation überfordert. Das Baby weint, weil es aus dem Sitz möchte, um die interessanten Dinge zu be-greifen, die da vor seiner Nase aufgebaut sind. Das große Kind möchte Süßigkeiten haben, holt sie sich unbemerkt und legt sie auf das Kassenband. Die Mutter möchte eigentlich nur möglichst schnell bezahlen und den Laden verlassen, weil es Zeit ist, zu Hause zu kochen. – Die **Umwelt** hat hier entscheidenden Einfluss: Die Süßigkeitenständer im Kassenbereich sind ein entscheidender Auslöser des Dramas. Die Kinder sehen die Schokolade, wollen sie haben und fangen an zu quengeln. Die Kinder bilden ebenso die „Umwelt" der Mutter wie die übrigen Kunden mit ihren mehr oder weniger lauten Kommentaren und Verhaltensvorschlägen. So weit zur Umwelt. Nun zum **Verhalten**.

Was tut die Mutter, wie handelt sie? Sie versucht zunächst, mit Ruhe das Baby in seinem Sitz zu halten, gleichzeitig dem Großen zu erklären, warum er die Süßigkeiten wieder zurücklegen soll, und nebenbei auch noch zu zahlen, denn die Kassiererin wartet. Als sie damit nichts erreicht, wird sie lauter und am Ende handgreiflich. Sie fühlt sich hilflos – ihre **Fähigkeiten** reichen im Moment nicht aus, um die Situation zu ihrer Zufriedenheit zu bewältigen: „Ich schaffe es nicht." Natürlich überstehen sie, ihre Kinder und die anderen Beteiligten die Angelegenheit ohne Gefahr für Leib und Leben. Doch sie ist nicht zufrieden mit sich und fühlt sich hilflos. Das liegt an den Überzeugungen, die ihr inneres Wertesystem formen.

Dabei kommen ihre **Glaubenssätze** ins Spiel. „Es ist falsch, Kinder zu schlagen. Im Gespräch ließe sich das viel besser klären. Kinder sind doch gleichberechtigte Partner mit eigenen Bedürfnissen ..." Das Problem der Hoffnungslosigkeit beginnt auf dieser Ebene: „Es hat ja doch keinen Sinn ... Meine Ideale haben mit der Realität einfach nichts zu tun. Sie helfen mir auch nicht weiter."

Wenn sich solche Vorfälle häufen, zweifelt sie schließlich wohl auch an ihrem persönlichen Wert und ihrer **Identität** als Mutter. „Ich bin eine schlechte / ungeduldige / ungerechte Mutter." Hier geht es nicht mehr um bloße Hoffnungslosigkeit, sondern um die Frage des persönlichen Selbstwertes und der eigenen Wertlosigkeit.

So weit die Problemsitutation. Genau betrachtet sieht die Pyramide dieser Mutter schon recht trostlos aus: Hilflos, hoffnungslos, wertlos, das sind die negativen Schlagworte der oberen Ebenen. Kann man daran überhaupt etwas ändern? Wo müsste man überhaupt ansetzen? Wenn jemand an seinem eigenen Selbstwert zweifelt, wird es wenig helfen, ihm Fähigkeiten zu vermitteln, wie er die Situation besser bewältigen könnte. Selbst wenn er sich dann anders verhalten hätte, würde er nicht an die Lösung glauben, denn sein Problem liegt auf der höheren Ebene der Identität. – Die verschiedenen Ebenen beeinflussen sich gegenseitig in einer ganz bestimmten Weise. Wenn sich auf einer höheren Ebene etwas verändert, wirkt sich das auf die tiefer liegenden Ebenen aus. Das heißt konkret: Wenn ich meine Einstellung ändere, stehen mir plötzlich neue Fähigkeiten zur Verfügung und damit kann ich mich anders verhalten. Andererseits werden Einstellungen durch bloße Verhaltensänderungen kaum verändert. „Das blinde Huhn findet auch mal ein Korn“ – es hat eben zufällig Glück gehabt, aber „blind“ bleibt es dennoch.

Gehen wir zurück zu unserem Beispiel: Am Abend dieses Tages sitzt die Mutter gemütlich auf der Couch und lässt die Ereignisse Revue passieren. Das Ereignis im Supermarkt beschäftigt sie noch, und sie denkt darüber nach. „Heute, nach dieser Geschichte hielt ich mich für eine schlechte Mutter. Stimmt das eigentlich? Nur weil ich einmal falsch reagiert habe, heißt das ja noch nicht, dass ich grundsätzlich schlecht bin. Ich spiele jetzt einmal die andere Seite durch: Ich **bin** eine gute Mutter. Ich **glaube**, dass ich lernen kann, solche Situationen besser zu bewältigen. Die **Fähigkeiten**, die ich dafür brauche, sind Gelassenheit, Flexibilität, Klarheit und Mut. Wenn ich recht überlege, habe ich alle diese Fähigkeiten in anderen Situationen schon einmal bewiesen. Wie also hätte ich mich im Supermarkt anders **verhalten** können? Wie hätte die **Umwelt** dann reagiert?“

Wer so an eine Fragestellung herangeht, öffnet sich eine Vielzahl neuer Möglichkeiten, mit dem Problem umzugehen:

- Ich gehe in Zukunft nicht mehr mittags mit hungrigen, quengeligen Kindern einkaufen.
- Ich bitte den Marktleiter, die Süßigkeitenständer im Kassenbereich zu entschärfen. Wenn er mir sagt, das sei unrealistisch, weise ich ihn darauf hin, dass ich juristisch gesehen nicht verpflichtet bin, die Süßigkeiten zu bezahlen, die sich meine Kinder nehmen, während ich mit Bezahlen beschäftigt bin. (Es gibt ein entsprechendes Gerichtsurteil!)
- Ich vereinbare mit den Kindern eine für beide Seiten akzeptable Belohnung, wenn sie gut mitmachen.
- Ich spreche den Kunden hinter mir an und bitte ihn, mein Baby eine Minute auf den Arm zu nehmen, während ich bezahle.
- Ich atme tief durch und spreche innerlich ein Mantra ...

Manche dieser Ideen erscheinen Ihnen möglicherweise verrückt – und nicht alle sind ernst gemeint. Es geht in erster Linie darum zu zeigen, wie viele neue Möglichkeiten sich plötzlich öffnen können. Bei all diesen Wegen, die Ihnen einfallen werden, ist sicher ein realistisch gangbarer dabei. Und wenn Ihnen an dieser Stelle partout nichts einfällt, kann das ein deutlicher Hinweis dafür sein, dass die alte Identität mit ihren Glaubenssätzen („Schlechte Mutter ... Meine Ideale helfen mir auch nichts") noch am Wirken ist. Falls Sie immer wieder auf ähnliche, behindernde Einstellungen, Glaubenssätze und Selbstbewertungen stoßen, wird es sinnvoll sein, sich Unterstützung zu holen, etwa in einer Erziehungsberatung oder Psychotherapie.

Die Pyramide kann uns zeigen, dass sich Probleme von unterschiedlichen Blickwinkeln betrachten lassen. Je nachdem, welche Brille ich dabei trage (= Glaubenssätze), werde ich andere Bilder sehen. Mit der Sonnenbrille sieht man im dunklen Tunnel nun wirklich gar nichts mehr. Hier wäre eher ein Helm mit kleinem Schweinwerfer angebracht. Die Sonnenbrille leistet dafür in anderen Situationen gute Dienste.

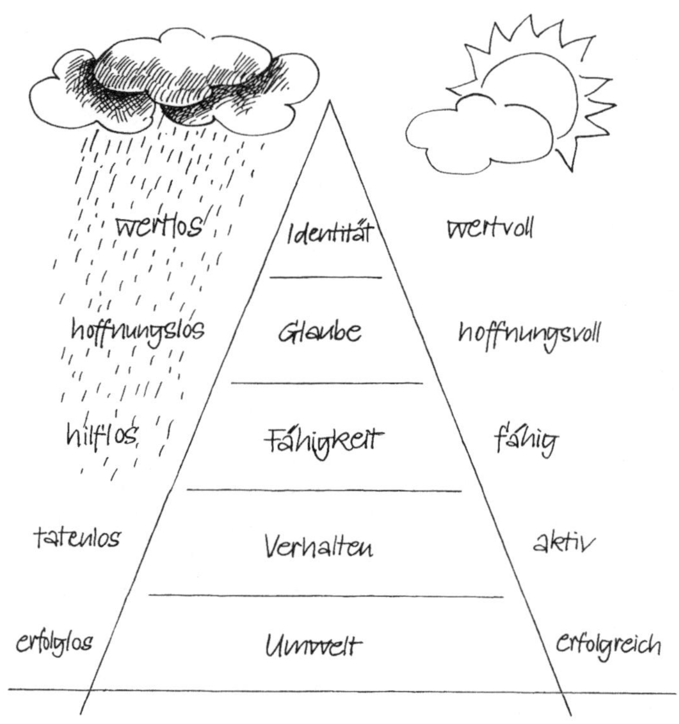

5.4 Was hat Identität mit Kindern zu tun?

Fragen Sie Eltern kleiner Kinder, was sich durch die Kinder in ihrem Leben verändert hat, und Sie werden meistens die übereinstimmende Antwort erhalten: „Alles!“ Die neue Rolle als Vater und Mutter entpuppt sich sehr schnell als absoluter Vollzeit-Job ohne Urlaubsgarantie. Auf die Pyramide bezogen heißt das: Änderung auf allen Ebenen. Einerseits ändert sich die Umwelt, denn ein Kind wird geboren. Andererseits verändert sich die Identität eines Paares. Das geschieht sicher nicht erst nach der Geburt. Die Schwangerschaft hat gravierende Einflüsse auf Erleben, Verhalten und Einstellungen der werdenden Eltern. Bei der Frau kommt natürlich die unmittelbare körperliche Erfahrung dazu, aber auch Männer sind „schwanger“ und machen in diesen Monaten ganz neue Erfahrungen!

Mit der Identität ändern sich Überzeugungen, Einstellungen, Werte und Ziele. Mancher Raucher schafft es jetzt plötzlich, mit den Zigaretten aufzuhören – als ob er plötzlich neue Fähigkeiten entwickelt hätte. Überzeugte Nonkonformisten werden häuslicher und finden Geschmack am Familienleben. Das Verhaltensrepertoire erweitert sich mindestens um Tätigkeiten wie Windelnwechseln, das Baby in den Schlaf wiegen und den Kinderwagen schieben …

Das klingt sehr nach trautem Familienglück, denn es wurden nur positive Veränderungen dargestellt. Was ist mit den Einschränkungen durch Umweltbedingungen, die unausweichlich sind? Kinder bereichern unser Leben nicht nur, sie engen auch unsere Freiräume ein. Plötzlich sind wir für einen anderen Menschen zu hundert Prozent verantwortlich. Wir können nicht kündigen, denn es ist eine Stellung auf Lebenszeit, die wir da angetreten haben. Auf einmal können wir unseren Lebensrhythmus nicht mehr selbst bestimmen. Einige Stunden ungestörten Schlafes werden geradezu zum Luxus, von dem wir träumen. Wir sind ständig in Bereitschaft und mancher fragt sich, was er eigentlich „vorher“ immer gemacht hat. Was waren unsere Gesprächsthemen, womit haben wir unsere Freizeit verbracht? Manchmal scheint es wirklich unglaublich, wie anders alles plötzlich geworden ist.

Wie man mit solchen Negativerfahrungen auch umgehen kann, zeigt ein Beispiel: Familie Weiß fährt zum ersten Mal mit ihrer zweijährigen Tochter in Urlaub. Als Urlaubsort haben sie das gleiche Ziel gewählt wie für ihre Hochzeitsreise, denn dort kennen sie sich schon aus, kennen Land und Leute ein wenig. Nun stellt sich aber heraus, dass diesmal alles ganz anders ist: Statt geruhsamer romantischer Flitterwochen erleben die Eltern mehr Stress und Nervosität, als ihnen lieb ist. Die zweijährige Tochter schläft wenig, will alles erkunden und die Eltern sind ganz ordentlich beschäftigt.

Wenn die Eltern nun diesen Familienurlaub mit ihren Flitterwochen vergleichen, wird ihre Stimmung höchstwahrscheinlich auf den Nullpunkt sinken. „Wenn wir nur einmal allein wären, abends ausgehen könnten und morgens lange schlafen ...!" Diese Denkschleife hilft keinem der Beteiligten, denn es ist ein Ansatz, der von der Umwelt-Ebene ausgeht. Wenn die Umwelt anders wäre und wir ohne Kind hier wären ... dann wäre alles besser. Es bleibt aber beim „Wäre, Könnte, Sollte", denn die momentane Realität ist nun einmal anders, als sie damals war.

Wenn die Eltern ihre Identität als Familie sehen, akzeptieren sie damit ihre neue Rolle und können die Realität nehmen, wie sie jetzt ist. Das ändert die ganze Pyramide: „Ich bin jetzt Vater / Mutter, deshalb habe ich andere Werte. Mir ist wichtig, dass wir als Familie einen schönen Urlaub verbringen, und ich glaube, dass das möglich ist und dass wir das gemeinsam schaffen können." So können diese Eltern Zugang zu anderen Fähigkeiten bekommen, die ihnen ermöglichen, den Urlaub so zu gestalten, dass er erholsam für alle wird.

An der Umwelt hat sich dadurch noch nichts geändert – schlafen können sie auch nicht länger – doch durch die neue Einstellung erweitert sich der persönliche Horizont. Es öffnen sich Wege, die vorher verschlossen schienen. Anstatt sich zu ärgern über das, was nicht ist, kann man seine Fähigkeiten einsetzen, um mit dem umzugehen, was ist.

5.5 Von Strafen und guten Vorbildern

Das Pyramiden-Denkmodell dient nicht nur zur Selbsterkenntnis, sondern leistet auch gute Dienste, wenn wir konkret betrachten, wie wir mit unseren Kindern umgehen. Es gibt hier ja die bekannten Schlagworte vom (anti-)autoritären Erziehungsstil, dem partnerschaftlichen Ansatz oder dem Laissez-faire-Stil, bei dem den Eltern so ziemlich alles egal ist. Allerdings passen die wenigsten Eltern in solche Schubladen, denn der Umgang mit den Kindern hängt von zahlreichen Faktoren ab, die veränderliche Tagesform beider Seiten eingeschlossen.

Ich möchte hier nun im Modell der Pyramide verschiedene Möglichkeiten darstellen, wie man mit seinen Kindern umgehen kann. Die Beschreibung ist zunächst theoretisch und wertfrei. Welcher Umgang wann angemessen ist – diese Entscheidung kann nur jeder für sich persönlich treffen. Von verordneten Rezepten halte ich nicht allzu viel.

Fangen wir wieder bei der Pyramide ganz unten an: Eltern, die mit ihren Kindern auf der „Umwelt-Ebene" stehen, beschränken sich auf bloße Reaktion. Sie lassen die

Kinder gewähren und greifen nur im Notfall ein. Der Laissez-faire-Stil hat hier seinen Platz. Auf der nächsten Ebene („Verhalten“) sind nun Zuckerbrot und Peitsche zu Hause. Hier handeln die Eltern aktiv und beeinflussen ihre Kinder durch Strafe und Belohnung. Sie beeinflussen aber nur das Verhalten ihrer Kinder, denn Strafe kann zwar eine dauerhafte Veränderung der Einstellungen bewirken – diese ist aber in den seltensten Fällen die beabsichtigte. In der Regel ändert der Bestrafte seine Einstellung nur gegenüber dem Strafenden …

Auf der nächsthöheren „Ebene der Fähigkeiten“ gehen wir einen Schritt weiter. Es geht hier nicht mehr nur um bloße Verhaltensänderung, sondern um Ziele. Anstelle dem Kind immer wieder auf die Finger zu hauen, wenn es im Gemüsebeet gräbt, kann man sich auch einmal fragen, wozu es denn das immer wieder tut. Vielleicht möchte es einfach auch mitmachen und genauso „arbeiten“, wie die Großen das tun. Und wenn der kleine Gärtner dann ein kleines eigenes „Beet“ bekommt, haben wir ihm für sein störendes Verhalten eine andere Richtung gegeben. Auf dieser Ebene geht es also um Ziele und Visionen.

Noch umfassender wird es auf der Stufe der „Glaubenssätze“. Eltern, die sich mit ihren Kindern hier zu Hause fühlen, werden ihnen Werte vermitteln wollen und auf ihre Persönlichkeitsbildung Einfluss nehmen. Dies lässt sich kaum mehr trennen von der höchsten „Ebene der Identität“, bei der Eltern als Vorbild die geistige Führung ihrer Kinder übernehmen. Die Fragen des Lebenssinns und der eigenen „Mission“ auf der Welt gehören hierher. Dies ist natürlich eng verbunden mit der „spirituellen Ebene“, auf der es um seelische Führung geht.

Persönlichkeit und Erziehung

Persönlichkeit	***Stichwort***	***Erziehung durch …***
Spiritualität	Transzendenz	seelische Führung
Identität	Mission	geistige Führung Vorbildfunktion
Werte und Einstellungen	Erlaubnis	Vermittlung von Werten
Fähigkeiten	Vision	Ziele geben Richtung zeigen
Verhalten	Aktion	Strafe und Belohnung
Umwelt	Reaktion	Gewähren-Lassen Eingreifen im Notfall

Dieses scheinbar so theoretische Modell kann erstaunliche praktische Auswirkungen haben. Es geht dabei nicht darum, etwas als „richtig“ oder „falsch“ einzustufen, sondern vielmehr darum, sich und seine Umwelt in neuem Licht zu sehen. Deshalb mein Vorschlag: Versuchen Sie in den nächsten Wochen, die Pyramide in Ihr Leben einzubeziehen. Nehmen Sie sich öfter einmal Zeit und fragen Sie sich für bestimmte Situationen: Auf welcher Ebene war ich zu diesem Zeitpunkt? Wo war mein Kind / Partner? Beschreiben Sie die verschiedenen Ebenen der Pyramide. Vielleicht können Sie und Ihr Partner sich gegenseitig dabei unterstützen, denn vier Augen und Ohren nehmen bekanntlich mehr wahr als zwei.

II.

ELTERN und KINDER

6. Kinder und Eltern als Gesprächspartner

Im Leben mit einem Kind gibt es am Anfang drei wichtige Meilensteine der Entwicklung: das erste Lächeln – der erste Schritt – das erste Wort. Diese „Leistungen" des Kindes stehen in engem Zusammenhang mit dem Thema Kommunikation. Aus diesem Grund wollen wir sie genauer betrachten.

6.1 Das erste Lächeln

Wenn ihr Baby sie zum ersten Mal bewusst anlächelt, spüren die Eltern ganz deutlich, dass sie von ihrem Kind erkannt werden. Manche Mütter und Väter tun sich nun sehr viel leichter, eine innige Beziehung zu ihrem Kind zu entwickeln, denn sie fühlen sich stärker aneinander gebunden. Das Phänomen der *Bindung* ist keine Einbahnstraße, sondern ein wechselseitiger Prozess, bei dem sich Eltern und Kind gegenseitig beeinflussen.

Das erste Lächeln wird von den Eltern häufig auch als der Beginn der gemeinsamen Kommunikation interpretiert. Zuvor schien das Baby oft unerreichbar, denn es reagierte selten direkt auf die liebevolle Zuwendung – und es machte offensichtlich kaum einen Unterschied darin, wer es betreute. Dies ändert sich mit einem kleinen Lächeln: Die Eltern erleben das Lächeln ihres Kindes als Belohnung für die durchwachten Nächte und anstrengenden Tage. Plötzlich scheint das Kind seine Eltern zu erkennen, denn es lächelt ja nicht wahllos jeden Menschen an. „Mit einem Mal merkte ich, dass ich sie erreiche. Vorher schien sie mir so weit weg zu sein – als ob sie mich überhaupt nicht wahrnimmt. Das ist nun anders geworden, und ich habe eigentlich erst jetzt eine richtige Beziehung zu meinem Kind bekommen." Diese Sätze stammen von einem Vater einer zwei Monate alten Tochter. Ähnliches hörte ich häufig – nicht nur von Männern. Auch für die angeblich automatische „innige Mutter-Kind-Beziehung" scheint das erste Lächeln von großer Bedeutung zu sein.

Ist das Babylächeln nur eine unbewusste Grimasse des Kindes ohne jede Bedeutung? Früher nannte man die ersten drei Lebensmonate eines Kindes das „dumme Vierteljahr". Es wurde behauptet, dass Kinder in dieser Zeit praktisch nichts von dem aufnehmen, was um sie herum geschieht. Diese Meinung ist heute – zum Glück für die Kinder – eindeutig widerlegt. Früher hieß es, Babys brauchen vor allem Ruhe, und das bedeutete für die meisten von ihnen, dass sie häufig alleine im Kinderzimmer lagen. Mittlerweile ist erwiesen, wie gut es Babys tut, wenn sie nicht immer „abgelegt“ werden, sondern auf ihre Weise am Familienleben teilnehmen dürfen. Schon Neugeborene können ihre Umwelt wahrnehmen und sind in der Lage, ihr Verhalten zu steuern (wenn auch noch nicht so wie ein Erwachsener). Manche Eltern sind sehr berührt vom ersten Blickkontakt mit ihrem Baby gleich nach der Geburt. „Er hat uns direkt angesehen und in diesem Blick war etwas ganz Besonderes.“ Über die Bewusstheit eines Lächelns in den ersten Lebenswochen sind selbst Experten unterschiedlicher Meinung. Vielleicht ist dieser Aspekt auch nicht der entscheidende. Denken Sie noch einmal zurück an die Grundannahmen des NLP aus der Einleitung: „Der Inhalt der Kommunikation ist gleichbedeutend mit der Antwort, die sie erzielt.“ Etwas weniger abstrakt heißt das: Nicht, was ich im Kopf habe, ist entscheidend. Ausschlaggebend ist das, was bei meinem Gegenüber „ankommt“. Betrachten wir das Lächeln des Kindes einmal unter diesem Blickwinkel – was löst es bei den Eltern aus? Sie fühlen sich bestätigt, individuell erkannt und belohnt. Diese Gefühle beeinflussen direkt die Beziehung zu ihrem Kind und erleichtern den Kontakt. Das Lächeln eines Babys stellt also eine sehr direkte und wirkungsvolle Form der Kommunikation dar, selbst wenn diese teilweise noch unbewusst sein sollte.

6.2 Der erste Schritt

Nun haben wir es nicht mehr mit einem Neugeborenen zu tun, sondern mit einem Kleinkind von etwa einem Jahr. Das Kind ist inzwischen in der Lage, seine Vorlieben und Abneigungen recht wirkungsvoll auszudrücken, auch wenn ihm dazu häufig noch die Worte fehlen. Seine Kommunikation geschieht weitgehend durch Gesten, die für die Eltern oder andere vertraute Bezugspersonen meist ebenso eindeutig sind, wie es Worte wären.

Sobald das Kind gelernt hat, sich alleine fortzubewegen, wird seine Kommunikationsfähigkeit um eine Dimension reicher. Es kann nun zum anderen hingehen, ihn an der Hand fassen und dorthin ziehen, wo es etwas haben möchte (zum Beispiel zum Kühlschrank, Sandkasten, zum Dreirad der großen Schwester ...). Die Unausweichlichkeit dieser Form der Kommunikation wird an einem ganz alltäglichen Beispiel deutlich: Der kleine Tobias wacht morgens auf und ist putzmunter. Ihm ist es gleichgültig, dass es erst 5 Uhr morgens ist – er ist wach und möchte aufstehen. Die Mutter holt ihn verschlafen aus seinem Bettchen und nimmt ihn mit ins Schlafzimmer. Dort stellt sie ihm ein Körbchen mit Spielsachen ins Elternbett, legt sich daneben und hofft, noch einige Minuten dösen zu können ... Tobias interessieren die Spielsachen nicht im Mindesten; er möchte aufstehen. Deshalb krabbelt er aus dem Bett, baut sich vor der Mutter auf und fasst ihre Hand mit dem berühmten Baby-Klammergriff.

Sein Ziehen und Zerren ist eindeutig: „Steh endlich auf!!" Alle Ablenkungsmanöver schlagen fehl und schließlich hat er gewonnen – die Mutter steht auf.

6.3 Das erste Wort

Endlich ist es so weit: Das Kind sagt die ersten Worte. Kein unverständliches Babygebrabbel mehr, sondern gezielte Verständigung – „Mama", „Papa", „NEIN", „WILL" und Ähnliches mehr. Wir haben gesehen, dass Worte nicht der Anfang der Kommunikation sind, denn diese beginnt schon viel früher. Durch Sprache wird die Kommunikation aber vielseitiger, eindeutiger und universell. Das Kind ist nicht mehr darauf angewiesen, von einer Handvoll „Eingeweihter" verstanden zu werden, sondern kann sich auch mit Fremden unterhalten. Sein Aktionsradius wächst ebenso gewaltig wie sein Selbstbewusstsein. Gespräche werden möglich – die Kommunikation verliert ihre Einseitigkeit. Allerdings kann das auch erst einmal ins Gegenteil umschlagen, wie viele Eltern bestätigen können, deren Kleinkinder nun unaufhörlich reden und erzählen!

Die Sprache eines Kleinkindes klingt oft drollig und originell. Manche Erwachsenen haben sich selbst eine Babysprache angewöhnt, die niedlich und „kindgerecht“ sein soll. „Mach mal schön Ei-Ei.“ „Mag die Sandra Ata-Ata gehen?“ „Tobias schön heiaheia machen.“ Angeblich verstehen Kinder diese Art von Sprache besser. – Ich frage mich nur, was sie dabei für ein Bild des Sprechers bekommen, denn oft säuseln die Erwachsenen dabei in einer unnatürlich hohen Tonlage. Muss das denn sein?

Sicher ist es sinnvoll, sich sprachlich auf das „Fassungsvermögen“ eines Kindes einzustellen. Ergebnisse aus der psychologischen Forschung zeigen, dass Erwachsene angesichts eines kleinen Kindes automatisch ihre gewohnte Sprachmelodie und das Tempo verändern. Sie sprechen in der Regel langsamer, deutlicher und betonen wichtige Inhalte durch Wiederholung. „Siehst du den Ball? Ja, das ist ein roter Ball – schau mal, wie er rollt. Dort ist der Ball.“ Die Stimme wird dabei um einige Nuancen höher, verändert sich aber nicht so weit, dass der bekannte „Säuselton“ entsteht. Das Interessante dabei ist, dass sich sogar schon Kinder mit etwa drei Jahren in dieser Weise sprachlich auf Kleinere einstellen können.

In der Art und Weise, wie wir mit Kindern sprechen, spiegelt sich auch unsere Beziehung zu ihnen wider. Wer sein Kind permanent in der Babysprache anredet, vermittelt ihm andere Eindrücke als jemand, der sein Kind in normalem Tonfall und ebensolcher Wortwahl anspricht. Die Frage liegt nahe, ob der eine sein Kind klein halten will – und der andere es groß machen möchte. Es gibt hier sicher kein definitives „Richtig“ oder „Falsch“, denn jedes Kind und jeder Erwachsene ist anders und wird individuell auf Sprache reagieren. Mir zum Beispiel war es wichtig, unsere Kinder „normal“ anzusprechen, ohne ausgeprägte Babysprache, denn dabei hätte ich mich selbst nicht wohlgefühlt. Dennoch gab es auch in unserer Familie Spezialwörter, die aus Wortschöpfungen unserer Kinder entstanden und lange beibehalten wurden – auch wenn ein Außenstehender dafür eine Übersetzung brauchte. Diese Spezialwörter gibt es wohl zeitweise in jeder Familie und sie haben eine wichtige Funktion. Gefühle der Gemeinsamkeit und Zusammengehörigkeit werden so gestärkt. Sprache ist also viel mehr als bloße Informationsübermittlung. Sie ist ein Spiegelbild der Beziehung und kann Einblicke in die Struktur der Familie erlauben. Um diesen Aspekt geht es im nächsten Abschnitt.

6.4 Der partnerschaftliche Ansatz

„Die Familienkonferenz“ von Thomas Gordon ist vielen Eltern, Erziehern und Lehrern ein Begriff. Gordon beschreibt in diesem Buch sehr detailliert einen partnerschaftlichen Ansatz für das Familienleben. Einige zentrale Punkte möchte ich hier zusammenfassen – für Einzelheiten und weiterführende Inhalte sei auf seine Bücher verwiesen[4].

Kommunikation bedeutet ein Wechselspiel von Reden und Zuhören. Dies findet in einer Beziehung statt. Lassen Sie uns das durch zwei Beispiele illustrieren.

Beispiel 1: „Vom alten Schlag“

Familie A. sitzt beim Abendessen: Mutter, Vater, der vierjährige Christian und die einjährige Lisa. Christian ist aufgekratzt und erzählt viel. Die Mutter ist damit beschäftigt, der kleinen Lisa Brotstücke zu belegen und die Kleine gleichzeitig daran zu hindern, aus ihrem Stuhl zu klettern. „Bleibst du jetzt endlich mal sitzen! Iss dein Brot anständig und wirf nicht alles runter!“ Der Vater möchte eigentlich seiner Frau einen Vorfall aus dem Büro erzählen, kommt aber nicht dazu, denn Christian redet ununterbrochen. Dabei kann der Junge gar nicht still sitzen und wirft schließlich sein Saftglas um. Der Vater schimpft: „Donnerwetter, muss das sein? Kannst du denn nicht aufpassen! Und überhaupt – halt jetzt endlich mal den Mund und iss deinen Teller leer. Man versteht hier ja sein eigenes Wort nicht mehr!“ Der Vater beginnt wieder, der Mutter von seinem Kollegen zu erzählen, der ... Doch da fängt Christian wieder an zu reden und dem Vater platzt der Kragen: „Ruhe jetzt! Kinder soll man sehen, aber nicht hören!!“ Schließlich fängt auch die kleine Lisa an zu weinen und die Stimmung ist endgültig am Gefrierpunkt angelangt.

Hier verlassen wir die Szene und schauen bei Familie B. zu.

Beispiel 2: „Neue Lösungsformen“

Familie B. sitzt ebenfalls beim Essen. Der vierjährige Max erzählt, was er am Nachmittag alles erlebt hat. Er ist mindestens genauso aufgekratzt wie Christian A. und zappelt auf seinem Platz hin und her. Die Mutter hat der kleinen Julia einen Teller mit Butterbrotstückchen hingestellt und ermahnt sie ruhig und bestimmt, in ihrem Stuhl sitzen zu bleiben. Der Vater wendet sich Max zu und meint: „Da hast du ja

---

4 Zum Beispiel: „Die Familienkonferenz“ (1972), „Familienkonferenz in der Praxis“ (1978) und „Die neue Familienkonferenz“ (1993).

heute einen ganz aufregenden Tag gehabt. Wie war denn das mit dem Thomas, warum habt ihr da gestritten?" Während Max erzählt, hört der Vater auf zu essen und schaut ihn direkt an. Nachdem der Junge fertig ist, meint der Vater: „Das glaube ich, dass du dich da geärgert hast. Da wäre ich auch wütend geworden. – Du hör mal, ich möchte der Mama jetzt einmal etwas erzählen, was heute im Büro los war. Bist du fertig – kann ich jetzt reden?" „Hmmm, aber ich wollte doch noch was sagen ..." „Na gut, dann rede du jetzt erst mal und wir hören zu." Als Max fertig ist, beginnt der Vater zu erzählen, wird aber gleich wieder von Max unterbrochen: „Papa, stell dir vor, der Daniel, der hat außerdem noch ..." Der Vater sagt ruhig und bestimmt zu Max: „Hör mal, als *du* erzählt hast, waren wir still und haben dir zugehört. Jetzt will *ich* reden und dabei möchte ich, dass du still bist. Einverstanden? Oder musst du unbedingt gleich noch etwas erzählen?" Max will gleich noch etwas loswerden, ist danach aber zufrieden und hört zu, wie sich die Eltern unterhalten. Als Julia unruhig wird, wendet sich die Mutter ihr zu und klärt das Problem – sie möchte etwas zu trinken. Danach sagt sie zu ihr: „Ich möchte jetzt mit dem Papa reden" und nimmt das Gespräch wieder auf. Als Julia zunehmend zappeliger wird, beenden die Eltern ihr Gespräch und unterhalten sich wieder mit den Kindern. Julia kommt beim Papa auf den Schoß und ist zufrieden.

In beiden Fällen geht es um einen Konflikt, der aber auf ganz unterschiedliche Weise gelöst wird. Im ersten Beispiel ist die Beziehung durch ein deutliches „Oben – Unten" charakterisiert. Die Eltern stellen sich eine Stufe über die Kinder und demonstrieren ihre Autorität. Zum Begriff der Autorität schlägt Gordon interessante Unterscheidungen vor. Im Sprachgebrauch bedeutet Autorität ja nichts anderes als Macht und Einfluss. Wer die Autorität hat, bestimmt, wo es langgeht – meist zum Ärger der Unterlegenen. Gordon unterscheidet dagegen verschiedene Autoritätsformen:

Formen der Autorität (nach Gordon)

Autorität durch Erfahrung

Hier beruht die Autorität auf der größeren Erfahrung des anderen. Die Mutter weiß, dass sich das Kind an der heißen Herdplatte verbrennen kann, und hält es deshalb vom Herd fern – auch wenn das Kind lauthals protestiert.

Autorität durch Funktion

Hier wird die Autorität durch eine (berufliche) Stellung definiert. Lehrer, Erzieher, Polizisten und Richter sind Beispiele dafür.

Autorität durch Macht

Diese Form kommt der des alltäglichen Sprachgebrauchs vielleicht am nächsten. Der überlegene Partner übt Druck und Kontrolle auf den anderen aus, weil er der mächtigere Teil von beiden ist. Wenn Eltern ihren Kindern etwas vorschreiben, von dem die Kinder keinen, die Eltern aber einen großen Nutzen haben, üben sie Macht-Autorität aus. „Du gehst jetzt in dein Zimmer und kommst erst zurück, wenn du wieder normal bist!" „Sei doch endlich einmal still, du bringst mich noch zum Wahnsinn!"

Der partnerschaftliche Ansatz der Erziehung geht von der Voraussetzung aus, dass Eltern und Kinder auf der gleichen Ebene stehen. Es gibt kein Machtgefälle, sondern Entscheidungen werden verhandelt und gemeinsam getroffen. Statt Druck auszuüben, ist es die Aufgabe der Eltern, einen Konsens mit ihren Kindern zu finden. Zunächst erscheint das natürlich wesentlich aufwendiger: „Wenn ich wegen jedem Streitpunkt erst verhandeln soll, kommen wir ja nie zum Ende. Die quasseln mich ja unter den Tisch ..." Diese Annahme ist auch teilweise richtig: Verhandeln ist aufwendiger als Befehlen – zumindest kurzfristig betrachtet. Wenn man das Ganze jedoch in einem größeren Zeitrahmen sieht, erweist sich die Verhandlung als überlegen. Wenn beide Teile mit einer Entscheidung einverstanden sind, wird keiner versuchen, sie zu sabotieren. Langfristig lernen Kinder so, ihre Meinung angemessen zu vertreten. Kinder aus „Macht-Familien" haben oft unangemessene Formen gelernt, mit anderen umzugehen. Schwindeln, austricksen, verheimlichen oder „mit dem Kopf durch die Wand rennen" sind nur einige Schlagworte dafür. Die Bewältigungsformen der Kinder lassen sich beschreiben als Kampf, Flucht, Unterwerfung oder innerer Rückzug. Ist das in einer Eltern-Kind-Beziehung wünschenswert? Wer dagegen erfährt, dass seine Meinung zählt und von den Eltern ernst genommen wird, der ist in der Lage, positive Formen der Kommunikation zu entwickeln.

Unter dem Blickwinkel der Ökologie sind Verhandlungen ebenfalls weitaus sinnvoller als Verordnungen. Eine Lösung ist dann „ökologisch", wenn alle Beteiligten zu Wort gekommen sind und ihre Einwände berücksichtigt wurden. Die Integration dieser teilweise widersprüchlichen Anteile wurde in Kapitel 4 „Umgang mit Schuldgefühlen" bereits ausführlich beschrieben. Ebenso wie auf intrapersonale Prozesse (den Umgang mit den eigenen Gefühlen) lässt sich das Verhandlungsmodell anwenden auf zwischenmenschliche Verständigung in Beziehungen. Die Fragen sind einfach: Welche Interessen haben die Einzelnen? Unter welchen Bedingungen kann eine gemeinsame Lösung erreicht werden? In unserem Beispiel der Familie B. wollten alle gleichzeitig erzählen. Der Vater lässt erst den Sohn reden und erklärt ihm dann, dass er jetzt selbst etwas erzählen möchte. Als der Sohn ihn unterbricht, erinnert er ihn daran, dass er jetzt nicht an der Reihe ist, und fragt Max, ob er unbedingt selbst noch etwas loswerden möchte. Daraufhin kann Max den Vater erzählen lassen, denn er weiß, dass er selbst auch wieder an die Reihe kommen wird, wenn es so weit ist.

Verhandeln ist also sinnvoller als befehlen – doch wie verhandelt man eigentlich? Gordons Zauberwort sind hier die „Ich-Botschaften". Das sind nicht-urteilende, neutrale Botschaften, die dem Kind mitteilen, was der Erwachsene erlebt. Gordon unterscheidet konfrontative und präventive Ich-Botschaften.

Formen der Ich-Botschaften (nach Gordon)

Konfrontative Ich-Botschaften

Der Erwachsene teilt dem Kind seine Reaktion mit, die er erlebt, wenn sich das Kind auf eine bestimmte Weise verhält. „Wenn ihr so laut schreit, kann ich mich nicht mit eurer Mutter unterhalten." „Ich werde zu spät zum Arzt kommen, wenn wir jetzt nicht gleich fahren können." „Ich habe eben den Teppich gesaugt. Ich ärgere mich, wenn du ihn gleich wieder vollkrümelst."

Der Erwachsene übernimmt die Verantwortung für seine Gefühle, anstatt das Kind dafür verantwortlich zu machen („Du machst mich noch wahnsinnig!"), und zeigt dem Kind seine Gefühle offen und sachlich. Die Ich-Botschaft enthält einen Appell an die Verantwortung des Kindes, sein Verhalten zu ändern, ohne die negativen Urteile, die Du-Botschaften begleiten. („Jetzt hast du mir schon wieder den ganzen Teppich vollgekrümelt. Kannst du denn nicht einmal aufpassen"?") Der Erwachsene lässt dem Kind die Freiheit, selbst sein Verhalten zu ändern und eine neue Lösung zu finden. Gordon betont, dass wir hier die Fähigkeiten unserer Kinder generell unterschätzen. Kinder sind wesentlich kreativer als wir und deshalb finden sie einfacher und häufiger Alternativlösungen, als wir es könnten – vorausgesetzt wir geben ihnen die Möglichkeit dazu.

Präventive Ich-Botschaften

Hier geht es darum, dass Sie Ihrem Kind Ihre Bedürfnisse mitteilen und es um seine Kooperation bitten. „Ich will heute noch mit dir einkaufen gehen und möchte gern mit dir besprechen, wann wir das am besten machen." „Wenn ich telefoniere, ist mir wichtig, dass ich in Ruhe sprechen kann. Ich möchte gern schauen, wie wir dieses Problem lösen können." Kinder lernen so, dass ihre Eltern auch nur Menschen sind, die eigene Bedürfnisse haben. Sie sind eher zur Kooperation bereit, wenn sie aktiv einbezogen werden.

„Das funktioniert ja doch nicht bei kleinen Kindern", könnten Sie hier einwenden. Das stimmt. Die Erfahrung, dass das auch mit kleinen Kindern funktionieren kann, machen nur wenige Eltern. Der Grund ist aber weniger der, dass „es nicht funktioniert", sondern dass nur wenige Eltern tatsächlich partnerschaftlich mit ihren Kindern reden. „Partnerschaftliche Kommunikation" ist keine Gesprächstechnik, die man schematisch erlernt – vielmehr ist sie ein Ausdruck der persönlichen Einstellung und inneren Haltung.

In Gordons Büchern finden sich allerdings zahlreiche realistische Beispiele für den partnerschaftlichen Umgang mit kleinen Kindern und sogar Babys. Es ist immer wieder erstaunlich, was Kinder können, wenn ihnen die Freiheit gegeben wird, es auszuprobieren. Eins ist aber auch sicher: Von heute auf morgen wird sich der Umgangsstil in der eigenen Familie nicht völlig umkrempeln lassen. Kinder und Eltern brauchen Zeit dafür. Nehmen Sie sich also nicht vor: Ab jetzt wird über alles verhandelt – ich will keinen Druck mehr ausüben. Das ist erstens nicht nach dem positiven Zielrahmen formuliert und zweitens in dieser Allgemeinheit nicht durchführbar. Achten Sie stattdessen lieber einige Tage bewusst darauf, wie Sie mit Ihrem Kind reden und wo Sie Macht ausüben. Dann überlegen Sie sich in einer ruhigen Minute mehrere Alternativen, die Sie in den nächsten Tagen ausprobieren wollen. Entscheidend ist dann, dass Sie sich Zeit nehmen, um die Auswirkungen zu beobachten. Was hat sich verändert – in Ihrem Verhalten, in Ihrer Stimmung und in der Ihres Kindes? (Schreiben Sie sich die Zusammenhänge am besten auf.)

6.5 Reden und Zuhören

Was ist, wenn Sie auf Ihre wohlformulierten Ich-Botschaften dennoch Widerstand ernten? Sie haben Ihr Kind mit dem Wunsch konfrontiert, dass es ein vertrautes Verhalten ändert, weil Sie ein Problem damit haben. Die bloße Wiederholung der Ich-Botschaft wird kaum Erfolg versprechend sein. Gordon schlägt hier vor, „vom Vorwärtsgang in den Rückwärtsgang zu wechseln". Anstatt selbst weiterzureden, ist es sinnvoll, nun Ihrem Kind aufmerksam zuzuhören. Sie zeigen ihm damit, dass Sie zwar Ihr eigenes Bedürfnis nicht aufgeben, aber gerne verstehen wollen, was in Ihrem Kind vorgeht. Wenn Sie seine Gefühle akzeptieren, erleichtern Sie es Ihrem Kind, den nächsten Schritt zu tun.

Mutter: „Ich ärgere mich, dass im Wohnzimmer solch ein Chaos herrscht. Hatten wir nicht ausgemacht, dass du erst aufräumst, bevor du ein neues Spiel anfängst?"

Kind: „Mir ist da gerade eine Idee gekommen, die wollte ich unbedingt gleich ausprobieren."

Mutter: „Du hast so eine interessante Idee gehabt, dass du gar nicht mehr an das Aufräumen gedacht hast?"

Kind: „Ja, stell dir vor ..." (beschreibt seine Idee)

Mutter: „Das ist ja wirklich eine tolle Sache. Können wir ausmachen, dass du nachher aufräumst, wenn du damit fertig bist?"

Die Mutter nimmt nicht nur ihr Bedürfnis ernst, sondern auch das des Kindes. Hätte sie einfach auf dem Aufräumen beharrt, hätte das Kind wahrscheinlich das Gefühl gehabt, mit seinen Gedanken, Ideen und Bedürfnissen übergangen zu werden. So hingegen fühlt es sich ernst genommen und wird sicher mit besserer Stimmung anschließend aufräumen.

„Zuhören" kann ganz verschiedene Qualitäten haben. Ich kann interessiert zuhören oder gelangweilt, aufmerksam oder passiv, offen oder voreingenommen, freundlich oder mürrisch ... Je nachdem werde ich ganz unterschiedliche Reaktionen meines Gesprächspartners erhalten. Aus der Gesprächsführung ist der Begriff des „aktiven Zuhörens" bekannt, der die gegenseitige Verständigung erleichtert. Dabei geht der Zuhörer offen und aufmerksam in das Gespräch. Er wiederholt wichtige Aussagen des Partners in seinen eigenen Worten, um sicherzugehen, dass er ihn richtig verstanden hat. Er zeigt Verständnis dafür, dass der andere vielleicht eine andere Sicht der Dinge hat als er selbst, ohne die abweichende Meinung gleich anzufechten oder abzuwerten. Diese Qualitäten bilden die Basis der gegenseitigen Verständigung.

Wenn Sie wieder einmal das Gefühl haben, bei Ihrem Kind gegen eine Wand zu reden, schalten Sie doch innerlich auf „Zuhören" um. Statt selbst weiterzureden (oder zu schreien), fragen Sie Ihr Kind, wie es ihm eigentlich geht. Je nach dem Alter des Kindes können Sie das auf ganz verschiedene Weise tun. Bei einem kleinen Kind reicht vielleicht ein kurzer Satz wie: „Ich glaube, jetzt bist du aber ganz schön wütend / durcheinander / traurig ...", bei dem Sie es in den Arm nehmen. Größere Kinder können schon selbst eine Menge erzählen, wenn sie Gelegenheit und einen aufmerksamen Zuhörer bekommen. Sie erleichtern Ihrem Kind den Anfang, wenn Sie behutsam fragen und kein Kreuzverhör anstellen. Zuhörer brauchen Geduld! Nehmen Sie Ihrem Kind das Wort nicht aus dem Mund, indem Sie seine Sätze selbst vollenden, wenn es ins Stocken kommt. Wenn Sie ihm Zeit geben, kommen die Worte schließlich wie von selbst.

Natürlich gibt es viele Gründe, warum man als Erwachsener im Alltag nicht so viel Zeit und Geduld aufbringen kann. Da ist vielleicht ein kleineres Geschwisterkind, das selbst Aufmerksamkeit möchte und so wirksam jedes ernsthafte Gespräch mit dem größeren Kind verhindert. Oder man selbst ist müde, unter Druck oder einfach ungeduldig. Gründe, warum man den Kindern *nicht* zuhören kann, gibt es sicher jede Menge. Statt diese Hindernisse aufzuzählen, können wir auch unseren Blick einmal auf die Möglichkeiten richten, die uns daneben offenstehen. Im Alltag mit Kindern finden sich immer wieder ruhigere Momente, die wir für ein solches Gespräch nutzen können. Probieren Sie es einmal aus und hören Sie Ihrem Kind ein- oder zweimal am Tag bewusst zu. Wenn Sie das eine Woche lang getan haben, ziehen

Sie Bilanz: Wie hat Ihnen das Zuhören gefallen? Was haben Sie von Ihrem Kind erfahren? Hat sich etwas in Ihrer Beziehung dadurch verändert?

Wunder geschehen auf diese Weise wahrscheinlich nicht – stattdessen wird der Boden bereitet für eine partnerschaftliche Beziehung zwischen Eltern und Kindern. Langfristig profitieren davon alle Beteiligten.

7. | Zugang finden zur Welt des anderen

7.1 Eine verzauberte Welt

„Ein schillerndes, funkelndes Tier mit Flügeln und vielen Beinen krabbelt langsam über ein großes saftiges, grünes Blatt. Das Tier bewegt sich ganz langsam und setzt gemächlich ein Bein vor das andere. Ein plötzlicher Windstoß bewegt die Zweige des Strauchs und lässt das Blatt erzittern. Das Tier schwankt hin und her und es hält ganz still, um nicht zu fallen. Es verharrt noch einen Moment regungslos – dann setzt das bunt schillernde Tier seinen Weg fort."

Das Kind steht gebannt vor dem bunt schillernden Tier und spürt beinahe, wie es ist, solch ein Tier zu sein. Der Erwachsene ist inzwischen schon ein Stück vorausgegangen und ruft dem Kind zu: „Jetzt komm doch endlich – das ist doch nur ein Käfer. Solche gibt es Tausende ..." Das Drama, das sich dort beinahe abgespielt hätte, hat er gar nicht bemerkt. Mit Mühe kehrt das Kind zurück in die „wirkliche Welt" und macht sich auf den Weg, um den Erwachsenen einzuholen. Innerlich ist es noch bewegt von dem Erlebnis. „Können Käfer eigentlich denken?", fragt das Kind schließlich.

Kinder und Erwachsene leben nur scheinbar in der gleichen Welt. Kinder erleben und empfinden sie auf eine andere Weise als Erwachsene. Vielleicht erinnert sich mancher Erwachsene noch daran, wie auch für ihn als Kind die Welt voll war von Feen, Zwergen und anderen Wesen. In dieser verzauberten Welt war es ganz natürlich, mit Tieren und Pflanzen zu sprechen und ihre Antworten zu hören ... Der Übergang von dieser Zauberwelt zur Welt der Erwachsenen ist für Kinder fließend. Vielleicht bemerken sie die Grenze zwischen beiden nicht, weil sie auf einer künstlichen Trennung der Erwachsenen beruht. Für Kinder sind Träume und Fantasien zunächst genauso real wie die greifbaren Dinge ihrer Umgebung. Dass es das Gespenst im Kinderzimmer eigentlich gar nicht wirklich gibt, lernen sie erst allmählich. „Aber da ist das Gespenst doch – siehst du es denn nicht?"

Als sie etwa drei Jahre alt war, träumte unsere Tochter oft von großen Hunden oder anderen Tieren, die nachts plötzlich neben ihrem Bett auftauchten. Sie schrie dann jedes Mal in heller Angst und war kaum ansprechbar. Mehrmals versuchte ich vergeblich, ihr zu erklären, dass da doch gar kein Tier im Zimmer sein konnte, denn die Balkontür war ganz fest verschlossen; da konnte bestimmt kein Tier hereinkommen. Es half auch nichts, Licht zu machen – Sandra ließ sich nicht beruhigen und der Traum kam manchmal noch in derselben Nacht zurück. Nachdem sich das mehrmals wiederholte, kam mir eines Nachts, als ich selbst noch halb im Traum an ihr Bett kam, eine andere Idee. „Ein Hund ist da in deinem Zimmer? Ein ganz großer? Der hat hier aber nichts verloren, den müssen wir gleich verjagen. Wo bist du denn, Hund? Komm mal ganz schnell hier raus!" Dann öffnete ich die Balkontür und jagte den Hund hinaus. Diese Aktion hatte sofort Erfolg: Sandra hatte schon während der Jagd aufgehört zu schreien. Nun legte sie sich wieder hin, drehte sich um und war in Sekundenschnelle eingeschlafen. In dieser Nacht tauchte kein Hund mehr auf ...

Was war der Unterschied? Anfangs hatte ich versucht, Sandra von meiner vernünftigen Sicht der Welt zu überzeugen. Hunde können nun einmal nicht durch verschlossene Türen mitten in der Nacht ins Kinderzimmer kommen. Da ist kein Hund, also gibt es auch keinen Grund zu schreien. Diese Argumentation eines Erwachsenen interessierte Sandra nicht im Geringsten. Ebenso hätte ich ihr erzählen können, wie es auf dem Mond aussieht, denn das hatte nichts mit ihrer Welt zu tun.

Indem ich den Hund verjagte, glaubte ich ihr erst einmal, dass da in ihren Augen überhaupt einer im Kinderzimmer war. Ich stellte ihre Welt nicht infrage, sondern vermittelte Sandra ohne viele Worte, dass ich ihr glaubte. Indem ich in ihre Sicht der Welt einstieg, hatte ich Kontakt zu Sandra. Zuvor war sie nicht ansprechbar gewesen. Von dieser Grundlage aus erschien es nur folgerichtig, den Hund zu verjagen. Beim ersten Mal schaute Sandra dabei zu, später half sie mir auch teilweise beim Hinausjagen. Mit dieser Sicherheit, verstanden und beschützt zu werden, konnte sie dann leicht wieder einschlafen.

„Aber das war doch nur ein Traum“, könnten Sie einwenden. „Ist das nicht ein wenig überbewertet?“ – Gerade in Träumen wird die „andere“ Welt der Kinder besonders deutlich. Noch als Erwachsene können wir etwas davon spüren, wenn uns manche Träume tief berühren und lange nachwirken. Deshalb erscheint mir diese Geschichte vom Umgang mit einem Albtraum sehr hilfreich, um zu verstehen, was „Verständnis“ und „Verständigung“ für Kinder bedeuten.

7.2 Zugang finden

In der Geschichte über den Umgang mit einem Albtraum wurde eine Voraussetzung für wirklichen Kontakt zum anderen ganz deutlich. Jeder Mensch nimmt die Welt auf seine persönliche Weise wahr und schafft sich daraus seine eigene „Landkarte“. Der Begriff Landkarte ist hier wörtlich zu verstehen als Repräsentation der wirklichen Welt. Repräsentation bedeutet Abbildung, denn die Landkarte ist nicht die Landschaft selbst. Beim Lesen einer Landkarte erkennt man zwar bestimmte abstrakte Strukturen der Landschaft, zum Beispiel Berge, Flüsse, Ortschaften und die Straßen, die sie verbinden. Die Landschaft selbst ist aber aus der Karte nicht ersichtlich, weder die Farben der Wiesen und Wälder noch die Geräuschkulisse oder das Spiel von Licht und Schatten. Diesen ganzheitlichen Eindruck der Landschaft bekommt nur, wer wirklich dort ist, sich umsieht und umhört.

Jeder Mensch nimmt die Welt auf seine ganz persönliche Weise wahr. Der eine achtet mehr auf das, was er sieht, ein anderer hört ganz genau hin und der nächste möchte die Welt vor allem spüren und erleben. Jeder dieser drei wird so seine ganz persönliche (und weitgehend unbewusste) Reizauswahl treffen aus der Fülle der Reize, die uns ständig umgeben. So entstehen ganz unterschiedliche Vorstellungen von der Welt. Eine alte indische Geschichte beschreibt dasselbe Phänomen mit anderen Worten:

„Drei Männer, die von Geburt an blind sind, werden zum ersten Mal in ihrem Leben zu einem Elefanten geführt. Auf die Frage, was denn das sei, ein Elefant, antwortet der erste: „Das ist ein großes, rundes Tier, das die Form einer Röhre hat.“ Der zweite Mann beschreibt den Elefanten als eine Art Schlange, die ganz weich und beweglich ist. Der dritte schließlich findet den Elefanten hart, starr und kühl.“ – Jeder der drei Männer hat seine Wahrnehmung treffend beschrieben, aber jeder hat eben nur einen Teil des Elefanten ertastet, je nachdem ob er am Fuß, am Rüssel oder am Stoßzahn stand.

Um echten Kontakt zum anderen zu bekommen – im NLP heißt das „Rapport“ – ist es entscheidend, den anderen erst einmal wahrzunehmen. Wer dabei den anderen wirklich wahr-nimmt, also offen ist für dessen individuelle Erfahrung der Welt, der wird ihn anschauen, ihm zuhören und be-greifen wollen, worum es ihm geht. So bekommt er Zugang zu dessen „Landkarte“ der Welt und öffnet sich die Tür zum anderen. Wenn er dagegen versucht, ihn von seiner Sicht zu überzeugen, wird diese Tür sehr schnell wieder verschlossen – wenn sie sich überhaupt geöffnet hat.

Eine der Grundannahmen aus dem ersten Kapitel lautete: Jeder ist für das Ankommen seiner Botschaft beim anderen selbst verantwortlich. Wenn ein anderer uns nicht oder falsch versteht, denken wir im Allgemeinen, dass dieser einen Fehler gemacht hat. „Wenn du nicht zuhörst, wenn ich mit dir rede, dann bist du selbst schuld, wenn du mich nicht verstehst.“ „Kannst du denn nicht hören? Bei dir redet man ja gegen eine Wand!“ Vor allem von Kindern erwarten wir, dass sie hören (und möglichst auch tun), was wir ihnen sagen. Eine der Grundannahmen des NLP geht vom genauen Gegenteil aus: Wenn mich der andere nicht versteht oder nicht zuhört, ist das ein Hinweis für mich, dass *ich* keinen guten Zugang zu ihm hatte, sodass meine Botschaft ihn nicht erreichen konnte.

Dieser Zusammenhang lässt sich in einem einfachen Bild veranschaulichen. Stellen Sie sich vor, Sie wollen mit Ihrem Kind Ball spielen. Wenn Sie nun den Ball einfach drauflos werfen, ohne sich darum zu kümmern, ob das Kind bereit zum Fangen ist, wird das Spiel wahrscheinlich nicht lange dauern. Sie werfen den Ball, das Kind kann ihn nicht gleich fangen und so wird Ihnen der Spaß am Ballspiel bald vergehen. „So was Ungeschicktes!" Auch das Kind wird recht bald ärgerlich, denn es kann ja nicht einmal einen Ball fangen. – Wenn Sie dagegen vor dem Werfen erst einmal schauen, ob das Kind auch gerade hersieht und bereit zum Fangen ist, und dann Ihren Wurf den Fähigkeiten des Kindes anpassen, werden Sie beide wesentlich mehr Spaß haben.

Genau das bedeutet „Rapport": Sie nehmen Kontakt auf zum anderen, achten darauf, ob er für Sie aufmerksam ist, und werfen dann Ihren „Ball". Die Frage, ob der andere gerade aufmerksam ist, scheint banal, ist aber von zentraler Bedeutung für guten Kontakt. Grundsätzlich können wir unsere Aufmerksamkeit nach außen oder innen richten – im einen Fall sind wir aufnahmebereit, im anderen weniger. Wenn unsere Aufmerksamkeit nach innen gerichtet ist, beschäftigen wir uns mit unseren inneren Bildern und Dialogen. Die Außenwelt ist kurzzeitig ausgeblendet und wird überlagert von Erinnerungen, Assoziationen und Selbstgesprächen. Sicher kennen Sie auch Fälle, in denen Sie Ihr Kind angesprochen haben und es reagierte einfach nicht darauf. Später stellte sich heraus, dass es buchstäblich nichts gehört hatte. (Das passiert übrigens nicht nur bei Kindern!) Die Kommunikation lief also in diesem Fall ins Leere, weil der Empfänger auf Durchzug geschaltet hatte und nicht aufnahmebereit war. Das sagt bisher noch nichts darüber aus, ob dieses Ausblenden bewusst oder unbewusst geschah, denn beides ist möglich. Wir können uns bewusst mit unserer Aufmerksamkeit in innere Bilder zurückziehen, wenn wir die Außenwelt nicht wahrnehmen wollen. Spätestens in der Schule wird diese Fähigkeit in der Regel perfekt beherrscht. Andererseits kann dieses Ausblenden auch unbewusst geschehen. Mein Gesprächspartner sagt etwas, das in mir eine Erinnerung wachruft, die mich für kurze Zeit ganz in Beschlag nimmt ... Oft spielen dabei auch unbewusste Anker eine Rolle.

Die Energie, die uns zur Verfügung steht, ist begrenzt. Wenn wir unsere Aufmerksamkeit nach innen richten, sodass viel Energie für innere Bilder und Dialoge verbraucht wird, bleibt wenig Energie übrig für „äußere" Dialoge und die Verständigung mit dem anderen. Für die Verständigung ist es übrigens weniger entscheidend, *warum* der andere seine Aufmerksamkeit nach innen richtet. „Ich kann mir den Mund fusselig reden bei ihr, aber es nützt einfach nichts. Sie wird sich nie ändern." Hier hat der Empfänger seine Aufmerksamkeit offensichtlich mehr nach innen gerichtet als nach außen. Der andere redet und redet – natürlich ohne Erfolg – und ist am Ende frustriert. „Ich habe das Gefühl, bei ihm rede ich gegen eine Wand." Entscheidend in der Kommunikation ist, *ob* der „Sender" bemerkt, wo sein Gegenüber mit seiner Aufmerksamkeit ist, und sich dann darauf einstellt.

Gerade Kinder können sich gut in ihre eigene Welt zurückziehen, in der Erwachsene anscheinend nicht viel zu sagen haben. Wie können wir als Eltern ein Kind erreichen, das offensichtlich „anderswo" ist? Der erste und entscheidende Schritt ist es, zu erkennen, dass das Kind gerade mit seiner Aufmerksamkeit „innen" ist. Um diese dann nach außen zu holen, genügt es manchmal, das Kind mit seinem Namen anzusprechen. Ein veränderter Tonfall kann hier Wunder wirken. Wenn ich vorher recht laut geschimpft habe und dann plötzlich viel leiser in einer anderen Stimmlage spreche, horchen viele Kinder auf. Damit ist die Tür schon ein Stück geöffnet. Eine weitere Möglichkeit ist es, eine zusätzliche Sinnesqualität ins Spiel zu bringen. Wenn ich das Kind berühre, am Arm fasse oder auf den Schoß nehme, bekomme ich auch körperlichen Kontakt zu ihm, der den weiteren Zugang erleichtern kann. Als weitere Tür zum anderen gibt es noch den Augenkontakt – wenn sich zwei Menschen direkt anschauen, ist es recht schwer, dabei mit der Aufmerksamkeit weit weg zu sein.

Fassen wir zusammen: Verständigung zwischen zwei Menschen gründet sich also auf mehrere Voraussetzungen. Um Zugang zum anderen zu bekommen, muss ich ihn erst einmal wahrnehmen – hinschauen, zuhören, be-greifen. Wenn ich offen bin für seine Wahrnehmung der Welt, ohne ihm meine „Landkarte" als die einzig wahre verkaufen zu wollen, vertieft sich dieser Zugang. Aufrechterhalten wird er dann, wenn jeder von uns mit seiner Aufmerksamkeit größtenteils „außen" bleibt und nicht in die eigenen inneren Bilder und Dialoge abtaucht.

In diesem Zusammenhang ist das Pyramidenmodell der Persönlichkeit aus dem 5. Kapitel ebenfalls hilfreich. Rapport ist nicht nur einfach etwas, das man hat oder auch nicht. Dieser gute Kontakt zum anderen kann sich auf ganz verschiedenen Ebenen abspielen und ist dadurch auch unterschiedlich stabil.

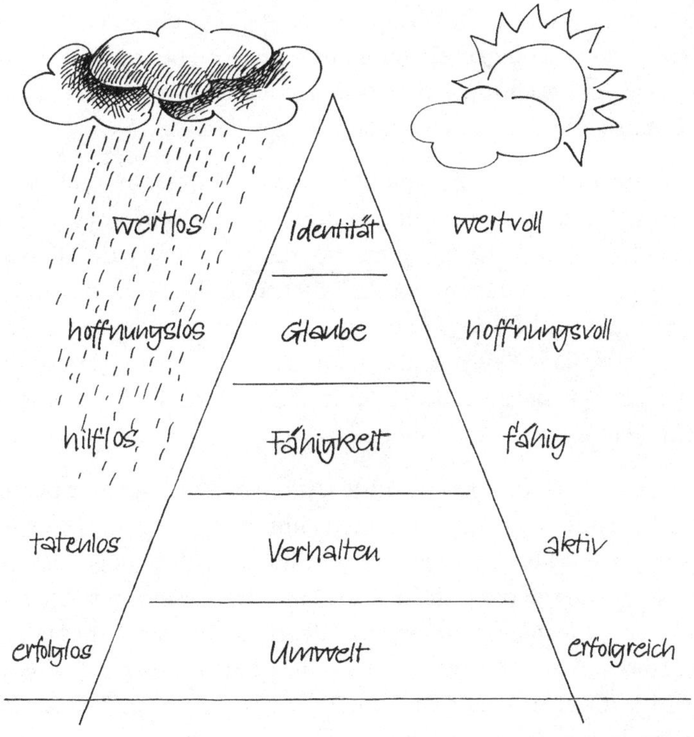

Rapport auf der Umweltebene geschieht über Äußerlichkeiten. Das bedeutet nicht, dass er hier von geringer Bedeutung ist – in vielen Firmen gibt es zum Beispiel eine bestimmte „Kleiderordnung“, auch wenn sie ungeschrieben sein mag. Eine wichtige Geschäftsbesprechung, in der ein Partner in Anzug und Krawatte, der andere mit Jeans und Pullover erscheint, kann allein aus diesem Grund zum Scheitern verurteilt sein.

Auf der nächsten Ebene lässt sich **Rapport durch bestimmte Verhaltensweisen** herstellen und aufrechterhalten. Wenn ein Erwachsener aus seiner Perspektive von 1,80 Metern Höhe mit einem dreijährigen Kind redet, hat er möglicherweise Schwierigkeiten bei der Verständigung. Jeder hat schon einmal erlebt, welchen Unterschied es macht, wenn man als Erwachsener auf die Ebene der Kinder geht, sich erst hinkniet und dann das Kind beim Reden anschauen kann. – Auch zu Kindern, die fremdeln, kann man über das Verhalten leichter Kontakt finden als mit direkter Ansprache. Wenn das Kind gerade mit einem Spielzeug beschäftigt ist, kann ich zum Beipiel ein anderes Spielzeug nehmen und mich so an das Kind „heranspielen“. Manche Erwachsene haben eine andere Zugangsmöglichkeit: Wenn sich das Kind hinter der Mama versteckt, verbergen sie selbst ihr Gesicht ebenfalls hinter den Händen und lugen nur ab und zu einmal hervor. Viele Kinder werden dann neugierig und kommen über kurz oder lang ein Stück aus ihrem Versteck.

Kontakt über die Ebene der Fähigkeiten lässt sich oft nur schwer trennen vom konkreten Verhalten. Wenn Eltern und Kinder etwa gemeinsam etwas Neues lernen (und so ihre Fähigkeiten erweitern), *tun* sie dabei auch etwas. Die neu gewonnene Fähigkeit zeigt sich wiederum im Verhalten und lässt sich davon nur künstlich trennen. Im Kontakt wirkt beides zusammen. Ein anschauliches Beipiel ist etwa ein gemeinsames Projekt, das Eltern und Kinder verbindet. Wenn sie stundenlang einen Damm am Bach bauen, nehmen beide daraus ein Gefühl der Verbundenheit mit, das viel tiefer liegt, als Worte es beschreiben können.

Den Rapport auf der Glaubens- und Identitätsebene haben wir bereits angesprochen als grundlegende Achtung vor dem Weltbild des anderen. Jeder hat seine persönliche „Landkarte“, die sich von anderen unterscheiden mag, aber grundsätzlich gleichwertig ist. Kinder denken, fühlen und handeln *anders* als Erwachsene – aber nicht besser oder schlechter. Rapport auf dieser Ebene kann ebenfalls oft ganz direkt mit konkretem Verhalten verknüpft sein. Im Fall des Kindes, das sich hinter der Mama verbirgt, wird der Erwachsene mit der „Versteck-Taktik“ keinen Erfolg haben, wenn er damit das Kind lächerlich machen will, weil er es eigentlich nicht ernst nimmt. Wer aber das Kind mit seiner momentanen Angst respektiert und sein Bild der Welt achtet, kann mit der gleichen Strategie vielleicht doch Kontakt zu dem Kind herstellen.

Wer die „Landkarte“ des anderen als grundsätzlich gleichwertig betrachtet und ihn nicht von der Richtigkeit seiner eigenen überzeugen will, der öffnet so nicht nur ein Türchen zum andern, sondern ein großes Tor. Dieser Rapport ist wesentlich umfassender und auch stabiler gegen Störungen als der Zugang über bloße Umweltaspekte. Die Umwelt kann sich schnell einmal ändern. Die Überzeugung, dass der andere die Welt auf seine Weise erfährt, die ebenso richtig und wertvoll ist wie meine eigene, scheint hier wesentlich stabiler zu sein.

7.3 Schlüssel zur Tür des anderen

NLP hat besonders für Kontakt auf der Verhaltensebene zahlreiche Ansatzpunkte geliefert. Sie lassen sich in zwei große Bereiche aufteilen: Das Spiegeln der Körpersprache des anderen ist einer davon, das Angleichen der Sprache an die inneren Denkprozesse ein anderer.

Die „Botschaften der Körpersprache“ sind in den letzten Jahren häufig benutzt und missbraucht worden. „Wenn jemand die Arme vor dem Körper verschränkt, bedeutet das Abweisung und inneren Rückzug. Wer den Kopf schräg hält, signalisiert damit Unsicherheit.“ Solche und ähnliche Botschaften werden in zahlreichen Zeitschriften, Kursen und Seminaren immer wieder vermittelt mit dem Ziel, den anderen zu durchschauen und sich selbst möglichst vorteilhaft darzustellen. Der Beitrag von NLP zum Verständnis körpersprachlicher Signale ist ein ganz anderer. Ziel ist nicht, den anderen zu überlisten oder ihm einen bestimmten Eindruck zu vermitteln. Vielmehr geht es darum, sich auf den anderen einzustellen, um seine „Landkarte“ kennenzulernen und die Welt aus seiner Position zu betrachten.

Wenn zwei Menschen im guten gegenseitigem Kontakt sind, können Sie häufig beobachten, dass sich ihre Körperhaltungen gleichen. Manchmal ist das sehr deutlich, etwa wenn sich beide an einem Tisch gegenübersitzen und den Kopf in eine Hand stützen, während die andere Hand auf der Tischplatte liegt und zum Gestikulieren verwendet wird. Würden wir diesen beiden genau zuhören, könnten wir feststellen, dass Sprech- und Atem-Rhythmus ebenso ähnlich sind wie der Tonfall. Diese Ähnlichkeiten können auf den ersten Blick für einen Außenstehenden ersichtlich sein; manchmal sind sie aber auch subtiler: Ein Partner verschränkt zum Beispiel die Arme, der andere „spiegelt“ das, indem er die Beine übereinanderschlägt. Oder einer der beiden übernimmt den Sprechrhythmus des anderen im Tempo seiner eigenen Gesten. Restaurants sind hier eine Fundgrube für derartige Beobachtungen. Achten Sie einmal auf Ähnlichkeiten und Unterschiede im körpersprachlichen Bereich. Welche Paare haben Ihrer Meinung nach guten Kontakt zueinander und warum?

Welche liegen eher im Streit oder haben sich wenig zu sagen? Was am Anfang noch wie ein Ratespiel erscheinen mag, wird mit zunehmender Übung immer transparenter.

Was hat diese Art der Wahrnehmung denn nun mit gutem Kontakt zu tun? Zugang zum anderen findet der, der sich auf das Weltbild des anderen einstellen kann und will. Im NLP wird das „Pacing" genannt. Der Körper ist ein Weg dorthin. Wer sozusagen in die Schuhe des anderen steigt, durch seine Augen schaut und versucht, mit seinen Ohren zu hören, der bekommt wichtige Informationen über die „Landkarte" des anderen. Diese Bereitschaft, sich auf den anderen einzustellen, prägt den Kontakt ganz entscheidend, denn der Partner wird das, wenn auch unbewusst, wahrnehmen. Vielleicht fühlt er sich einfach nur besser verstanden, weil beide eine gemeinsame Wellenlänge gefunden haben.

Bei diesem körperlichen Einstellen auf den anderen geht es nicht nur um die Körperhaltung, auch das Tempo kann manchmal entscheidend sein. Kleine Kinder haben anscheinend eine andere Zeitwahrnehmung als Erwachsene. Ich erinnere mich an manchen Einkaufsgang, wenn ich „noch schnell" etwas besorgen wollte und dabei ein recht langsames, widerstrebendes Kind hinter mir herzog. Am Ende waren wir beide entnervt. Manchmal gelang es mir aber rechtzeitig, auf das Tempo des Kindes umzuschalten und selbst ebenso langsam zu gehen. Dann geschah etwas Erstaunliches: Zum einen bemerkte ich Dinge in der Umgebung, die mir vorher entgangen waren. Eine Katze, die vorbeilief, war für uns beide plötzlich ein Ereignis, das wir gemeinsam beobachteten, ebenso wie der große Lastwagen, der gerade entladen wurde. Das dauerte natürlich seine Zeit – andererseits schien mein Kind plötzlich schneller zu gehen als vorher! Indem ich es nicht hinter mir herzog, sondern mein Tempo dem seinen anglich, hatte es anscheinend die Möglichkeit, von sich aus schneller zu werden. Vielleicht habe ich an solch einem Tag nicht immer alle Punkte meiner Einkaufsliste erledigt, aber wir hatten beide viel mehr Spaß dabei und waren danach wesentlich besserer Laune.

Gerade im Umgang mit Kindern erscheint mir auch die Angleichung des Energieniveaus von zentraler Bedeutung. Bei einem Kind, das offensichtlich bedrückt und traurig ist, wird es wenig sinnvoll sein, bewusst forsch aufzutreten. „Was ist denn mit dir los – warum ziehst du denn heute so ein langes Gesicht? Komm, wir gehen nach draußen zum Spielen!" Dieser Versuch ist sicher gut gemeint, aber viele Kinder werden sich so nicht erreichen lassen, wenn sie gerade auf einer anderen Wellenlänge sind. Wer sich also zuerst auf die Stimmung des Kindes einstellt und es in angemessenem Tempo und Tonfall anspricht, wird leichter Kontakt zu ihm finden. Wenn man dagegen ein Kind bremsen will, das herumtobt, vor Energie sprüht und dabei außer Rand und Band geraten ist, wird man mit sanften, leisen Ermahnungen wenig

Erfolg haben. Wer dagegen mit einem ähnlichen Energieniveau beginnt – also das Kind durchaus laut und deutlich anspricht – findet leichter Zugang zum Erleben des Kindes und kann es dann von seinem Energieniveau allmählich „herunterholen". Dazu wird er Schritt für Schritt leiser sprechen und sich vielleicht auch langsamer bewegen. Er führt das Kind also nach und nach in einen anderen Zustand – daher der Begriff „Leading" im NLP. In einen Satz gebracht, geht es also darum, den anderen dort abzuholen, wo er steht („Pacing"), um ihn dann behutsam weiterzuführen („Leading").

Dies betrifft nicht nur die Körpersprache. Wichtig sind hier auch die Zusammenhänge zwischen unserer Art, wahrzunehmen, zu denken und zu sprechen. „Er versteht überhaupt nicht, was ich sagen will. Wir reden völlig aneinander vorbei." Wie oft haben Sie das selbst schon gesagt? Selbst wenn man die gleiche Sprache spricht, ist noch nicht gewährleistet, dass man sich auch wirklich versteht. Wer vor allem in inneren Bildern denkt, wird wenig empfänglich sein für Fragen wie: „Spürst du das denn nicht?" „Begreif doch endlich, was da abläuft!" So wie die blinden Männer den Elefanten immer nur teilweise wahrgenommen haben, so sehen, hören und fühlen auch wir nur einen Ausschnitt unserer Umwelt. Im Laufe unserer persönlichen Geschichte bilden sich dabei bestimmte Muster aus, indem wir einzelne Sinneskanäle bevorzugen und stärker bewerten. Mancher Ehemann bringt seiner Frau Blumen als *sichtbares* Zeichen seiner Zuneigung mit. Dennoch bleibt sie unsicher, denn sie möchte öfter von ihm *hören*, dass er sie liebt. Das kann er nun wieder überhaupt nicht verstehen, denn erstens müsste sie das ja *sehen* (zum Beispiel an den Blumen) und zweitens kann sie es immer wieder *spüren*, wenn er sie liebevoll in den Arm nimmt. Die beiden nehmen die Welt buchstäblich anders wahr, denn sie bevorzugen unterschiedliche Sinneskanäle.

Der „Lieblingskanal" eines Menschen wird oft deutlich, wenn er von etwas erzählt, das ihm wichtig ist oder gut gefallen hat. Fragen Sie einmal Ihren Partner nach seiner schönsten Erinnerung aus dem letzten Urlaub und hören Sie dann genau zu: Beschreibt er eher, was er gesehen, gehört oder wie er sich gefühlt hat? Sicher wird es hier immer um ein „Mehr oder Weniger" gehen und nicht um „Entweder-Oder". Menschen passen nicht unbedingt in Schubladen und es gibt keine „Seh- / Hör- oder Spürtypen". Die Art und Weise der inneren Verarbeitung der Welt kann aber helfen, um Kontakt zum anderen zu finden und zu vertiefen. Einem Menschen, der offensichtlich an dem orientiert ist, was er sehen kann, wird man so weniger erzählen, wie wunderbar warm das Wasser im Urlaub war, wie fein der Sand und wie angenehm das Klima. Vielmehr beschreibt man ihm das Farbenspiel des Sonnenuntergangs, die unterschiedlichen Farben des Meeres und den Eindruck der Landschaft.

Die sprachliche Abbildung der inneren Wahrnehmungs- und Denkprozesse lässt sich gut bei Erwachsenen beobachten. Inwieweit dasselbe auch bei Kindern möglich ist, hängt natürlich erst einmal von ihrer sprachlichen Entwicklung und dem Alter ab. Es ist durchaus denkbar, dass Kinder von ihren Eltern den „Lieblingskanal" erlernen. Eltern vermitteln den Kindern ihre Wahrnehmung der Welt, und die Kinder lernen vom Vorbild der Eltern. Hier lassen sich zahlreiche Beispiele aus dem alltäglichen Leben finden. In der Psychologie heißt diese Art des Lernens *Lernen am Modell* und es gibt ein breites Spektrum an Untersuchungen dazu. Wenn die Kinder neben zahlreichen anderen Dingen auch die Bevorzugung eines Sinneskanals von ihren Eltern lernen, wäre die Konsequenz daraus, dass beide von vorneherein auf ähnlichen

Wellenlängen zu Hause sein müssten. Diese Zusammenhänge wurden bisher noch nicht untersucht, wären aber ein interessantes Forschungsgebiet. Vielleicht achten Sie bei Gesprächen mit Ihren Kindern auch einmal darauf?

Der Bereich des „Pacing und Leading“ wurde damit sicher nicht erschöpfend behandelt. An dieser Stelle soll dies aber genügen, denn zu diesem Thema wurde bereits viel geschrieben, das hier nicht wiederholt werden muss. Der interessierte Leser sei dazu auf die weiterführende Literatur verwiesen. Für unser Thema „Verständigung mit Kindern“ bildet das **Abholen des anderen von seinem Standpunkt** die Grundlage, auf der wir nun weiter aufbauen.

8. | Verstehen und verstanden werden

Kommunikation zwischen Eltern und Kindern kann viele verschiedene Funktionen erfüllen: gegenseitiger Austausch, Vermittlung von Wünschen, Forderungen oder Anordnungen, Fragen, Schaffen von Nähe und Gemeinsamkeit, Planen, Erinnern, Träumen ... Die Liste ließe sich noch beliebig verlängern. Ein zentraler Bereich ergibt sich aber aus der Natur der Beziehung zwischen Eltern und Kindern. Eltern geben den Rahmen der Beziehung vor, sie geben den Kindern Freiräume und setzen ihnen Grenzen. Die Kinder reagieren auf diese Grenzen, stellen sie infrage, testen und wollen sie immer wieder auch erweitern. Diese Ordnung ist normalerweise nicht umkehrbar und immer, wenn die Kinder die Grenzen setzen und die Eltern nur mehr darauf reagieren, zeigt das eine Störung im System der Familie an. In diesem Abschnitt wird es also um das gehen, was man normalerweise unter „Erziehung" versteht: Wie machen sich Eltern ihren Kindern verständlich?

Wir gehen davon aus, dass die Eltern bei der Verständigung mit ihren Kindern in der Regel auch ein bestimmtes Ziel im Auge haben. In der Realität bedeutet das meistens, dass das Kind etwas tun oder lassen soll, und das oft auf eine ganz bestimmte Art und Weise. „Ich möchte, dass du dich morgens schneller anziehst und nicht so lange trödelst." „Sei doch ein bißchen netter zu deiner Schwester." „Kannst du bitte einmal dein Zimmer aufräumen?" „Komm doch mal her, wir wollen etwas mit dir besprechen." An dieser Stelle kommt wieder der positive Zielrahmen ins Spiel. Wenn man persönliche Ziele POSITIV formulieren kann, gilt das natürlich auch für Ziele im Zusammenhang mit anderen Personen. Die Forderung „Sei doch nicht so unausstehlich!" ist für ein Kind wesentlich schwerer zu erfüllen als die Bitte: „Setz dich einmal zu mir und sag mir, was du eigentlich möchtest."

Es lohnt sich, in diesem Zusammenhang genau zu prüfen, von wem man eigentlich etwas möchte. Geht es um Dinge, die ich selbst tun kann und will, also um persönliche Ziele? Oder möchte ich etwas von meinem Kind? Wozu möchte ich das eigentlich – was wird es *für mich* bringen, wenn mein Kind sich so verhält? Oder möchte ich etwas von anderen Menschen, von meiner Umwelt? – Die Antwort auf diese Fragen wird entscheidende Auswirkungen auf das eigene Handeln haben. Wenn es sich um Dinge handelt, die in meiner eigenen Kontrolle stehen, liegt es in erster Linie bei mir, ob und wie ich sie erreiche. Dieses Thema wurde in Kapitel 2 „Wie Ziele Wirklichkeit werden" bereits ausführlich beschrieben. Wenn ich dagegen etwas *von anderen* möchte, wird die Sache schon schwieriger. Zuerst muss ich mich dem anderen verständlich machen, sodass er genau erfährt, was ich von ihm möchte. Damit ist aber noch nicht gewährleistet, dass er meinen Wunsch auch erfüllt, denn das liegt wiederum in seiner Kontrolle. Ich kann also nur versuchen, optimale Bedingungen zu schaffen, die ihn motivieren, entsprechend zu handeln.

Bei Kindern ist aufgrund der unterschiedlichen Machtverhältnisse natürlich noch der „harte Weg“ möglich, bei dem man das Kind mehr oder weniger zwingt, etwas Bestimmtes zu tun oder zu unterlassen. Manchmal ist dies sinnvoll und notwendig, zum Beispiel wenn ein Zweijähriger auf die viel befahrene Hauptstraße rennen will oder Experimente mit Feuer oder heißen Herdplatten startet. Bei Gefahr für Leib und Leben ist Reden fehl am Platz, denn hier muss erst einmal gehandelt werden, und zwar schnell. Darüber reden kann man später, um Ähnliches in der Zukunft zu verhindern. Der Erfolg solcher Gespräche hängt natürlich stark vom Alter des Kindes ab. Sehr kleine Kinder lernen hauptsächlich durch konkrete Erfahrungen[5] und weniger durch Reden, die wir ihnen halten.

Schließen wir diese Notfälle einmal aus und beschäftigen uns mit der alltäglichen Kommunikation. Die Eltern wollen etwas von ihren Kindern und versuchen das auf der Basis einer partnerschaftlichen Beziehung zu erreichen. Sie spielen nicht eine überlegene Machtposition aus, sondern akzeptieren das Kind und sein Weltbild als grundsätzlich gleichwertig. Wie sieht das in der Realität aus? Kinder hören erfahrungsgemäß bei langen Reden nicht sehr aufmerksam zu. Gerade wenn man etwas von kleineren Kindern möchte, ist es wichtig, kurz, klar und präzise das Wesentliche zu vermitteln. Andererseits sind Kinder auch noch nicht sehr gut in der verbalen Selbstdarstellung. Um herauszufinden, was *ihnen* wichtig ist, muss man genau beobachten oder gezielt und kindgerecht nachfragen. Und weil man mit Sprache bekanntlich etwas ebenso enthüllen wie verschleiern kann, lohnt es sich, hier genauer hinzuhören: Was steckt eigentlich in dem, was mir der andere sagt? Welche Information verbirgt sich zwischen den Zeilen?

8.1 Wie Worte wirken

Worte sind doch eindeutig, denn alle Menschen eines Sprachkreises verwenden sie auf die gleiche Weise. Stimmt diese Behauptung wirklich? Denken Sie einmal an eine Feder – welches Bild entsteht jetzt vor Ihrem Auge? Eine Vogelfeder, eine Spiralfeder oder eine Schreibfeder? Wenn es eine Vogelfeder war, wie groß war sie, wie weich und von welcher Farbe? Welche Beschreibung müssten Sie geben, damit sich ein anderer Mensch genau die gleiche Feder vorstellt, die Sie selbst vor Ihrem inneren Auge sehen? Hinter dem Wort „Feder“ verbirgt sich offensichtlich eine Fülle an

5 Zum Beispiel: „Mama packt mich so fest am Arm, wenn ich auf die Straße rennen will. Da muss irgendwas gefährlich sein.“

Informationen, die das Wort selbst nicht vermitteln kann und die erst im Gespräch deutlich wird.

Wenn schon bei einem einfachen Wort derartige Schwierigkeiten auftreten können – wie mag das erst im gegenseitigen Gespräch sein, in dem wesentlich komplexere Informationen übermittelt werden? Anscheinend gibt es hier zahlreiche Möglichkeiten, sich falsch zu verstehen, denn jeder Gesprächspartner geht wieder von seinem eigenen Bild der Welt aus. „Natürlich denke ich an eine Vogelfeder, was soll es denn sonst noch für Federn geben?“, fragt ein Tierfreund. Ein Techniker wird wahrscheinlich an eine Spiralfeder denken, denn sie gehört eher zu seiner Erfahrungswelt.

Ebenso, wie wir immer nur einen Teil der Reize wahrnehmen, die uns umgeben, können wir auch nur einen Bruchteil der Information direkt weitergeben. Den Rest an Information wird sich der Empfänger aus dem Zusammenhang erschließen und mit Elementen aus seinem eigenen Weltbild ergänzen. Wenn der Vogelfreund und der Techniker über Federn reden, werden sie ihr Missverständnis wahrscheinlich schnell bemerken. Solch eine schnelle Aufklärung ist in der Alltagskommunikation allerdings eher selten. Hier kann es manchmal recht lange dauern, bis unterschiedliche Bedeutungsinhalte transparent werden, „denn schließlich sprechen wir ja dieselbe Sprache, oder nicht?“

Für das Thema der Verständigung mit Kindern lassen sich zwei Zielrichtungen formulieren. Einerseits ist es wichtig, dass der Erwachsene mit dem Kind inhaltlich präzise und klar *spricht*, damit das Kind möglichst genau versteht, was er will. Kinder, die in einer so klaren Sprachumwelt aufwachsen, werden am Vorbild lernen, sich selbst auch klar auszudrücken. Diese Fähigkeit ist von weitreichender Bedeutung für ihr ganzes Leben. – Das zweite Ziel wird andererseits sein, dem Kind aufmerksam *zuzuhören*, um genau zu verstehen, was es möchte, und im Zweifelsfall nachzufragen. Auch Dreijährige haben hier schon viel zu sagen, wenn sie merken, dass der andere wirklich interessiert ist und ihnen aufmerksam zuhört.

NLP bietet ein differenziertes *Meta-Modell der Sprache* an, das die unterschiedlichen Möglichkeiten der Missverständigung und Auswege daraus beschreibt. Auch dazu gibt es bereits einiges an Literatur, vor allem im Kontext von Beratung und Psychotherapie. An dieser Stelle geht es mir deshalb nicht darum, alle diese sprachlichen Muster nacheinander aufzuzählen. Ich möchte vielmehr an konkreten Beispielen die sprachlichen „Fallgruben" deutlich machen, die im Alltag von Eltern und Kindern immer wieder vorkommen, und Auswege aufzeigen. Bei den meisten dieser Beispiele sind wesentlich mehr Faktoren kritisch zu betrachten als nur die Wahl der Worte, denn sie beschreiben alles andere als partnerschaftliche Beziehungen zwischen Eltern und Kindern. Die schwierige Beziehung zwischen Eltern und Kind spiegelt sich in der verletzenden Wortwahl ebenso wie im Tonfall. An dieser Stelle soll jedoch der Beziehungsaspekt einmal bewusst zurückgestellt werden, damit die Bedeutung der Sprache klarwerden kann.

Eines der leidigen Themen im Haushalt mit kleinen Kindern ist die (Un-)Ordnung. Die meisten Eltern gewöhnen sich irgendwann daran, dass sich ihr Wohnzimmer in einen urwaldähnlichen Bereich verwandelt, in dem man sich vorsichtig bewegen muss, um nicht plötzlich auf herumliegende Legosteine, kleine Autos, Murmeln oder Ähnliches zu treten. Das Chaos lässt sich zwar immer wieder eindämmen und in Richtung Kinderzimmer verlagern, doch mit wechselndem Erfolg. Und wenn einem dann der Kragen platzt, weil man wieder einmal barfuß auf einen scharfkantigen Legostein getreten ist, kann sich das etwa so anhören: „Was ist denn hier wieder los – da ist ja nur noch Chaos! Immer lässt du alle deine Sachen herumliegen. Du machst mich noch verrückt, das hält ja kein Mensch aus!" Das Kind entgegnet vielleicht noch: „Ich habe aber gerade so schön gespielt. Und jetzt hast du meinen Turm kaputt gemacht." – Wahrscheinlich wird es aber nicht mehr viel sagen. Wenn wir diese kurze Szene einmal mit der Lupe betrachten, finden wir hier eine ganze Reihe sprachlicher „Fallgruben", die die Verständigung erschweren. Dabei soll der anklagende Tonfall der Schimpfkanonade zurückgestellt werden, denn hier geht es zunächst nur um die Worte und ihre Wirkung.

„Da ist ja *nur noch* Chaos! *Immer* lässt du *alle* deine Sachen herumliegen." Das sind drei **Verallgemeinerungen** in einem Satz. Sie haben erst einmal Auswirkungen auf die Eltern, die ihre Kinder so einseitig negativ beurteilen. (Liegen denn wirklich *alle* Spielsachen herum oder hat das Kind auch schon etwas weggeräumt?) Ebenso wirken sie auf die Kinder selbst, die bei solchen General-Anschuldigungen meist recht schnell auf Durchzug schalten. Konkrete Beispiele und überschaubare Forderungen wären für beide Seiten hilfreicher. „Im Wohnzimmer liegen viele Legos auf dem Teppich. Ich möchte nachher noch staubsaugen und habe keine Lust, das allein wegzuräumen. Wenn du mit dem Bauen fertig bist, hilfst du mir dann, die restlichen Legos wegzuräumen? Was du gebaut hast, stellen wir so lange auf den Tisch."

Innerlich könnte man sich bei Verallgemeinerungen also folgende Fragen stellen:

„Da ist ja **nur** Chaos!"	Wirklich **nichts** anderes?
„**Immer** lässt du ..."	Wirklich **immer**? War es **noch nie** anders?
„ ... **alle** deine Sachen herumliegen!"	Wirklich **alle**? Ist **kein einziges** Stück an seinem Platz?

In unserem Beispiel ging es weiter mit „Du *machst mich* noch verrückt." Hier scheint es einen **Zusammenhang von Ursache und Wirkung** zu geben. Das Kind tut etwas und die Folge davon ist, dass die Mutter / der Vater „verrückt" wird. Ist das wirklich so? Abgesehen davon, dass die Bezeichnung „verrückt" zutreffender „ärgerlich" heißen müsste, wird hier dem Kind Verantwortung für etwas gegeben, die ihm nicht zusteht. Die Reaktion des Erwachsenen ist seine Sache, denn er allein kann sie beeinflussen und ist dafür verantwortlich. „Du *machst mich* traurig." Es kann sein, dass *ich* auf die Handlung eines anderen mit Traurigkeit *reagiere* – aber das ist meine eigene Reaktion. Sobald ich auf diese Weise Verantwortung für meine Gefühle übernehme, verlasse ich die Haltung eines passiven Opfers und übernehme die eines erwachsenen Menschen.

Von einem einzigen Satz ausgehend, sind wir zu einem der zentralen Bereiche der Eltern-Kind-Beziehung gelangt. Ein einziger Satz dieses **Musters „Ursache – Wirkung"** wird sicher keinem Kind dauernden Schaden zufügen. Aber nach dem Grundsatz „Steter Tropfen höhlt den Stein" kann Sprache sehr machtvoll sein, besonders wenn sie auf aufnahmebereite Gegenüber trifft, wie Kinder es sind. Daher erscheint es mir sehr wichtig, dass wir Eltern uns selbst immer wieder genau zuhören, wie wir mit den Kindern eigentlich reden.

In der Generation unserer Großeltern gab es viele solcher Sätze: „Du bist der Nagel zu meinem Sarg." „Ihr bringt mich noch ins Irrenhaus." „Du machst mich ganz krank." Vielleicht sind wir heute einen Schritt über diese drastischen Formulierungen hinaus – aber im Kleinen findet man derartige Zuweisungen auch in modernen

Familien noch allzu häufig. Kinder reagieren sehr schnell mit Schuldgefühlen. Aus der Trennungsforschung wissen wir beispielsweise, dass sie zuerst einmal die Schuld bei sich selbst suchen, wenn die Eltern sich nicht mehr lieb haben und sich trennen. Das allein erscheint mir Grund genug, für solche Formulierungen „Du machst mich ..." sehr aufmerksam zu werden und sie immer öfter in klare Ich-Botschaften zu übersetzen. Wenn Eltern die Verantwortung für ihre Gefühle übernehmen, entlasten sie ihre Kinder. Das heißt nicht, dass es falsch wäre, Gefühle zu zeigen. Wichtig ist, dass die Eltern sie in angemessener Weise zeigen, so, dass das Kind Gelegenheit hat, das zu verarbeiten und darauf zu reagieren. In unserem Beispiel könnte das heißen: „Ich möchte im Wohnzimmmer gerne Ordnung haben. Ich ärgere mich, weil ich so oft auf Legos trete, wenn ich über den Teppich gehe. Komm, wir tragen deine Sachen ins Kinderzimmer, dort rede ich dir nicht hinein." Der Vater oder die Mutter ist hier durchaus ärgerlich und spricht das auch an. Allerdings zeigt er / sie sein / ihr Gefühl in einer Art und Weise, die dem Kind Gelegenheit gibt, damit umzugehen. Der Erwachsene bietet schließlich eine Lösung an („Komm, wir tragen die Sachen ins Kinderzimmer."), um den Konflikt zu beenden. Im ursprünglichen Beispiel hatte der Erwachsene Dampf abgelassen und damit die Lage vielleicht aus seiner Sicht gelöst; das Kind stand dem aber recht machtlos gegenüber und blieb mit negativen Gefühlen zurück.

Ein anderes Beispiel aus einer Familie mit einem Kindergartenkind: Das Kind kommt mittags nach Hause und antwortet auf die Frage der Mutter, wie es denn im Kindergarten war, nur einsilbig mit „Blöd." Die Mutter fragt warum und erhält als Antwort: „Die sind alle blöd. Keiner spielt mit mir. Ich gehe da nicht mehr hin." Die Mutter will trösten: „Ach komm, natürlich spielen die anderen Kinder mit dir, das weißt du doch. Und außerdem muss man in den Kindergarten gehen, da kann man nicht einfach so daheimbleiben. Du kommst bald in die Schule, da geht das schließlich auch nicht." Versetzen Sie sich einmal in die Lage des Kindes – wie würden Sie sich jetzt fühlen? Würden Sie anfangen zu argumentieren, warum Sie nicht mehr in den Kindergarten gehen wollen, oder haben Sie schon abgeschaltet und hören der Mutter eigentlich gar nicht mehr zu?

Was teilt das Kind denn seiner Mutter eigentlich mit? Sie müsste sehr genau hinhören, denn es fehlt ein großer Teil an Information. „Blöd", was heißt das denn wirklich für das Kind? Wenn die Mutter das Wort in ihren eigenen **Bezugsrahmen** übersetzt, kommt sicher etwas anderes dabei heraus, denn für sie gelten andere Wertmaßstäbe und Kriterien. Wenn die beste Freundin nicht mit einer Vierjährigen spielen mag, kann das für das Kind durchaus eine mittlere Katastrophe sein. Ein Erwachsener bewertet dieselbe Tatsache ganz anders. Hier werden also **wichtige Informationen ausgelassen**, was den Eindruck der Unveränderlichkeit festigt. Wenn alle blöd sind, kann man daran wohl nichts ändern, denn die sind eben so. Außerdem handelt es sich hier wieder um eine **Verallgemeinerung:** „Die sind **alle** blöd. **Keiner** spielt mit mir." Stellt sich heraus, was die *einzelnen* Kinder gemacht haben oder auch nicht, dann wird die Sache greifbarer. „Die sind alle blöd." „Was bedeutet ‚blöd'?" „Wer ist eigentlich blöd? Wen meinst du denn genau?" „Wie kommst du darauf, dass er blöd ist? Was hat er getan oder gesagt?" „Was wolltest du denn mitspielen?" Mit derartigen Fragen erhält man wichtige Information zur Lösung des Problems. Dabei bewährt sich wiederum eine interessierte respektvolle Haltung gegenüber dem Gesprächspartner. Es geht nicht darum, dem Kind einen Fehler nachzuweisen oder es von der eigenen Weltsicht zu überzeugen, sondern vielmehr um gegenseitige Verständigung. Ein Kreuzverhör ist hier fehl am Platz.

„Ich gehe da nicht mehr hin", war die Schlussfolgerung des Kindes. Die Mutter fängt daraufhin an zu argumentieren: „Natürlich spielen sie mit dir, das weißt du doch." Gut gemeint, doch in der Praxis wenig wirkungsvoll. Die Mutter überträgt ihren Bezugsrahmen auf die Welt des Kindes. Sie weiß, dass Kinder sich schnell streiten und auch wieder vertragen, und möchte diese zeitliche Perspektive ihrem Kind deutlich machen. Das wird in dieser Form nicht funktionieren, denn das Kind lebt in einer anderen Welt und fühlt sich dadurch vielleicht sogar noch angegriffen, denn offensichtlich glaubt ihm die Mutter nicht.

„Außerdem *muss man* in den Kindergarten gehen …“ Derartige Sätze mit Absolutheitsanspruch hören Kinder immer wieder. Es ist völlig unklar, wer das ursprünglich behauptet hat – **man muss** das eben tun, das wird nicht infrage gestellt. Zwei mögliche Auswege bieten sich hier an: Erstens kann man fragen, wer das „Man-Muss“ denn fordert. Heißt das vielleicht im Klartext: „Ich als Mutter will, dass du in den Kindergarten gehst, damit ich weiter berufstätig sein kann / damit du Freunde findest / weil alle anderen Kinder deines Alters auch gehen“? Der zweite Ansatzpunkt ist das „Muss“: Was würde denn passieren, wenn das Kind nicht geht? Ist das wirklich ein „Muss“ oder eher ein „Ich möchte, dass …“?

Kinder sind wahrscheinlich selten in der Lage, derartige Fragen zu stellen, weil ihnen eine wichtige Voraussetzung dazu fehlt. Um solche Fragen stellen zu können, ist es nötig, einen Schritt herauszutreten und das Gesagte von einer höheren Ebene zu betrachten. Umso mehr liegt es in der Verantwortung der Eltern, sich selbst immer wieder kritisch zuzuhören, um sich die Fragen dann selbst zu stellen. Das bedeutet konkret: Wenn mein Kind mit mir redet, höre ich aufmerksam zu und stelle ihm vielleicht Fragen, die uns helfen herauszufinden, was das Kind mitteilen möchte und was es braucht. Wenn ich dagegen mit meinem Kind rede, höre ich mir selbst aufmerksam zu und stelle mir diese Fragen sozusagen innerlich, um dann präzise und klar auszudrücken, worum es mir selbst geht.

Dann hätte die Mutter aus dem Kindergarten-Beispiel vielleicht auch verständnisvoller reagieren können. „Blöd war es heute – was hat dich denn geärgert?“ „Die sind alle blöd zu mir.“ „Erzähl mal, was haben sie denn gemacht?“ „Die Christa hat mich nicht mitspielen lassen, dabei hätte ich so gerne auch in der Puppenecke gekocht. Und die Anna hat ihr geholfen, dabei ist die Christa doch eigentlich *meine* beste Freundin!“ „Und jetzt meinst du, die Christa mag dich nicht mehr, oder?“ „Ja …“ Mit diesem kurzen Ausschnitt wird schon deutlich, dass Mutter und Tochter hier am Anfang eines hilfreichen Gespräches sind, das eine Lösung viel wahrscheinlicher macht als im Beispiel zuvor. Die Mutter hört interessiert zu, hält sich mit eigenen Bewertungen zurück und fragt nach den fehlenden Mosaiksteinchen im Bild. So holt sie das Kind dort ab, wo es gefühlsmäßig steht, und kann es dann Schritt für Schritt aus dieser Klemme herausführen.

Bisher ging es also um folgende sprachliche „Fallgruben“:

Verallgemeinerungen	
„Da ist ja **nur** Chaos!“	Wirklich **nichts** anderes?
„**Immer** lässt du ...“	Wirklich **immer**? War es **noch nie** anders?
„... **alle** deine Sachen herumliegen!“	Wirklich **alle**? Ist **kein einziges** Stück an seinem Platz?
Ursache – Wirkung	
„Du **machst mich** noch verrückt!“	Wie **mache ich** mich verrückt? Was tut der andere, wie reagiere ich selbst? Wie könnte ich anders reagieren?
„Du **machst mich** traurig!“	Wie reagiere **ich** traurig?
Fehlender Bezugsrahmen	
„Das ist blöd.“	Wer / was ist blöd? Was heißt „blöd“ für dich?
Auslassungen	
„Sie spielen nicht mir mir.“	Wer genau? Was / wo wolltest du spielen?
„Ich habe Angst.“	Wovor hast du Angst?
„Ich blicke nicht durch.“	Was verstehst du nicht?
Absolute Sätze	
„**Man muss** das tun.“	Wer sagt das? Was passiert, wenn nicht?

Abschließend noch einige weitere Aspekte, die in den Beispielen bisher noch nicht deutlich wurden.

8.1.1 Vergleiche

„*Du hältst jetzt besser deinen Mund.*“ Dieser Satz stammt aus vergangenen Elterngenerationen, doch man kann ihn auch heute noch oft hören. Das Wort „besser“ setzt ein bestimmtes Wertesystem voraus, doch das geschieht zwischen den Zeilen. Das Kind fühlt sich nicht verstanden, denn sein Wertesystem ist ein anderes. Vielleicht gehorcht es den Eltern, wahrscheinlicher wird es aber auf die eine oder andere Weise rebellieren.

Wenn das Kind schon groß genug ist, kann es die Sache vielleicht gleich durchschauen und ansprechen: „Dir wäre vielleicht lieber, wenn ich jetzt still wäre – ich möchte aber reden!" Ein Ausweg ist, dass Eltern Ich-Botschaften verwenden: „Mir reicht es jetzt und ich möchte meine Ruhe." „Ich wäre froh, wenn du jetzt einmal still wärst." Hier vermittelt der Sprecher, dass er von seinem Weltbild ausgeht und er die Verantwortung dafür übernimmt.

8.1.2 Tatsachen oder Handlungen?

Diese „Fallgrube" ist besonders unauffällig, aber wirkungsvoll. Es handelt sich hier um eingefrorene Handlungen, die dadurch zu Tatsachen werden. „Ich möchte einmal *Ordnung* im Haus haben!" „Nie bekomme ich *Anerkennung*." „Die *Erfahrung* zeigt, dass es so nicht geht."

Greifen wir hier das Beispiel der *Anerkennung* heraus. Sie wird wie eine Tatsache beschrieben – entweder man hat sie oder man hat sie nicht. Eigentlich handelt es sich dabei aber um einen dynamischen Prozess, in dem man von bestimmten anderen Personen anerkannt wird. Ein Ereignis geschieht und ist danach abgeschlossen. Daran lässt sich nichts mehr ändern, so ist es nun einmal. In einen Prozess dagegen kann man eingreifen, ihn verändern und steuern. Wer einen Prozess als Ereignis beschreibt, nimmt sich diese Möglichkeit und macht sich handlungsunfähig. Wer die Handlung als solche wahrnimmt, kann zum Beispiel sagen: „Ich wünsche mir, dass du meine Arbeit anerkennst." Wenn der Partner dann nachfragt, wie der andere denn merken würde, dass er seine / ihre Arbeit anerkennt, bekommt er wichtige Informationen, die er leichter in eigene Handlungen übersetzen kann als die Klage der fehlenden Anerkennung.

In der deutschen Sprache gibt es für derartige „eingefrorene Handlungen" ein einfaches Kennzeichen: Diese Wörter enden mit „ung". – Anerkennung, Spannung, Erziehung, Verärgerung – Wer erkennt wen an? Wie spanne ich mich an? Wer erzieht wen und wie? Wer oder was ärgert mich? Mit solchen und ähnlichen Fragen können wir Ansatzpunkte finden, um unsere Handlungsmöglichkeiten zu erweitern.

Gerade zwischen Eltern und Kindern lässt sich häufig eine gefährliche Variante beobachten, die **Zuschreibung von Eigenschaften**. „Du bist und bleibst ein Faulpelz / Angsthase / Schlamper ..." Einzelne Verhaltensweisen werden herausgegriffen und dem Kind als Charaktereigenschaft zugeschrieben. Sein Verhalten kann man ändern – seinen Charakter nicht so leicht. Damit verfestigt sich aber das unerwünschte Verhalten im Weltbild von Eltern und Kind und wird am Ende tatsächlich zum Bestandteil der Persönlichkeit, denn das Kind hat es oft genug zu hören bekommen und glaubt am Ende selbst daran.

8.2 Positive Verständigung

ÜBUNG: BILANZ EINES TAGES

Nehmen Sie sich einmal eine kurzen Moment Zeit und überlegen Sie, wie Sie heute mit Ihrem Kind gesprochen haben. Erinnern Sie sich an Einzelheiten des Tages. Wie hoch war der Anteil an positiven Dingen, die Sie ihm / ihr gesagt haben, und wie hoch der Anteil an negativen Äußerungen wie Kritik, Tadel, Ärger oder Ermahnungen?

Meistens ist der negative Anteil größer. Die positiven Dinge nehmen wir zwar gerne zur Kenntnis, aber wie oft sprechen wir sie an? „Jetzt hast du eine halbe Stunde ganz alleine gespielt, das finde ich toll." „Heute bist du ganz lieb zu deiner Schwester." „Prima, dass du dich ganz alleine angezogen hast." „Schön, dass du da bist!" Theoretisch wissen die meisten Eltern, dass Kinder von positiver Zuwendung sehr viel profitieren, doch wie oft nehmen wir die kleinen Freuden, die uns die Kinder bereiten, als selbstverständlich zur Kenntnis. „Positive Zuwendung" bedeutet übrigens nicht nur positive Wortwahl. Entscheidend ist auch das Verhältnis von Lob und Tadel. Ein Lob steht häufig neben einer ganzen Reihe von Ermahnungen, Kritik und Problemgesprächen. Achten Sie doch einmal bewusst darauf, *wie viel* Positives Sie Ihrem Kind sagen.

Gerade bei Eltern, die sich viel Zeit für ihre Kinder nehmen und ganz auf sie eingehen möchten, lässt sich manchmal der „Psychologen-Effekt" beobachten. Nehmen wir an, das Kind wird gefragt, wie denn heute sein Tag im Kindergarten oder in der Schule war. Sagt es „gut", freuen sich die Eltern zwar mit, werden aber in der Regel nicht allzu viel mehr dazu zu sagen haben. Ganz anders, wenn das Kind bedrückt nach Hause kommt und von einem Problem berichtet. Verantwortungsvolle Eltern nehmen sich dann viel Zeit, um mit dem Kind zusammen das Problem zu besprechen und Auswege zu finden. Das Kind lernt so im Lauf der Zeit, dass Probleme offensichtlich etwas Wichtiges sein müssen, denn sonst würden sich die Eltern kaum so viel Zeit dafür nehmen. Wenn es dagegen erzählt, dass sein Tag „gut" war, wird darüber längst nicht so viel gesprochen.

Das heißt nun nicht, dass Eltern mit ihren Kindern nicht mehr über deren Probleme reden sollen. Kinder brauchen das Gefühl, verstanden zu werden, und genauso brauchen sie oft Hilfe bei der Lösung eines Konfliktes. Entscheidend scheint mir aber das gesunde Gleichgewicht zwischen Problemgesprächen und positiven Unterhaltungen. Wenn es dem Kind in der Schule gut gefallen hat, braucht es sicher keine Hilfe.

Trotzdem wird es ihm guttun, die positiven Erlebnisse ausführlich zu erzählen. In der NLP-Sprache heißt das dann „Anker“, im Alltag tut es einfach gut. Die positive Stimmung überträgt sich auch auf die Eltern.

8.3 Zeit und Raum für ein Gespräch

Gespräche finden nicht im luftleeren Raum statt, sondern sind eingebettet in den Lebensbereich und Alltag der Gesprächspartner. Nachdem wir uns nun mit dem „Wie“ der Kommunikation befasst haben, auch noch ein paar Worte zum „Wo und Wann“.

In den meisten Familien gibt es bestimmte Zeiten und Plätze für gemeinsame Gespräche. Oft sind das die gemeinsamen Mahlzeiten, manchmal auch die Zeit, wenn das Kind ins Bett gebracht wird. Diese Anker können große Wirkung haben, indem sie ein Gespräch schon prägen, bevor es begonnen hat. (In manchen Familien wird am Essenstisch regelmäßig gestritten, weil nur dort alle Beteiligten einmal zusammen sind.) Vielleicht wenden Sie nun ein: „Bei uns gibt es eigentlich gar keine so offiziellen Gespräche. Ich rede mit meinen Kindern den ganzen Tag über, oft nebenbei und ohne große Aufmerksamkeit für den äußeren Rahmen.“ Das trifft sicher auf die Mehrheit der Familiengespräche zu – und dennoch kann es hilfreich sein, sich auch einmal diese Alltagssituationen genauer anzuschauen. Wie reden wir eigentlich miteinander? Wer redet, wer hört zu? Was will ich eigentlich sagen? Eine oft gehörte Klage von genervten Eltern lautet: „Ich rede nur noch gegen die Wand, die Kinder hören mir eigentlich gar nicht mehr zu.“ Oft ist das Verhalten der Kinder wie ein Spiegel für uns selbst. Wer den Eindruck hat, dass die Kinder ihm nicht mehr zuhören, könnte das als Signal nehmen und selbst prüfen, wie aufmerksam er selbst seinen Kindern zuhört. Gerade hier kann der äußere Rahmen unterstützend wirken: Wenn ich mir Zeit zum Zuhören genommen habe, als meine Kinder klein waren, setzte ich mich zum Beispiel zu meiner Tochter oder nahm sie auf den Schoß. – Einige Minuten sind unter diesen Umständen für beide Seiten wertvoller als eine halbe Stunde eines Gesprächs „nebenbei“.

9. | „Schlaf, Kindlein, schlaf ...!!!"

Für Eltern mit kleinen Kindern ist eines der zentralen Themen: „Schläft er schon durch?" „Sie ist heute Nacht wieder zwei Stunden durch die Wohnung gegeistert." „Er kommt abends einfach nicht zur Ruhe. Zigmal steht er wieder auf und will noch etwas ..." Der Schlaf der Kinder ist ab dem ersten Lebenstag für die Eltern von entscheidender Bedeutung. Wann schläft das Kind ein und wie lange wird es diesmal durchschlafen? Ist die Ruhepause der erschöpften Eltern schon nach einer Viertelstunde zu Ende oder sind es diesmal zwei Stunden? Meistens ist es übrigens genau anders als erwartet: Wenn man sich gemütlich auf dem Sofa ausstreckt, um ein Buch zu lesen, steht der / die Kleine immer wieder auf der Matte und möchte noch etwas haben. Rechnet man aber mit solcher abendlicher Aktivität des Kindes und fängt deshalb gar nicht erst an, etwas für sich selbst zu tun, wird der Abend in der Regel ganz ruhig verlaufen, weil das Kind friedlich schläft.

Schlafprobleme haben zwei Seiten: Einschlafstörungen oder Schwierigkeiten beim Durchschlafen. Beides kann allerdings auch kombiniert sein; es gibt zahlreiche Möglichkeiten, die je nach Alter des Kindes variieren. Eltern-Zeitschriften sind voll mit Berichten verzweifelter Eltern, deren Kinder erst nach geradezu absurden Ritualen in den Schlaf finden. Manche müssen ihr Kleinkind wie ein Baby stundenlang durch die Wohnung tragen und dazu singen oder tanzen. In einem Fall schlief der Sprössling nur zu den Klängen einer afrikanischen Trommel ein – live vom Vater gespielt. Andere Eltern greifen zum Autofahren als letztem Mittel und fahren mit Ihrem Kind spazieren, bis es durch das Motorengeräusch einduselt. Oder die Eltern erzählen stundenlang Geschichten, streicheln, massieren und wiegen ihr Kind. Wenn man dann meint, jetzt schläft er / sie bestimmt, und aus dem Zimmer schleichen will, heißt es garantiert „Noch ein bisschen dableiben ...!" Wenn der Sprößling dann endlich schläft, kann es sein, dass er mitten in der Nacht putzmunter vor dem elterlichen Bett steht und essen / trinken / spielen will ...

9.1 Die Geschichte mit dem Schlafen

Wie ist das nun mit dem Schlafen? Wo ist der Anfang der Geschichte? Das Neugeborene kennt den Unterschied zwischen Tag und Nacht noch nicht. Seine Welt wurde bisher bestimmt durch die kontinuierliche Befriedigung seiner Bedürfnisse. Es kennt weder Hunger noch Durst oder Stille. Seine Welt ist weich, warm, bewegt und voller Klänge und Geräusche aus dem Leib der Mutter und von außen. Die Welt draußen muss einem Neugeborenen kalt, fremd und bewegungslos vorkommen – wenn es schon in solchen Begriffen denken könnte. Es lernt plötzlich ein unangenehmes, bohrendes Gefühl im Bauch kennen: Hunger. Es findet sich in einer ganz unbekannten Welt wieder und merkt, dass es plötzlich allein ist. Wo ist der Herzschlag der Mutter? Wo sind die vertrauten Geräusche? Vor diesem Hintergrund erscheint es mir geradezu grausam, das Neugeborene längere Zeit alleine zu lassen. In vielen Entbindungskliniken kommen die Babys nachts ins Säuglingszimmer, „damit die Mutter ihre Ruhe hat und sich erholen kann". Abgesehen von sehr schweren Geburten (Kaiserschnitt, Komplikationen usw.) ist jede Frau in der Lage, auch nachts die Gegenwart ihres Babys „auszuhalten". Gerade die ersten Tage und Nächte mit einem Neugeborenen können eine ganz besondere Qualität haben. Mutter und Kind lernen, sich aufeinander einzustimmen. Bei Hausgeburten hat auch der Vater gleich in den ersten Tagen die Möglichkeit dazu; bei einer Klinikgeburt muss er sich etwas gedulden.

Zum Thema „Familienbett“, in dem Eltern in den ersten Monaten gemeinsam mit dem Baby schlafen, gibt es konträre Meinungen[6]. Wichtig erscheint mir dabei vor allem die Frage, ob sich alle Beteiligten dabei wohlfühlen. Für das Baby ist es sicher ein Einstieg ins Leben, der ihm sehr viel Sicherheit und Vertrauen vermittelt. Babys lernen auch im Schlaf! Sie nehmen wahr, ob sie allein sind oder nicht, und es beeinflusst ihr Befinden. Für Neugeborene ist es nicht normal, allein zu sein. Sie kennen kein Zeitgefühl und ein Moment der Einsamkeit wird für ein kleines Baby schnell zur Ewigkeit. In den ersten Monaten kann man ein Baby nicht „verwöhnen“, wenn man seine Bedürfnisse gleich erfüllt. Vielmehr legt man so den Grundstein zu einer vertrauensvollen Einstellung zur Welt. Das Familienbett kann deshalb für alle Beteiligten eine bereichernde Erfahrung sein. Wenn sich aber der Erwachsene, aus welchen Gründen auch immer, nicht neben seinem kleinen „Mitschläfer“ entspannen kann, ist es für beide besser, andere Lösungen zu finden. Man könnte zum Beispiel das Babybettchen ins Elternschlafzimmer stellen. Wenn man dann eine Seite der Gitterstäbe entfernt und es direkt ans eigene Bett rückt, entsteht ein Familienbett, in dem jeder genug Platz für sich hat. Die Entscheidung zum Familienbett kann nur von der ganzen Familie gemeinsam getroffen werden. Fühle ich mich wohl dabei? Wie/woran merke ich das? Was sind meine Kriterien für die Entscheidung? Wie geht es den größeren Geschwistern – dürfen sie auch mal mit hinein? Wichtig ist auch die Frage, wer entscheidet, ab wann das Kind alleine schläft. Die Gefahr besteht, dass sich das Ganze zu einem Machtkampf entwickelt, wenn die Eltern hier den für die Familie angemessenen Zeitpunkt verpassen. Unsere Kinder schliefen acht und fünf Monate in unserem Bett und wir haben diese Zeit alle sehr genossen. Ebenso schön fanden wir es aber beide Male, unser Schlafzimmer wieder für uns alleine zu haben!

Nach diesem Ausflug zurück zu den Anfängen der Schlaf-Geschichte. Die Unterscheidung zwischen Tag und Nacht ist der erste große Lernprozess des Säuglings. Er lernt, einen eigenen Rhythmus zu entwickeln, und nimmt dabei Reize aus seiner Umwelt mit auf. Hell und dunkel, laut und leise, Aktivität und Ruhe seiner Umgebung formen seinen Rhythmus mit. Es ist erwiesen, dass die Babys schneller zu einem Tag-Nacht-Rhythmus finden, wenn ihr Schlafplatz tagsüber nicht völlig abgedunkelt ist. Auch im Halbdunkel kann ein Kind schlafen – und es lernt dabei besser, Tag und Nacht zu unterscheiden und beides in seinen persönlichen Rhythmus zu integrieren. Dieser erste Lernprozess kann durchaus entscheidend dafür sein, mit welchem Beiklang der Organismus „Lernen“ abspeichert. Ist Lernen etwas, das ent-

---

6 Ein empfehlenswertes Buch ist etwa „Drei in einem Bett“ von Deborah Jackson.

spannt in meinem eigenen Tempo geschehen kann, in Geborgenheit und Sicherheit? Oder heißt Lernen: Fremdbestimmung, Druck von außen und Stress?

Für Säuglinge ist es ganz normal, nachts mehrmals aufzuwachen. Das Baby, das nach drei Wochen schon zwölf Stunden durchschläft, ist eher die Ausnahme. Bei Neugeborenen entwickelt sich das zentrale Nervensystem noch weiter. Sie müssen das Schlafen sozusagen erst lernen, das heißt, von Phasen leichten Schlafs oder kurzem Aufwachen alleine wieder in den Tiefschlaf zurückfinden. Damit sind sie zu Anfang überfordert und brauchen die Hilfe der Eltern. Alle frischgebackenen Eltern kennen diese nächtlichen Wanderungen! Oft sind auch Schmerzen der Grund der nächtlichen Unruhe – Bauchweh, Krämpfe und die typischen „Dreimonatskoliken". Ein weiterer Grund zum Aufwachen ist der Hunger. Babys brauchen viele Mahlzeiten, um einen konstanten Energienachschub sicherzustellen – unabhängig von der Tageszeit. In den ersten Wochen kann man daran nichts ändern, außer seiner eigenen Einstellung. Mir hat die provokative Frage eines amerikanischen Kinderarztes hier sehr geholfen: „Wie kommen wir dazu, zu glauben, dass wir ein *Recht* darauf hätten, die ganze Nacht durchzuschlafen?" Es gibt wirklich kein solches Recht – und nach diesem Gedankengang konnte ich eher jede durchgeschlafene Nacht als Geschenk annehmen, anstatt mich über die Störungen aufzuregen.

Bei größeren Kindern hat das Ein- und Durchschlafen zahlreiche weitere Facetten. Kann ich den Tag loslassen? Habe ich Angst, etwas zu versäumen? Konnte ich meinen Tag abschließen oder fehlt mir noch ein ruhiger Ausklang? Kinder, die bis zur letzten Minute getobt haben, müssen erst einmal „umschalten" auf eine ruhigere Gangart. Auch nach abendlichem Fernsehen ist es oft nicht einfach, zur Ruhe zu kommen. Zu vieles spukt noch im Kopf herum, halb verdaute Bilder, Szenen und Eindrücke. Außerdem: Kann es das Kind aushalten, alleine zu sein, und sich dem Schlaf entspannt überlassen? Oder kämpft es gegen den Schlaf und die Monster, die dann unter seinem Bett hervorkriechen?

Wenn ein Kind mitten in der Nacht hellwach ist: Kann es sein, dass es einfach nicht müde ist, weil es tagsüber schläft? Viele Eltern überschätzen den Schlafbedarf ihrer Kinder (aus verständlichen Motiven ...). Sachliche Information kann hier hilfreich sein, zum Beispiel vom Kinderarzt oder aus einschlägigen Sachbüchern. Wacht das Kind auf, weil es Angst hat oder Albträume? Oder geht es um einen Machtkampf, Trotz und Zorn?

9.2 Erste Hilfe für die Eltern

Unabhängig von den Ursachen haben Schlafprobleme der Kinder immer einschneidende Konsequenzen für die Eltern. Wann haben sie endlich „Feierabend"? Für die seelische und körperliche Gesundheit braucht jeder Mensch Zeit für sich allein, in der keine Anforderungen von außen an ihn gestellt werden. Wenn diese Zeiten zum Zufallsgeschenk werden, weil das Kind immer wieder plötzlich auf der Matte steht, wird es kritisch. Die Alarmbereitschaft „Habe ich da nicht eben etwas aus dem Kinderzimmer gehört? Schläft er etwa immer noch nicht?" verhindert echte Entspannung. Und das führt in einen Teufelskreis: Nach einer schlechten Nacht erscheint einem der Tag oft kaum erträglich – und dann erst der Abend mit dem Tanz ums Einschlafen ... Eigene Übermüdung und die Erwartung der abendlichen Schwierigkeiten führen zu Gereiztheit und lassen alles noch auswegloser erscheinen.

Der erste Schritt zum besseren Schlaf der Kinder ist immer die Entspannung der Eltern. Ebenso wie sich Anspannung und Gereiztheit auf das Kind übertragen, tun es Entspannung und Gelassenheit. Schaffen Sie sich Raum für Ihre Erholung: Wechseln Sie sich mit Ihrem Partner in der Betreuung ab, suchen sie einen Babysitter, nutzen Sie unverhoffte Ruhepausen, in denen die Kinder friedlich spielen, für Ihre eigene Erholung und nicht für liegen gebliebene Arbeit im Haushalt. Es ist für alle Beteiligten hilfreich, hier ein gesundes Maß an Egoismus zu entwickeln. Lieber eine Mutter, die zwei Stunden gern mit ihren Kindern zusammen ist, als eine unwillige Mutter, die den ganzen Tag anwesend, aber innerlich anderswo ist. Qualität ist wichtiger als Quantität. Es wurde wissenschaftlich nachgewiesen, dass die Kinder berufstätiger Mütter nicht mehr psychische Probleme oder Auffälligkeiten zeigen als Kinder, deren Mutter zu Hause ist. Voraussetzung dafür ist eine gute Fremdbetreuung. Das heißt für Sie konkret: Wenn Sie Ihre Pause brauchen, sagen Sie das Ihrem Kind klipp und klar. Schon ein Zweijähriges ist in der Lage, das zu verstehen. Bieten Sie dem Kind eine Alternativbeschäftigung an und versprechen Sie ihm danach „Spielzeit". Für kleine Kinder könnte das so aussehen: „Jetzt kannst du erst mal den Duplo-Tierpark aufbauen, dann schaue ich ihn mir an und wir spielen zusammen weiter." Ein größeres Kind kann zum Beispiel ein Bild malen oder eine Weile ins Freie gehen.

Bei der eigenen Entspannung können Anker sehr hilfreich sein. Nehmen Sie sich in einer ruhigen Minute Zeit, um einen „Entspannungs-Anker" aufzubauen.

ÜBUNG: ENTSPANNUNGS-ANKER

1. Finden Sie eine Geste, eine Körperhaltung oder eine bestimmte Stelle Ihres Körpers, die für Sie besonders mit „Entspannung" verbunden ist. Vielleicht lassen Sie die Schultern bewusst locker oder Sie atmen tief durch und langsam aus oder Sie falten Ihre Hände in einer bestimmten Art und Weise ...
2. Erinnern Sie sich an eine Situation in Ihrem Leben, in der Sie sich richtig entspannt gefühlt haben. Lassen Sie diese Erinnerung wieder ganz lebendig werden, so als ob Sie diese Erfahrung völliger Entspannung noch einmal neu erleben. Was sehen Sie, was können Sie hören? Wie spüren Sie Ihren Körper?
3. Wenn Sie die Entspannung ganz erleben, setzen Sie Ihren Anker – atmen Sie zum Beispiel ganz bewusst aus oder lassen Sie die Schultern locker oder ... (je nachdem, was Sie in Schritt 1 gewählt hatten).
4. Wenn Sie die Erfahrung völliger Entspannung genossen haben, kommen Sie wieder zurück in die Gegenwart. Nutzen Sie dann noch einmal Ihren persönlichen Entspannungs-Anker. Fühlen Sie, wie sich die Entspannung wie von selbst wieder ausbreitet. (Falls dies noch nicht zu Ihrer Zufriedenheit geschieht, wiederholen Sie die Übung noch einmal. Achten Sie darauf, dass Sie in Schritt 1 und 3 genau dasselbe tun – dass Sie also auch *den* Anker nutzen, den Sie vorher gesetzt haben. Schon kleine Unterschiede können hier entscheidend für den Erfolg sein.)

Wenn Sie beim nächsten Mal Ihr Kind abends ins Bett bringen, atmen Sie erst einmal tief durch und nutzen Sie Ihren Anker. Lassen Sie Ihr persönliches Erleben von Entspannung, Gelassenheit und Ruhe entstehen und stellen Sie sich dabei bildlich vor, wie Ihr Kind jetzt gleich ruhig einschlafen wird und wie er / sie dann in ihrem Bett liegt. Wie sieht Ihr Kind aus? Spüren Sie die Ruhe und Stille um Ihr schlafendes Kind? Hören Sie seine gleichmäßigen Atemzüge? Mit dieser inneren Vorstellung und der Gewissheit, dass Sie selbst ruhig und zuversichtlich sind, erleichtern Sie Ihrem Kind seinen Weg in den Schlaf.

Regelmäßigkeit und Zuverlässigkeit sind für Kinder von großer Bedeutung, denn sie vermitteln ihnen Sicherheit. Gerade beim Schlafen brauchen Kinder „Rituale", die immer gleich bleiben. Diese Rituale haben ähnliche Funktionen wie Anker. Sie erleichtern es dem Kind, sich zu entspannen und loszulassen. Die vertraute Abfolge von Handlungen gibt ihm Sicherheit und bereitet den Boden für eine ruhige Nacht. Sicher haben auch Sie mit Ihrem Kind ein ganz persönliches Einschlafritual. Betrachten Sie es einmal unter folgenden Blickwinkeln:

Es ist hilfreich, zum Einschlafen immer den gleichen äußeren Rahmen zu schaffen, also nicht heute im Kinderzimmer einschlafen und am nächsten Tag im Elternbett. Es gibt auch Handlungen, die in der Reihenfolge immer gleich bleiben und so dem Kind ein Gefühl von Sicherheit geben. Zum Beispiel Waschen, Zähneputzen, Vorhänge zuziehen und dann von Papa auf der Bettkante noch eine Geschichte erzählt bekommen. Vielleicht haben Sie auch eine Musik oder ein Lied, das zum Einschlafen gehört. Hilfreich ist, wenn die gleiche Person das Kind regelmäßig zu Bett bringt. Das gilt vor allem dann, wenn bereits Einschlafschwierigkeiten bestehen, also für die akute Phase, in der es darum geht, neue Schlafgewohnkeiten zu ermöglichen. Wenn die „Bett-Bringer“ wechseln, sollte jeder das Ritual kennen und möglichst gleich halten.

Viele Eltern lesen Ihren Kindern abends noch etwas vor. Für die Kinder am schönsten ist es meist, wenn Papa oder Mama noch eine Geschichte erzählen. Manche Kinder „dürfen“ zum Einschlafen eine Märchenkassette hören – schade, dass da keiner an der Bettkante sitzt, mit dem man noch ein bißchen reden kann! Manchmal fangen Kinder kurz vor dem Einschlafen nämlich an, selbst zu erzählen. Dabei kann manches zum Vorschein kommen, was im Alltag sonst leicht untergeht, Ideen des Kindes, Wünsche, Ängste und Träume ...

9.3 Geschichten zum Einschlafen

Zum Inhalt von Gute-Nacht-Geschichten gibt es viel Interessantes zu sagen. In diesem Kontext liegen die Kinder oft ganz entspannt im Bett und hören einfach zu. Ihr Unbewusstes ist besonders offen und aufnahmefähig. Sie können den Inhalt der Gute-Nacht-Geschichte ganz persönlich auf Ihr Kind abstimmen und seine Erfahrungen, Ängste und Wünsche mit einbeziehen. Gleichzeitig können Sie Lösungen anbieten, die das Unbewusste aufnimmt und verarbeitet. Dies ist oft hilfreicher als lange Diskussionen tagsüber.

Nicht nur der Inhalt der Geschichte[7] ist entscheidend, sondern auch die Wahl der Worte. Es geht nicht darum, jedes Wort auf die Goldwaage zu legen. Aber es gibt Sprachmuster, die Entspannung fördern und Zugang zum Unbewussten schaffen. Statt einer Auflistung möchte ich eine Geschichte erzählen. Es kann gut sein, dass Ihr Unbewusstes die richtigen Worte erkennt und behält, sodass sie Ihnen jederzeit hilfreich zur Verfügung stehen, wenn Sie *Ihre* Geschichte erzählen werden ...

Eine Gute-Nacht-Geschichte

„Es war einmal ein kleines weißes Schäfchen. Das Schäfchen hatte ein ganz wuscheliges Fell, das ganz weich war, wenn man es anfasste. Und dieses Schäfchen hatte den ganzen Tag gespielt und getobt und viel Spaß gehabt. Und es kann gut sein, dass es deshalb am Abend schon ein bisschen müde war, vielleicht war es auch schon ganz schön müde. Während es so von der Wiese nach Hause ging, freute es sich schon richtig auf sein Bett. Es hatte nämlich ein wunder-, wunderschönes Bett – ein ganz besonderes Wunderbett. Das Bett hatte eine dicke Matratze aus Gänseblümchen – weil Schäfchen nämlich gerne Gänseblümchen mögen – und da gab es auch eine ganz kuschelige Zudecke aus Pusteblumen. Wenn man sich da drunterlegte, wollte man immer gleich einschlafen, weil dann so bunte, weiche Träume angeschwebt kamen. Und diese Träume sind immer etwas ganz Besonderes, auch für dich in deinem Kuschelbett. Und während du jetzt noch ein bisschen an das Schäfchen denkst, merkst du vielleicht schon, wie der erste Traum zu dir kommt und dich begleitet auf deiner Traumreise ...“

---

7 Mehr zum Thema Geschichtenerzählen finden Sie in Kapitel 13 „Heilende Geschichten“.

Nach dieser schönen Gute-Nacht-Geschichte stehen Sie leise auf und gehen aus dem Zimmer. Aufatmen – der Tag ist geschafft. Jetzt haben Sie Pause und Zeit für sich. Gerade haben Sie es sich bequem gemacht – da trappeln kleine Füßchen in Richtung Wohnzimmer. „Mama, ich kann nicht schlafen (... will was trinken / muss aufs Klo / bin schon aufgewacht ...)". Was nun?

Die spontane Reaktion der Eltern wechselt zwischen Resignation – „Das Ganze von vorne" – und Verzweiflung. Nach mehreren solchen Episoden werden viele Eltern ärgerlich, zornig und ungeduldig. Das Recht auf den eigenen wohlverdienten Feierabend scheint einem lebenswichtig. Was mache ich nur, damit er / sie endlich schläft? Leise meldet sich dann oft eine Stimme, die fragt, ob dem Kind etwas fehlt. Habe ich ihm zu viel zugemutet? Was ist der Grund für die Unruhe? Verunsicherung und Ratlosigkeit stellen sich ein.

9.4 Wege aus der Sackgasse

In der akuten Problemsituation ist es meist schwierig oder unmöglich, einen Ausweg zu finden. Die eigenen Gefühle lassen uns die Situation einseitig betrachten – man sieht den Wald vor lauter Bäumen nicht. Wenn Sie aber jetzt innerlich einen Schritt zurücktreten, gewinnen Sie den nötigen Abstand. Dieses „Dissoziieren" gibt Ihnen die Möglichkeit, Ihr Verhalten und das Ihres Kindes wie von außen zu betrachten. So bekommen Sie mehr Informationen und können sehen, was eigentlich bei Ihnen beiden passiert, statt in Ihren eigenen Gefühlen stecken zu bleiben. Gehen Sie ruhig tatsächlich einen Schritt zurück, und stellen Sie sich vor, Sie schlüpfen in die Rolle eines interessierten Beobachters. Was sehen Sie, wenn Sie die letzten Minuten wie im Film noch einmal ablaufen lassen? Was gibt es zu hören, was fällt Ihnen auf? Wichtig ist, dass Sie jetzt wirklich nur beobachten und nicht wieder in die Situation einsteigen. Wenn Ihnen das schwerfällt, hilft es Ihnen vielleicht, kurz aus dem Zimmer zu gehen und Ihren Film draußen anzuschauen. Betrachten Sie ihn genau, mit innerem Abstand und Interesse. Was sehen Sie, was hören Sie? Wie fühlen sich die Beteiligten? Was braucht jeder von ihnen?

Allein dieser innere Abstand kann Ihnen helfen, die Lage in anderem Licht zu sehen. So öffnen sich neue Lösungsmöglichkeiten. Statt auf das Kind einzureden und zu schimpfen, kommt Ihnen vielleicht plötzlich die Idee, sich zu Ihrem Kind zu setzen und es zu fragen, was ihm fehlt. Was *braucht* Ihr Kind, wozu veranstaltet es diesen Zirkus? Ihre veränderte Stimmung, die in Ihrer anderen Stimmlage deutlich wird, lässt Ihr Kind oft schon zugänglich werden. Vielleicht entwickelt sich daraus ein Gespräch, das Ihnen hilft, ganz neue Seiten an Ihrem Kind zu entdecken. Solche Gespräche sind auch schon mit ganz kleinen Kindern möglich, wenn wir uns auf Ihre „Sprache" einstellen wollen.

Der innere Abstand, den Sie durch die Dissoziation gewonnen haben, kann auch zu einer ganz anderen Reaktion führen, indem Sie merken, dass Sie hier eine Grenze ziehen wollen. Sie brauchen jetzt Ihre Ruhe und Raum für sich. Statt darum zu kämpfen, können Sie diese Klarheit nutzen, um Ihrem Kind die Grenze eindeutig zu setzen: „Ich will jetzt Pause haben. Den ganzen Tag haben wir gemeinsam verbracht und jetzt bin ich müde. Ich möchte, dass du jetzt in deinem Zimmer bleibst; ich gehe ins Wohnzimmer. Später, wenn ich ins Bett gehe, werde ich noch einmal nach dir schauen."

Manchmal genügt es schon, den Teufelskreis so zu durchbrechen. Langfristig ist es aber auch hilfreich, sich einmal Zeit zu nehmen, um sich die Schlafsituation in Ruhe anzuschauen. Ihr Kind verhält sich in einer bestimmten Weise, es will nicht ins Bett, steht oft wieder auf oder ist mitten in der Nacht hellwach. So weit zum beobachtbaren Verhalten. Doch was steht dahinter, was ist die *Absicht* Ihres Kindes? Was will es erreichen? Versuchen Sie, diese Absicht wertfrei oder positiv zu formulieren. Nicht: „Sie will mir beweisen, wer hier der Stärkere ist!", sondern zum Beispiel: „Sie braucht noch Zeit mit mir allein nach der Hektik des Tages." „Er versucht, mit einer Erfahrung des Tages fertig zu werden und sucht sich dabei Unterstützung, um nicht allein zu sein." Unter diesem Blickwinkel erscheint das Verhalten des Kindes plötzlich in ganz anderem Licht.

Um neue Möglichkeiten zu öffnen, brauchen wir selbst Unterstützung. Sie kann von außen kommen – vom Partner, von Freunden, im verständnisvollen Gespräch – oder von innen. Indem wir unsere persönlichen Stärken einsetzen, die wir in anderen Bereichen bereits haben, unterstützen wir uns selbst. Erinnern Sie sich noch einmal an Ihre persönlichen Kraftquellen, die Sie sich am Anfang dieses Buches zugänglich gemacht haben. Viele Lösungen tragen wir bereits in uns – nur konnten wir bisher in bestimmten Situationen keinen Zugang zu ihnen finden. Was brauche ich denn, um mich in einer bestimmten Situation anders verhalten zu können? Sind es konkrete Dinge wie fest eingeplante kinderfreie Zeiten oder Tapetenwechsel mit den Kindern? Brauche ich Unterstützung von meinem Partner? Wie sieht diese Unterstützung aus? Woran merke ich, dass ich sie bekomme, und was verändert sich dadurch? Oder brauche ich bestimmte Fähigkeiten? Wo habe ich diese bereits – vielleicht nur in Ansätzen, aber durchaus verfügbar? Andererseits: Was brauchen die anderen Beteiligten? Wie kann ich mein Kind unterstützen, damit es Zugang zu seinen Ressourcen findet? Reicht es, wenn ich seine Erfolge deutlicher anspreche, um ihm den Rücken zu stärken? Wie kann ich einen Rahmen schaffen, der ihm Erfolgserlebnisse erleichtert? – So können Sie sehr viele Informationen sammeln und diese nutzen, um Ihre persönliche Strategie zu planen. Hilfreich ist hier der Austausch mit anderen, mit dem Partner oder mit guten Freunden. Im Gespräch öffnen sich wieder neue Möglichkeiten, Ihre Situation unter anderen Blickwinkeln zu betrachten.

Wenn Sie sich für einen Weg entschieden haben, ist es wichtig, dabei zu bleiben, zumindest für eine gewisse Zeit. Indem Sie über längere Zeit gleich reagieren, geben Sie sich und Ihrem Kind die Möglichkeit, neue Gewohnheiten aufzubauen. Ihre Konsequenz hilft Ihrem Kind bei der Orientierung. Durch einen ganzheitlichen Ansatz, bei dem nicht allein das Kind der „Böse“ ist, gewinnen alle Beteiligten. Sie unterstützen Ihr Kind durch konkrete Hilfen, wie einen ruhigen Tagesausklang, Rituale zum Einschlafen, und geben ihm die Sicherheit, die es braucht. Gleichzeitig unterstützen Sie sich selbst und schaffen sich Pausen, inneren Abstand zum Betrachten der Situation und nutzen die Möglichkeiten der inneren Entlastung. Einen Entspannungs-Anker sollten alle Eltern haben!

10. Von guten Absichten und ihrer Verwirklichung

Alles hat eine positive Seite – bei dieser Behauptung regt sich bei vielen Eltern Widerspruch. „Was ist denn daran positiv, wenn mein Kind abends zwanzigmal wieder aufsteht, nachdem ich es ins Bett gebracht habe?“ „Unser Sohn schlägt andere Kinder bei nichtigen Anlässen. Soll daran etwas Positives sein?“ „Meine Kinder hinterlassen auf Schritt und Tritt Unordnung. Ich kann daran beim besten Willen nichts Positives erkennen!“ Diese Äußerungen scheinen durchaus verständlich – aus der Sicht der genervten Eltern. Kinder sind nun einmal Meister im Austesten der Grenzen, die Eltern ihnen setzen, und ihrer Ausdauer sind Erwachsene in den seltensten Fällen gewachsen.

Betrachten wir diese Äußerungen der Eltern dagegen einmal aus der Sicht der Kinder, ändert sich das Bild ganz erheblich. Das Kind, das abends immer wieder zu den Eltern ins Wohnzimmer kommt, tut das nicht in erster Linie, um die Eltern zu ärgern. Es versucht vielmehr, für sich etwas Bestimmtes zu erreichen. Vielleicht hat es ein Ereignis des Tages noch nicht verarbeitet und sucht Hilfe dabei. Oder es möchte die Eltern nicht alleine lassen, weil es fürchtet, etwas Wichtiges zu versäumen. Oder es hat Angst vor den dunklen Schatten in seinem Kinderzimmer. – Der Junge, der andere Kinder schlägt, hat dafür ebenfalls seine ganz persönlichen Motive. Es mag sein, dass er sich im Grunde selbst bedroht fühlt und aus dieser Unsicherheit die Flucht nach vorn antritt. Die Bedrohung mag für einen anderen nicht als solche erkennbar sein, doch in der Wahrnehmung dieses Jungen reichen eine bestimmte Handlung oder Worte eines anderen Kindes aus, um innerlich in Angriffsstellung zu gehen. Vielleicht ist es für ihn auch sehr wichtig, sich bei anderen durchzusetzen und seine Machtstellung zu demonstrieren. „Wenn andere Angst vor mir haben, dann muss ich ja ein toller Kerl sein!“ – Kinder, die überall Unordnung verbreiten, wollen sich vielleicht noch länger an begonnenen Spielen freuen. „Wenn alles sofort wieder weggeräumt wird, sehe ich ja gar nicht mehr, was ich heute alles gemacht habe!“ Denkbar wäre auch, dass sie nahe bei den Eltern sein möchten und deshalb ihr Spielzeug nach und nach ins gemeinsame Wohnzimmer bringen. Ein Lego-Bauwerk, das von einem anderen bewundert wird, ist unter Umständen gleich noch einmal so viel wert.

Anfangs ist es oft ungewohnt, bestimmten Verhaltensweisen eine positive Absicht zu unterstellen. Sind Absicht und Verhalten nicht eigentlich dasselbe? Schon bei den genannten Beispielen wird deutlich, dass das nicht zutrifft. *Verhalten* kann man konkret beobachten – das Kind kommt ins Wohnzimmer, der Junge schlägt andere, Kinder machen Unordnung. Und selbst dabei kommt schon eine bestimmte Wertung ins Spiel, denn wir nehmen den anderen mit seinem Verhalten durch unsere persönliche Brille wahr. Unser Bild der Welt beeinflusst, wie wir ihn und sein Verhalten wahrnehmen und bewerten. Um die *Absicht* des anderen zu verstehen, ist es aber notwendig, durch dessen Brille zu schauen und in dessen Schuhe zu steigen. Nur so kann man sich in das Weltbild des anderen hineinversetzen und die Absicht hinter seinem Verhalten erschließen, denn direkt beobachten kann man sie nicht.

Nehmen wir ein weiteres weitverbreitetes Beispiel: Ein Kind quengelt und nervt, wenn die Mutter telefoniert. Es redet dazwischen, fängt an zu schreien und macht Dinge, von denen es genau weiß, dass sie den Zorn der Mutter herausfordern. Es wird ermahnt und macht Minuten später wieder das Gleiche – so lange, bis die Mutter reagiert, das Telefongespräch beendet und dem Kind dann die Leviten liest. So weit haben wir nur das Verhalten beschrieben, und zwar aus der Sicht der Mutter. Was ist die Absicht des Kindes? Es versucht mit allen Mitteln, ihre Aufmerksamkeit zu bekommen, damit die Mutter den Telefonhörer endlich aus der Hand legt und mit ihm redet, statt nur in dieses Ding hineinzusprechen. Seine Absicht ist also nicht, die Mutter zu nerven, sondern von ihr gesehen und gehört zu werden. Es sucht Bestätigung, Zuwendung und ungeteilte Aufmerksamkeit. Die hat es am Ende auch bekommen, allerdings in negativer Form.

Nun haben wir also die Absicht hinter dem Verhalten identifiziert. Welchen Nutzen kann das im Alltag von Eltern und Kindern bringen? Eines ist Ihnen beim Lesen vielleicht schon aufgefallen: Als das Verhalten beschrieben wurde, geschah das in einer einseitigen Art und Weise, die das Kind abwertet und als „Bösewicht“ oder „Nervensäge“ darstellt. Sobald aber nach der Absicht gesucht wird, ändert sich der Blickwinkel. Statt der negativen setzt man eine neutrale oder wohlwollende Brille auf und akzeptiert erst einmal die Möglichkeit, dass es da überhaupt eine positive Absicht geben könnte. Diese veränderte Wertung ermöglicht den Blick auf Zusammenhänge, die durch die Negativ-Brille nicht sichtbar waren. Anders gesagt: Durch diesen Schritt erweitern Sie Ihre Wahrnehmungsmöglichkeiten und machen sich unabhängiger von den negativen Gefühlen, die zuvor beherrschend waren. Sicher wird die Mutter ihre eigene Absicht auch einmal wichtiger nehmen als die des Kindes und trotzdem zu Ende telefonieren. Es kommt hier, wie überall in der Erziehung, wiederum auf die Ausgewogenheit an, sodass Eltern *und* Kinder zu ihrem Recht kommen. Die Mutter, die auf die Absicht ihres Kindes reagiert und nicht nur auf das vordergründig störende Verhalten, tut damit nicht nur dem Kind einen Gefallen. Auch sie selbst profitiert davon, die Situation in einem neuen Rahmen zu sehen, denn wo sie sich vorher innerlich an die Wand gedrängt fühlte, hat sie nun die Wahl, wie und worauf sie reagieren möchte.

Entscheidende Bedeutung gewinnt die Trennung von Absicht und Verhalten in einem weiteren Schritt: Welche *anderen* Möglichkeiten gibt es denn, um diese Absicht sicherzustellen? Mein Kind will zum Beispiel nicht allein im Zimmer bleiben, weil es Angst vor dem Einschlafen hat. Es schützt sich dadurch, dass es immer wieder aufsteht und so den Zeitpunkt des Einschlafens hinauszögert und nicht alleine bleibt.

Wenn wir von dieser Schutzabsicht ausgehen, bieten sich mehrere andere Verhaltensmöglichkeiten an, die wir dem Kind anbieten können. Vielleicht bleibt die Tür einen Spalt auf, sodass das Kind die Eltern im Wohnzimmer hören kann. Ein Nachtlicht wird aufgestellt oder ein großes Plüschtier zum Kuscheln geholt. Vielleicht ist auch eine gründliche „Gespensterjagd“ nötig, bei der alle Geister unter dem Bett, hinter dem Schrank und Vorhang vertrieben werden. Vielen größeren Kindern hilft es auch, wenn die Elteren die diffusen Ängste ansprechen und mit dem Kind darüber reden. Ausgesprochenes verliert den Schrecken des Unbekannten.

Oft erscheint die Absicht hinter dem Verhalten geradezu überraschend. „So habe ich das ja noch nie betrachtet …“ Das Verhalten des Kindes erscheint in einem neuen Licht, das es den Eltern erleichtert, neue Wege zu finden, um damit umzugehen. Dabei kann ein Schlagwort hilfreich sein: „Lassen Sie den Wunsch des Kindes überleben.“ Schauen Sie hinter das Verhalten zu der Absicht des Kindes. Auch wenn Sie das Verhalten (hoffentlich dann aus berechtigtem Grund) ablehnen, akzeptieren Sie, dass hinter dem Verhalten ein Bedürfnis des Kindes steht, das es wert ist, ernst genommen zu werden.

ÜBUNG „LASSEN SIE DEN WUNSCH ÜBERLEBEN!“

Denken Sie an eine Situation, in der Sie sich über das Verhalten Ihres Kindes geärgert haben. Beschreiben Sie die Situation und das Verhalten aller Beteiligten. Schauen Sie dann „hinter“ das Verhalten: Was war Ihnen wichtig, welches Bedürfnis hatten Sie selbst? Was war die eigentliche Absicht Ihres Kindes? Was wollte es mit seinem Verhalten eigentlich erreichen? Dieser Wunsch muss längst nicht mit dem übereinstimmen, was das Kind letztendlich getan hat.

Stellen Sie sich vor, die Situation würde noch einmal ablaufen – mit einem Unterschied: Sie reagieren nun auf den Wunsch Ihres Kindes, auf sein Bedürfnis hinter dem Verhalten. Sprechen Sie diesen Wunsch ausdrücklich an. („Du wolltest also …“) Wie würde Ihr Kind reagieren? Wie würde die Situation weiter verlaufen, was wäre anders?

Versuchen Sie, in den nächsten Tagen mindestens dreimal in dieser Weise „anders“ zu reagieren: Sprechen Sie in einer Konfliktsituation den zugrunde liegenden Wunsch Ihres Kindes an. Achten Sie darauf, dass Sie dies freundlich und liebevoll tun, sodass Ihr Kind sich ernst genommen fühlt. Seien Sie aufmerksam für Veränderungen, die sich dadurch ergeben.

Indem Sie den Wunsch Ihres Kindes ansprechen und „überleben lassen", bieten Sie ihm einen Waffenstillstand an. Die Wirkung kann erstaunlich sein, denn manchmal ändert sich dadurch die Stimmung in Sekundenschnelle zum Positiven.

Wenn Sie seine Absicht ernst nehmen und ansprechen, bedeutet das nicht, dass Sie diese Absicht auch vollkommen gutheißen oder erfüllen müssen. Es kann sein, dass Sie das *Verhalten* nach wie vor für nicht akzeptabel halten. Wenn ein Kind das Gefühl hat, seine Wahrnehmung und Gefühle gegen alle anderen verteidigen zu müssen, wird es wenig motiviert sein, mit diesen Gegnern nach gemeinsamen Lösungen Ausschau zu halten. Wer sich bekämpft fühlt, macht erst einmal dicht und lässt den anderen nicht zu nah an sich herankommen. Wenn Sie dagegen die Absicht des Kindes anerkennen und „überleben lassen", signalisieren Sie ihm, dass Sie Verständnis haben für seine Sicht der Welt, die in vielen Dingen anders ist als Ihre eigene erwachsene Sichtweise. Ein Kind, das sich in dieser Weise ernst genommen fühlt, wird viel eher zu einer Lösung bereit sein, die für alle Beteiligten angemessen ist.

10.1 Von guten und noch besseren Absichten

Die Behauptung, dass die Absicht hinter dem Verhalten immer eine gute ist, steht bisher noch unbewiesen im Raum. Auf den ersten Blick mag manche Absicht ja auch durchaus zweifelhaft erscheinen, etwa bei dem Jungen, der sich durchsetzen möchte und das ohne Rücksicht auf Verluste auch tut. Hier spielt wieder das Wert- und Bezugssystem eine entscheidende Rolle. Wer bewertet die Absicht denn als positiv? Ist das jemand, der gegenüber dem Handelnden voreingenommen ist, also ein Betroffener? Ist es ein neutraler Beobachter oder vielleicht sogar ein wohlwollender Anwalt, der die Interessen des Kindes vertritt? Jede dieser drei Positionen führt zu unterschiedlichen Ergebnissen in der Einschätzung von Absicht und Verhalten.

Gehen wir an dieser Stelle wieder von der natürlichen Ordnung in der Familie aus, so bedeutet das, dass die Eltern die Aufgabe haben, für ihre Kinder zu sorgen, ihr Wohlergehen zu fördern und ihre Entwicklung zu unterstützen. In ruhigen Momenten können das wohl die meisten Eltern für sich als Basis der Beziehung zu ihren Kindern akzeptieren. (Die, die es nicht können, werden dieses Buch wahrscheinlich auch nicht in die Hand nehmen.) Wir gehen also von einer Haltung der Eltern aus, die es ihnen erlaubt, die Absicht hinter dem Verhalten des Kindes mindestens unvoreingenommen zu beschreiben. Ob diese positive Absicht dann auch genau die ist, die das Kind nennen würde, wenn es derart abstrakt denken könnte, ist gar nicht die entscheidende Frage. Mit letzter Sicherheit können wir die Absicht hinter dem Verhalten nicht einmal bei uns selbst definieren, denn viele unbewusste Bereiche unseres Selbst bleiben dem Verstand verborgen.

In der Psychotherapie findet man dieses Phänomen gar nicht so selten. Der Klient kann zwar glauben, dass hinter seinem Problemverhalten eine Absicht steht, die für ihn gut ist, weil er „so ein Gefühl hat, dass das stimmt". Manchmal fällt es ihm aber trotzdem sehr schwer, die Absicht wirklich in Worte zu fassen. Im weiteren Verlauf der Therapie stellt sich dann immer wieder heraus, dass sein Unbewusstes einen guten Grund hatte, warum es ihm zu diesem Zeitpunkt die gute Absicht inhaltlich noch nicht zugänglich gemacht hat. Ein verheirateter Mann etwa, der anderen Frauen gegenüber so zurückhaltend ist, dass er in normalen Sozialkontakten Probleme bekommt, mag das aus der guten Absicht heraus tun, seine Ehe zu schützen. Wenn er sich dessen aber bewusst wäre, würde er vielleicht auch bemerken, dass es in dieser Ehe momentan nicht zum Besten steht und einige Veränderungen nötig wären, die er sich und seiner Frau aus bestimmten Gründen zum jetzigen Zeitpunkt ersparen will. Vielleicht sind die gemeinsamen Kinder noch sehr klein, und das ist kein guter Rahmen, um grundlegende Beziehungsprobleme zu lösen, weil beide Partner voll mit dem Alltag ausgelastet sind.

Die gute Absicht lässt sich also kaum eindeutig und objektiv bestimmen. Für kausal orientierte Naturwissenschaftler wäre das ein Problem, doch im Leben gelten nicht nur die strengen Gesetze der Beweisbarkeit. Für die Anwendung im Leben mit Kindern (und auch Erwachsenen) ist nicht an erster Stelle Objektivität entscheidend, sondern die Wirkung, die bestimmte Grundannahmen haben. Wie wirkt sich die Annahme einer guten Absicht hinter dem Verhalten eines Kindes auf meine Beziehung zu ihm aus? Bekomme ich dadurch Hilfen, werden neue Lösungswege sichtbar, die uns vorher nicht zugänglich waren? Diese Fragen sind im wahrsten Sinne des Wortes lebens-wichtig. Auch in der Naturwissenschaft gibt es übrigens einen solchen Ansatz, der von der Beschreibung bestimmter Zusammenhänge ausgeht: die phänomenologisch-systemische Orienierung.

Mit den guten Absichten ist es ähnlich wie mit einer Zwiebel: Nachdem die erste Schicht entfernt ist, entdeckt man darunter noch eine weitere und noch eine weitere ... Die Absicht, die auf den ersten Blick ersichtlich scheint, muss noch nicht die ursprüngliche sein, und wie wir gesehen haben, muss sie auch noch nicht rein positiv sein. Gehen wir aber eine Schicht tiefer zu der Absicht, die dieser zugrunde liegt, kommen wir zum positiven Kern.

Welche Absichten, die in ihr Verhalten einfließen, können Kinder haben? Zunächst einmal ist der große Bereich der **Zuwendung** zu nennen. Kinder wollen gesehen und beachtet werden, als Mensch ernst genommen und bestätigt werden. Sie suchen Aufmerksamkeit und Liebe. Das ist sicher ein zentrales Motiv, das für alle Altersstufen gleichermaßen gilt – auch noch für Erwachsene. Je älter sie werden, desto mehr wollen Kinder auch **selbstständig werden**. Sie wollen sich selbst erfahren, ihre Möglichkeiten ausloten und ihren Spielraum ständig vergrößern. Das beginnt ganz früh mit der körperlichen Selbstständigkeit (alleine sitzen, krabbeln, laufen) und setzt sich mit dem Thema **„alleine machen“** fort. In diesem Sinn sind schon Kinder leistungsorientiert, allerdings nicht nach unseren Maßstäben, sondern nach ihren. Sie wollen sich aber nicht nur **behaupten** und viel alleine machen, sondern auch immer wieder **mitmachen und helfen**. Dabei üben die Kinder Verhaltensweisen der Erwachsenen ein und lernen sie auf spielerische Weise. Hier ist oft die Kreativität der Eltern gefragt, bei diesen „Hilfen“, die ja alles andere als perfekt sind, den positiven Anteil und den der **Lernwilligkeit** und **Hilfsbereitschaft** des Kindes zu sehen. Wenn ein Zweijähriger beispielsweise beim Putzen hilft, ist es danach nicht unbedingt sauberer als vorher ...

Insgesamt scheint mir diese Grundhaltung, auf die positive Absicht des Kindes zu achten, ein zentrales Element in der Erziehung zu sein – und nicht nur dort, denn diese Haltung wirkt sich bereichernd auf jede Form der Beziehung zwischen Menschen aus. Wer mit einer solchen Grundhaltung auf den anderen zugeht, der macht viele Macht- und Grabenkämpfe von vornherein überflüssig, denn er gesteht dem anderen seinen Wert zu und kennt seinen eigenen. Wer sich und den anderen so gleichermaßen achtet, hat es nicht nötig, um Positionen zu kämpfen.

10.2 Umdeuten – Reframing

Sobald man auf die gute Absicht und nicht mehr auf das störende Verhalten reagiert, erscheint die Lage in einem neuen Licht. Aus dem Amerikanischen kommt dafür der Begriff „Reframing" („einen neuen Rahmen geben"), denn die Situation bekommt so etwas wie einen neuen Rahmen, der das Bild ganz anders wirken lässt. Das Bild selbst hat sich zwar nicht geändert, wohl aber der Rahmen, der es umgibt. Damit gewinnt das Bild selbst, also das Verhalten, eine neue Bedeutung. Dieser Begriff des Reframing erscheint mir treffender als der deutsche Fachausdruck „Umdeuten" und wird deshalb in diesem Kapitel noch einige Male verwendet.

Bisher hatten wir uns eher theoretisch mit den Zusammenhängen und Auswirkungen des Reframings beschäftigt. Nun soll dies in die Praxis umgesetzt werden: Wie können Sie in Ihrem ganz persönlichen Alltag die gute Absicht bei Problemen erkennen und darauf reagieren? Die Beispiele beziehen sich zunächst auf störendes Verhalten der Kinder, das von den Eltern umgedeutet wird. Die Übungen lassen sich aber auch anwenden, wenn es um ein Verhalten geht, das Eltern an sich selbst als störend empfinden. Hier kann es unter Umständen schwieriger sein, die nötige innnere Distanz herzustellen, um die eigene gute Absicht zu sehen, denn bei uns selbst sind wir manchmal „betriebsblind". In solchen Fällen ist es sinnvoll, sich die Unterstützung eines Dritten zu holen, der uns auf eigene blinde Flecken aufmerksam machen kann. Gerade bei Problemen, die uns emotional sehr betreffen, erscheint es ja anfangs gar nicht so einfach, eine gute Absicht hinter dem Verhalten zu erkennen.

Beginnen wir wieder mit einem Beispiel: Ein Vater hat ein Problem mit seinem Sohn. Der Junge kann einfach nicht still sitzen, zappelt und hampelt am Essenstisch herum und springt immer wieder auf. Diese Unruhe nervt den Vater ganz gewaltig und so gibt es regelmäßig Streit. – Das Problemverhalten beschreibt dieser Vater also mit „Herumhampeln und Zappeln bei Tisch". Er scheint es durch keine besonders positive Brille zu betrachten und entsprechend schwer fällt es ihm auch, im Verhalten seines Sohnes irgendeine gute Absicht zu erkennen. Als eines Tages die Oma zu Besuch kommt, sagt sie zu dem Vater (ihrem Sohn): „Der Kleine ist ganz wie du. Du hattest als Kind auch so viel Energie und warst so voller Leben, dass du dich immer bewegen wolltest. Die wildesten Spiele haben dir am meisten Spaß gemacht."

Diese Beschreibung klingt ganz anders: „viel Energie haben“ und „voller Leben sein“. Sie trägt die gute Absicht schon teilweise in sich, denn der Junge will offensichtlich seine Energie ausleben und sich selbst in der Bewegung spüren. Auf dieser Grundlage öffnen sich andere Möglichkeiten, mit dem ursprünglichen Problemverhalten umzugehen. Der Vater kann vielleicht sogar so etwas wie Verständnis für den Jungen empfinden und ihm helfen, seine Energie an anderer Stelle auszutoben – im spielerischen Kampf, beim Fangen-Spielen oder im Sport.

Der erste Schritt zum neuen Rahmen ist also, das Problemverhalten wertneutral zu beschreiben. Das Wort „Problem“ kann übrigens hier auch gleich einen neuen Rahmen bekommen, indem wir es aus der Sicht von Kindern betrachten. Kinder lieben Such- und Ratespiele, sind neugierig und wollen ganz viel lernen. Mit dieser Brille kann aus einem *Problem* eine *Lernchance* werden. Aus einer *Schwierigkeit* wird so eine *Herausforderung*, aus einem *Misserfolg* eine *Informationsquelle*, die mir ermöglicht, es beim nächsten Mal besser zu machen. Wer meint, das sei nur Wortklauberei, der sollte diese Brille einmal probehalber aufsetzen und in der nächstmöglichen Situation beobachten, wie er nun die Lage sieht.

ÜBUNG: DER ERSTE SCHRITT ZUM UMDEUTEN

Beschreiben Sie ein bestimmtes Problemverhalten, das Sie bei Ihrem Kind beobachten und das Sie immer wieder stört. Benennen Sie das Verhalten zunächst so wie immer.

Schauen Sie, welche „Brille“ Sie bei dieser Beschreibung tragen. Wenn Sie neutral oder positiv ist, können Sie diese Übung überspringen. Ist ihre Beschreibung aber negativ, versuchen Sie jetzt, das Verhalten Ihres Kindes wertneutral zu beschreiben. Stellen Sie sich dazu vor, Sie wären ein Anwalt, der die Interessen des Kindes vertritt.

Welche Unterschiede können Sie in Ihren eigenen Gefühlen dem Kind gegenüber feststellen, wenn Sie sein Verhalten so neutral beschreiben?

Diese einfache Übung führt manchmal zu erstaunlichen Ergebnissen. Die negative Beschreibung hat unsere Gefühle und Reaktionsmöglichkeiten in einer einseitigen Weise beeinflusst. Dazu einige Beispiele:

Problemverhalten	***wertneutrale Beschreibung***
zappeln, herumhampeln	sich schnell bewegen, turnen, tanzen
schreien, brüllen, plärren	sich deutlich bemerkbar machen, laut rufen
quengeln	beharrlich sein Ziel verfolgen
alles durcheinanderbringen	Spielsachen auf dem Fußboden ausbreiten
kaputt machen	untersuchen, auseinandernehmen

ÜBUNG: „JA, ABER …"

Eine zweite kurze und ebenso wirkungsvolle Übung lässt sich bei Sätzen nach dem „Ja-aber"-Muster anwenden. „Meine Tochter ist wirklich lieb, aber sie hat einfach keine Tischmanieren." „Der Junge kann wunderbar zeichnen, aber im Umgang mit anderen Kindern ist er sehr ängstlich." „Er zieht sich jetzt abends alleine aus, aber er lässt seine Sachen dann achtlos auf dem Boden liegen." „Heute haben die Kinder wirklich schön gespielt – aber das Zimmer ist ein einziges Chaos."

Alle diese Sätze hinterlassen so etwas wie einen schlechten Geschmack im Mund. Im ersten Teil wird zwar etwas Positives benannt, doch das „Aber" des zweiten Teils macht dieses zunichte. Ganz anders hören sich dieselben Sätze an, wenn man sie einfach umkehrt. „Meine Tochter hat einfach keine Tischmanieren, aber sie ist wirklich lieb." „Der Junge ist im Umgang mit anderen Kindern sehr ängstlich, aber er kann wunderbar zeichnen." „Er lässt seine Sachen zwar achtlos auf dem Boden liegen, aber er zieht sich jetzt abends alleine aus." „Heute ist das Zimmer ein einziges Chaos, aber die Kinder haben wirklich schön gespielt." An der Bedeutung hat sich nichts geändert, denn die Information blieb dieselbe. Geändert hat sich aber der Eindruck, den diese Sätze hinterlassen; er ist jetzt in allen Fällen positiver. Manchmal entstehen so auch recht lustige Satzverbindungen, bei denen dann deutlich wird, dass die beiden Teile inhaltlich eigentlich gar nichts miteinander zu tun haben. Auch das ist ein neuer Rahmen. Wenn Sie beim nächsten Mal auf einen derartigen „Ja-aber"-Satz stoßen, probieren Sie diese Umkehr-Methode doch einfach mal aus!

Umdeuten muss nicht langwierig oder anstrengend sein. Im Alltag gibt es immer wieder Gelegenheiten für sogenannte Blitz-Umdeutungen. Sie fallen uns oft spontan ein und können eine erstaunliche Wirkung haben.

Ein Beispiel:

Die fünfjährige Anna will partout nicht einschlafen. Trotz Abendritual, Kuscheltier und Nachtlicht fürchtet sie sich vor der Nacht. Schließlich rückt sie mit der Frage raus, die sie so beschäftigt: „Mama, warum ist denn die Nacht so lang?“ Die Mutter antwortet nicht mit Argumenten einer Erwachsenen („... damit du dich erholst, weil dein Körper Ruhe braucht“ usw.), sondern ganz anders: „Die Nacht ist so lang, damit viele Träume kommen können. Und wenn du träumst, ist die Nacht blitzschnell vorbei, weil dein Traum so schön ist. Auf diesen schönen Traum kannst du dich jetzt schon freuen. Ich glaube, er wartet schon vor deinem Fenster ...“

10.3 Verschiedene Teile unserer Persönlichkeit

Im ersten Teil dieses Buchs war schon mehrfach die Rede von der Modellvorstellung verschiedener Teile unserer Persönlichkeit. Beim Umgang mit dem schlechten Gewissen ging es um die Integration zweier sich widersprechender Teile, zum Beispiel der *guten Mutter* und der *unabhängigen Frau*. Auch die Alltagssprache beschreibt diese verschiedenen Teile der Persönlichkeit in vielen Redewendungen: Man ist „mit sich uneins“, fühlt sich „gespalten“ oder „zerrissen“ und „es streiten zwei Seelen in der Brust“. Sicher bedeutet das nicht, dass in uns lauter verschiedene Personen aktiv sind. Die Vorstellung von den Teilen der Persönlichkeit dient nur als Denkhilfe, die deutlich macht, dass in unterschiedlichen Situationen verschiedene Seiten unserer Persönlichkeit besonders wichtig sind. Im beruflichen Kontext ist zum Beispiel eine andere Haltung notwendig und hilfreich als im Leben mit einem ganz kleinen Kind und gegenüber unserem Partner zeigen wir wiederum andere Seiten von uns als mit unseren Kindern.

In diesem Kapitel ging es bisher darum, wie jedem Verhalten des Kindes eine positive Absicht zugrunde liegt. Wenn wir das mit dem Modell der Persönlichkeits-Teile verbinden, können wir uns vorstellen, dass jeweils ein „Teil“ im Kind für eine solche gute Absicht verantwortlich ist und über das Verhalten dafür sorgt, dass diese Absicht erfüllt wird. Zu Problemen kommt es dann, wenn das Verhalten zur Realisierung dieser Absicht nicht angemessen ist. Übersetzt in die Alltagssprache heißt das, dass die Eltern dann ein Problem mit ihrem Kind haben. Will man diesen Teil, der für die gute Absicht verantwortlich ist, korrigieren, unterdrücken oder gar loswerden, so wird man nur eines ernten: Widerstand. Denn der Teil weiß ja um seine gute Absicht und will sie erfüllen. Dass das Verhalten, das er dazu einsetzt, ein sogenanntes „Problemverhalten“ ist, stellt sich aus seiner Sicht vielleicht ganz anders dar. Wenn man aber diese gute Absicht ernst nimmt, ist es viel eher möglich, diesen Teil zur Zusammenarbeit zu bewegen.

Wenn Sie diesen Teil für einen Feind oder Dummkopf halten, weil er bei der Verfolgung seiner Absichten unerwünschte Wirkungen erreicht, tun Sie ihm unrecht. Das wäre fast so, als wolle man den Zahnarzt verteufeln, weil er bohrt und das schmerzhaft ist. Denn er tut das Beste, was er in diesem Fall tun kann. Der Zahnarzt hat auch schon Karies und andere mögliche Krankheitsherde entdeckt, bevor uns irgendetwas davon bewusst geworden ist. Genau so hat der „Problem-Teil" seine Aufgabe lange erfolgreich gelöst, ohne dass wir es bewusst bemerkt oder die Aufgabe überhaupt gekannt haben. Und wenn wir ihn wegen der unerwünschten Erscheinungen unterdrücken wollten, so hat er sich doch immer wieder durchgesetzt. Einen so widerstandsfähigen, zuverlässigen und unermüdlichen Helfer können wir eigentlich nur begrüßen.

Ein weiterer Aspekt kommt hinzu, wenn durch das Problemverhalten nicht nur die Absicht realisiert wird, sondern auch noch ein wichtiger Nebeneffekt erreicht wird. Psychologen sprechen dann vom „sekundären Gewinn". Gerade diese Nebeneffekte sind weitgehend unbewusst und deshalb einer absichtlichen Kontrolle gar nicht zugänglich. Manchmal ist gerade die Verbindung aller positiven Nebeneffekte in der ursprünglichen Lösung so genial einfach und elegant, dass man fast versucht ist, sie trotz ihrer störenden Auswirkungen zu bewundern. Gerade darin liegt der Schlüssel zum Reframing. Wenn wir die bisherigen Lösungsversuche aller Persönlichkeitsanteile ehrlich schätzen und akzeptieren, ist das die beste Voraussetzung für eine konstruktive Zusammenarbeit mit diesen Teilen für weitergehende Lösungen.

In diesem Teilemodell der Person können wir bei jedem Menschen einen unschätzbar wichtigen Verbündeten finden, der praktisch nur darauf wartet, sich an neuen Lösungsvorschlägen – gerade wenn sie etwas knifflig sind – zu versuchen: seinen kreativen Teil. Dieser Teil ist gerade bei Kindern sehr aktiv und wartet nur darauf, angesprochen zu werden. Er ist der eigentliche Helfer beim Umdeuten, denn mit seiner Hilfe können wir *neue* Verhaltensmöglichkeiten finden, die die gute Absicht erfüllen und gleichzeitig für alle Beteiligten angemessen sind. Inwieweit man die Suche nach neuen Möglichkeiten tatsächlich mit dem Kind bespricht, hängt natürlich wiederum von seinem Alter ab. Bei kleinen Kindern ist es wohl sinnvoller, wenn die Eltern selbst nach neuen Verhaltensmöglichkeiten suchen. Wichtig ist dabei, dass sie sich in das Kind einfühlen und das aus seiner Sicht tun! Wenn sie neue Lösungen gefunden haben, können sie diese dem Kind anbieten. Reden ist hier wahrscheinlich nur die zweitbeste Alternative. Sinnvoller wäre es, wenn sie mit ihrem eigenen Verhalten die Voraussetzungen schaffen, dass das Kind anders reagieren kann. Eine neue Lösung, die das Kind selbst gefunden hat, wird viel wahrscheinlicher in die Tat umgesetzt werden als eine, die die Eltern vorgeschlagen haben. Eine andere gute Möglichkeit, um neue Ideen zu säen, ist hier auch das Erzählen von Geschichten, die die Problematik, die gute Absicht und neue Lösungswege zum Inhalt haben – aber nicht mit erhobenem Zeigefinger! Wie man solche heilsamen Geschichten aufbauen und erzählen kann, ist das Thema von Kapitel 13.

Nun geht es wieder in die Praxis. Diese Übung ist recht komplex, nehmen Sie sich also genügend Zeit, in der Sie nicht gestört werden.

ÜBUNG: UMDEUTEN (1)

1. Notieren Sie sich in einigen Stichpunkten ein Verhalten Ihres Kindes, das Sie stört. Was stört Sie besonders daran? Versuchen Sie, hier den Kern des Problems zu beschreiben.
2. Beschreiben Sie das störende Verhalten Ihres Kindes nun wertneutral.
3. Wenn Sie das Verhalten Ihres Kindes jetzt betrachten – was könnte die positive Absicht sein, die Ihr Kind damit verfolgt?
4. Was könnten **Sie selbst** tun, damit Ihr Kind seine positive Absicht auf eine andere (weniger störende) Art und Weise erreichen kann? Suchen Sie hier mehrere Möglichkeiten!

So wie hinter jedem Verhalten eine Absicht steht, ist darin auch eine **Fähigkeit** enthalten. Ein schüchternes Kind kann vielleicht gut beobachten und ein Mädchen, das die Mutter dazu bringt, mit dem Telefonieren aufzuhören, kann sich durchsetzen. Diese Fähigkeit ist oft wertvoll, sodass es sich lohnt, sie einmal genauer zu betrachten.

ÜBUNG: UMDEUTEN (2)

1. Denken Sie noch einmal an das störende Verhalten Ihres Kindes: Welche **Fähigkeit** steckt in diesem Verhalten?
2. In welchen Situationen könnte **genau diese Fähigkeit** für das Kind **nützlich** sein?
3. Überlegen Sie sich Situationen, in denen Sie selbst jemanden mit dieser Fähigkeit brauchen könnten.
4. In welchen Situationen wäre es Ihnen nützlich, wenn Sie diese Fähigkeit selbst zur Verfügung hätten? Suchen Sie auch hier mehrere Möglichkeiten!

Ein Beispiel dazu:

Der kleine zweijährige Bruder schläft mittags noch regelmäßig eine gute Stunde. Die Mutter ist froh um diese Stunde der Ruhe und würde sich dann gerne selbst auch ausruhen. Die große Schwester (vier Jahre) könnte sich in dieser Zeit endlich einmal ungestört mit ihren Puzzles beschäftigen oder basteln. Meistens gibt es mittags aber Ärger, denn wenn der Kleine schläft, läuft die große Schwester regelmäßig laut singend durch das Haus, will Klavier spielen oder sich anders „laut“ beschäftigen. Der kleine Bruder wacht davon auf und ist danach entsprechend unausgeschlafen und schlechter Laune. Die Mutter ist enttäuscht und genervt wegen ihrer verpassten Mittagspause. „Musst du immer so einen Krach machen!?“ Die große Schwester fühlt sich einfach unverstanden, denn sie wollte den Kleinen bestimmt nicht wecken.

Was könnte die gute Absicht des Mädchens sein? Sie wollte den Freiraum nutzen, der entsteht, wenn der kleine Bruder nicht da ist. (Zweijährige können großen Schwestern bekanntlich oft ziemlich auf die Nerven gehen, denn sie halten sich nicht unbedingt an das, was man ihnen sagt, und stören nur.) Im Verhalten des Mädchens steckt die Fähigkeit, ihre Ideen kreativ umzusetzen und sich auszudrücken. Wie viele Vierjährige spielen von sich aus Klavier? Dieser kreative Antrieb ist also eine wichtige Stärke, die ihr in vielerlei Hinsicht nützlich sein kann.

Absicht und Fähigkeit – oder Wollen und Können – gehen übrigens oft Hand in Hand. Eine klare Trennung erscheint oft künstlich und ist eigentlich auch nicht zwingend notwendig. Wichtig bei der Suche nach guter Absicht und der Fähigkeit im Problemverhalten ist der neue Rahmen, der dabei entsteht. Wenn dieser Rahmen doppelt erneuert wird, indem man Absicht *und* Fähigkeit wahrnimmt und akzeptiert, ist das umso besser.

Die Mutter aus unserem Beispiel hat also zunächst einmal ihre eigene Perspektive verlassen, in der sie ihre Ruhe will und wütend über die Störung ist. Sie betrachtet die Absicht ihrer Tochter und sieht so deren „unartiges“ Verhalten in neuem Licht. Wenn sie nun die Fähigkeit der Kreativität umsetzt und gemeinsam mit dem Mädchen überlegt, welche leiseren Möglichkeiten es gibt, ihre Ideen auszudrücken, fallen beiden wesentlich eher andere Lösungen ein. Sie könnte natürlich auch von der Absicht ausgehen, dass das Mädchen den Freiraum ohne Bruder nutzen will, und ihr hier ein Angebot machen: „Erst malen wir gemeinsam oder tun etwas zusammen, was wir schlecht machen können, wenn der kleine Bruder dabei ist. Dann machst du alleine weiter und ich bekomme meine Mittagspause.“ Das Mädchen wird diesen besonderen Freiraum mit der Mutter zusammen sicher sehr genießen, denn er ist etwas Besonderes. Danach ist sie eher bereit, auf die Mutter und ihr Bedürfnis nach Ruhe Rücksicht zu nehmen, weil sie schon ein Stück „gesättigt“ ist.

10.4 Möglichkeiten und Grenzen des Umdeutens

Die Annahme einer guten Absicht hinter dem Verhalten des Kindes kann vieles in neuem Licht erscheinen lassen. Was sind die Bedingungen dafür und wo liegen die Grenzen? Die Anerkennung der guten Absicht bildet die Grundlage des Umdeutens. Um positive Wirkungen zu erzielen, genügt es nicht, die gute Absicht nur mechanisch zu benennen. Entscheidend ist meine innere Haltung zum Kind: Nur wenn ich ihm positiv oder zumindest wertneutral gegenüberstehe, ist es mir möglich, seine gute Absicht wirklich anzuerkennen und zu würdigen. Dazu gehört auch, dass ich das Weltbild des Kindes gelten lasse und versuche, Verständnis für seine Sicht der Situation zu entwickeln.

Diese neue Einschätzung der Situation erlaubt es den Eltern, ihren eigenen Handlungsspielraum zu erweitern. Indem sie das Kind mit seinen Absichten grundsätzlich anerkennen, gewinnen sie gefühlsmäßigen Freiraum. Durch diese Entspannung wird es ihnen möglich, anders mit dem „Problem“ umzugehen. Nicht nur ihre Einstellung zum Problem wird sich verändern, sondern auch die aktuelle Beziehung zu ihrem Kind, indem sie ihr Kind nicht mehr als Gegner, Übeltäter oder Nervensäge betrachten.

Zusätzlich zu dieser kurzfristigen positiven Wirkung sind noch weitere Konsequenzen zu nennen. Indem die Eltern die gute Absicht anerkennen, können sie nach neuen Wegen suchen, diese Absicht so zu verwirklichen, dass es Kind *und* Eltern damit gut geht. Derartige neue Lösungen sind teilweise so offensichtlich, sodass man sich wundert, wie man sie denn bisher eigentlich übersehen konnte. Manchmal verändern sich dadurch auch grundlegende Verhaltensmuster und die Weichen für die Beziehung werden neu gestellt.

An die Grenzen des Umdeutens stößt man immer dann, wenn die Grundlage nicht stabil genug ist. Die gute Absicht mag zwar benannt werden, sie wird aber innerlich nicht als wirklich gut akzeptiert. Sie wird erkannt, aber nicht an-erkannt. Die Gründe dafür mögen verschieden sein, doch meist resultieren sie aus Beziehungsschwierigkeiten. Auch Eltern sind nur Menschen, die manchmal nicht über ihren Schatten springen können oder wollen. Wer sich so über das Verhalten des Kindes ärgert, dass ihm allein der Gedanke an eine mögliche gute Absicht unsinnig erscheint, dem ist mit „Umdeuten“ sicher nicht geholfen. Unter diesen Voraussetzungen kann der Erwachsene nicht die Sicht des Kindes einnehmen. Hier gilt es zunächst einmal, die eigene Beziehung zum Kind zu klären und die eigenen Gefühle zu ordnen. Um solche schwierigen Eltern-Kind-Beziehungen und mögliche Lösungen geht es im folgenden Kapitel.

11. „Schwierige“ Kinder und gestresste Eltern

„Ich halte das keine Minute länger mehr aus!“ Alltag mit Kindern ist eine schöne, aber auch sehr anstrengende Vollzeitbeschäftigung. Vor allem, wenn die Kinder noch klein sind und fast rund um die Uhr beschäftigt, betreut und unterhalten sein wollen, kommt zur körperlichen Überlastung durch zu kurze Erholungspausen und unruhige Nächte über kurz oder lang die seelische Erschöpfung dazu. Die Energie von Kindern erscheint uns Erwachsenen grenzenlos und manchmal auch gnadenlos: Gerade wenn ich mich dringend nach einer Viertelstunde Pause sehne, fällt dem Kleinen etwas ein, bei dem er mich unbedingt braucht. Wenn ich dann nicht mitmachen will, geht meist der Kampf los und mit der Ruhe ist es erst einmal vorbei.

11.1 Trotzköpfe

Wann Kinder ins Trotzalter kommen und ihren eigenen Dickkopf entdecken, ist individuell verschieden. Spätestens mit zwei Jahren ist es aber im Allgemeinen so weit. Alltägliche Entscheidungen gewinnen für das Kind plötzlich lebenswichtige Bedeutung und wenn die Eltern irgendetwas nicht genau *so* machen, wie es sich das Kind vorstellt, bricht plötzlich die Hölle los. Die / der liebe Kleine wirft sich auf den Boden, schlägt und tritt um sich, schreit und tobt – meist umso heftiger, je geringfügiger uns selbst der Anlass erscheint. Der erste Trotzanfall unserer Tochter traf uns ziemlich aus heiterem Himmel. Beim Händewaschen hatte ich ihr die Hände wie immer eingeseift und wollte sie gerade abspülen, da fing Sandra an zu toben. Sie wollte ihre Hände *anders* abspülen – wie, wusste sie aber selbst wohl nicht genau und konnte es uns mit knapp zwei Jahren auch noch nicht so verständlich machen. Ich lernte in der folgenden Zeit recht schnell, dass es bei ihren Wutanfällen am besten war, sie – wenn möglich – alleine machen zu lassen. Lieber habe ich hinterher die Bescherung beseitigt (zum Beispiel eine kleine Überschwemmung), als zu riskieren, dass sie sich in ihren Zorn noch weiter hineinsteigerte und völlig unansprechbar wurde. Kinder im Trotzalter sind völlig kompromisslos!

Was aber, wenn Mutter oder Vater selbst schon genervt sind und bei solchen schwierigen Situationen nicht ruhig und gelassen reagieren können? Rechtzeitig bremsen geht nicht mehr, das Kind ist schon in Fahrt und man selbst auch gerade dabei, fürchterlich wütend zu werden. „Was soll denn jetzt schon wieder dieser Zirkus? Hörst du jetzt sofort mit der Schreierei auf!!" Hier braucht man sozusagen einen „innerlichen Schleudersitz", um schnell aus der Situation aussteigen zu können. Reframing erfordert ein gewisses Maß an innerer Gelassenheit. Wenn diese aber aktuell nicht erreichbar scheint, weil man emotional sehr aufgewühlt ist, sind andere Lösungen notwendig, die unmittelbar entlastend wirken.

Eine Möglichkeit, um Abstand zu gewinnen, haben Sie im Kapitel „Schlaf, Kindlein schlaf ...!" schon kennengelernt. Indem Sie innerlich einen Schritt zurückgehen und die Situation aus der Perspektive eines Beobachters betrachten, können Sie zur Besinnung kommen und erst einmal tief durchatmen. Was ist hier eigenlich los? Was braucht mein Kind in seiner hilflosen Wut, was brauche ich selbst? Wie kann ich mir selbst den Rücken stärken, damit ich neu auf mein Kind zugehen kann?

Manche Eltern erzählen, dass sie in solchen Zeiten in ein anderes Zimmer gehen, die Tür hinter sich zumachen und ihre heftigen Gefühle an einem Kissen austoben. Nachdem sie so Dampf abgelassen haben, sind sie wieder in der Lage, die Situation mit ihrem Kind zu klären. Inneren Abstand gewinnen bedeutet ganz und gar nicht, seine Gefühle auf Eis zu legen oder abzuschalten. Der Nutzen der Dissoziation besteht vielmehr darin, dass Sie neue Information aufnehmen können, wenn Sie Ihre Gefühle und die gesamte Situation von außen betrachten. Mit diesen neuen Wahrnehmungen und Ideen gehen Sie dann wieder in die Beziehung zurück. Sie sind also kein Gefangener Ihrer Gefühle („Es hat mich einfach überwältigt ..."), sondern Sie nutzen die Botschaften Ihrer Gefühle, um es sich selbst und dem anderen zu erleichtern, neue Verhaltensmöglichkeiten zu entwickeln.

Viele Eltern spüren, dass ihr Kind ihnen mit seinem Verhalten immer wieder einen Spiegel vorhält. Vielleicht ahnen sie nur unbewusst, was ihnen darin gezeigt wird. Das sind die Momente, in denen uns die „Unarten" unserer Kinder ganz besonders nerven. Nehmen Sie sich doch einmal Zeit, um bewusst in diesen Spiegel zu schauen. Es kann sein, dass Sie etwas ganz Neues darin sehen.

11.2 Spiegel der Beziehung

Im Alltag sind wir in viele Beziehungen eingebunden. Manche sind uns bewusst, andere nicht. immer sind wir Teil eines Systems. Es ist aber sehr schwer, ein System zu durchschauen, wenn man selbst ein Teil davon ist. Besonders schwer ist es, wenn man unter Stress steht, denn Stress schränkt die Wahrnehmungsfähigkeit ein.

Um eine schwierige Situation mit einem anderen Menschen zu klären, ist es hilfreich, die Beziehung auch aus anderen Blickwinkeln zu betrachten als nur dem eigenen. Dabei gibt es mehr Möglichkeiten, als man zunächst annehmen mag, und jede davon bietet weitere Informationen, die zur Veränderung beitragen können.

Zunächst einmal erleben Sie die Situation direkt als „Betroffener“ oder „Handelnder“. Sie sind im Kontakt mit dem anderen, zum Beispiel mit Ihrem Partner oder mit Ihrem Kind, und sehen, hören und spüren seine Reaktionen und Handlungen. Diese Position des unmittelbaren Erlebens ist die „1. Position“, die „Ich-Perspektive“.

Zu einer Beziehung gehören aber zwei: Es kann oft sehr hilfreich sein, sich einmal in die Lage des anderen zu versetzen und gewissermaßen in seine Schuhe zu steigen. Wie erlebt er/sie die Situation, was sieht, hört und fühlt er? Was sind seine Empfindungen? Diese Perspektive des anderen ist die „2. Position“. So weit ist alles noch recht vertraut, denn jeder hat sich schon oft in den anderen hineinversetzt.

Nun können Sie auch sich selbst von außen beobachten. Diese Dissoziation von Ihrem unmittelbaren Erleben der Situation liefert Ihnen neue Information. Wie sehen Sie sich selbst von außen? Was tun Sie? Der „innere Beobachter“ (die „3. Position“) kann erkennen, was Sie vielleicht brauchen, um in der Situation anders reagieren zu können. Er kann auch Ihre Beziehung zu Ihrem Gesprächspartner von außen betrachten und Muster dabei aufdecken. Immer, wenn Sie etwas Bestimmtes tun oder sagen, reagiert der andere in einer bestimmten Weise darauf. Teufelskreise sind nichts anderes als solche Muster, die sich selbst aufschaukeln. Wenn ich lauter werde, ist der andere beleidigt und zieht sich zurück. Daraufhin werde ich erst recht wütend und verletzend – vielleicht kann ich ihn ja so aus der Reserve locken – und der andere macht sich noch unerreichbarer ... Am Ende fühlt sich keiner verstanden und beide sind frustriert. Ein Schritt heraus aus dem Schlagabtausch kann es erleichtern, dieses „Spiel“ zu durchschauen, und zu einer anderen Ebene der Auseinandersetzung führen. Vielleicht kann einer der beiden ja so signalisieren, was er vom anderen braucht oder was ihn verletzt hat – ohne gleich zum Gegenangriff überzugehen.

Neben diesen drei Positionen sind noch andere Blickwinkel möglich. Sie können sich beispielsweise anschauen, wie Sie innerlich als Beobachter mit sich selbst umgehen. Das ist die „4. Position“: Wie steht Ihr Beobachter (der in der 2. Position) zum Handelnden (in der 1. Position)? Welche „Brille“ hat er/sie dabei auf? Sind Sie ein sachlicher Beobachter? Oder gehen Sie hart ins Gericht mit dem Handelnden der 1. Position? „Er ist hilflos/kapiert einfach nichts/macht immer das Falsche ...“ Oder haben Sie Mitleid mit ihm? „Sie kann es eben nicht besser/versucht ihr Bestes ...“ Es geht hier nicht darum, welche Sichtweise die bessere oder gar die richtige ist. Zum Teil sind wahrscheinlich alle zutreffend. Entscheidend ist, die Beziehung auch einmal von einer ganz anderen Seite zu betrachten und so mehr darüber zu lernen, was jeder der Beteiligten braucht. Das Wesen einer Beziehung ist es, dass man zusammen seine Ziele besser erreichen kann als alleine.

Ebenso können Sie natürlich schauen, wie Ihr Gesprächspartner als Beobachter mit sich selbst umgeht. (Dies ist sozusagen die 4. Position des anderen.) Es kann allerdings leicht spekulativ werden, wenn man sich hier nicht auf genaue Beobachtungen stützt. Möglich ist es aber dennoch. Genaue Beobachtung ist in allen Positionen wichtig. Sie haben mehr Nutzen von konkreten Aussagen und Beobachtungen als von Hypothesen und Mutmaßungen. Vor allem in der 1. und 2. Position ist es wichtig, auf tatsächliche Wahrnehmungen zu achten. Was sehen Sie, was hören Sie, was fühlen Sie? Vielleicht gibt es ja sogar etwas zu riechen oder zu schmecken. Die Aussage „Ich bin ganz blockiert" bietet Ihnen wenig Ansatzmöglichkeiten, um daran etwas zu ändern. Wenn Sie aber merken: „Ich atme kaum noch, ziehe die Schultern hoch und sehe gar nicht mehr richtig, was um mich herum ist", gibt es schon einige Möglichkeiten. Vielleicht atmen Sie erst einmal aus und lassen Ihre Schultern ein wenig los. Oder Sie schauen sich einmal kurz um: „Wo bin ich eigentlich? Was kann ich noch sehen, das mir bisher noch gar nicht aufgefallen ist?"

Nach diesen Überlegungen zu verschiedenen Blickwinkeln nun die konkrete Übung:

ÜBUNG: SPIEGEL DER BEZIEHUNG

Suchen Sie sich einen angenehmen Platz, an dem Sie eine halbe Stunde nicht gestört werden. Wenn Sie möchten, legen Sie sich etwas zum Schreiben bereit – vielleicht wollen Sie einige neue Erkenntnisse festhalten. Hilfreich ist es, wenn Ihnen eine andere Person die Abfolge der Schritte vorlesen kann. Wenn Sie die Übung alleine machen, lesen Sie die ganze Anleitung erst einige Male durch, um sich damit vertraut zu machen. So können Sie sich danach besser auf Ihre persönlichen Inhalte konzentrieren.

Bei dieser Übung ist es hilfreich, die Position auch körperlich zu wechseln. Sie verändern Ihren Blickwinkel nicht nur in Ihrer Vorstellung, sondern gehen tatsächlich an andere Plätze im Raum.

1. (1. Position) Suchen Sie sich einen Standpunkt im Raum und stellen Sie sich vor, Sie stehen Ihrem Kind gegenüber. Wie sieht Ihr Kind aus? Was trägt es für Kleidung, wie steht es da? Erinnern Sie sich an ein schwieriges Gespräch oder eine problematische Situation. Welche Eigenschaft ist es, die Ihre Tochter / Ihren Sohn so schwierig macht? Benennen Sie diese Eigenschaft.

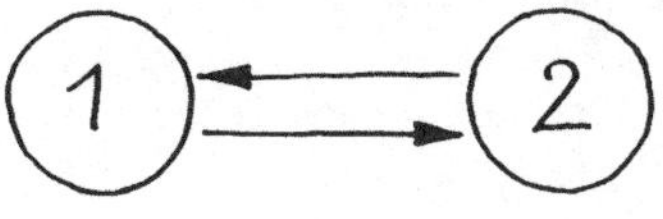

2. (3. Position) Gehen Sie einen Schritt zur Seite und betrachten Sie sich selbst in Ihrer Beziehung zu Ihrem Kind. Schauen Sie von außen: Wie verhalten Sie sich und welche Reaktion bekommen Sie darauf von Ihrem Kind? Was tun Sie selbst, um das Problem-Muster zu verstärken?

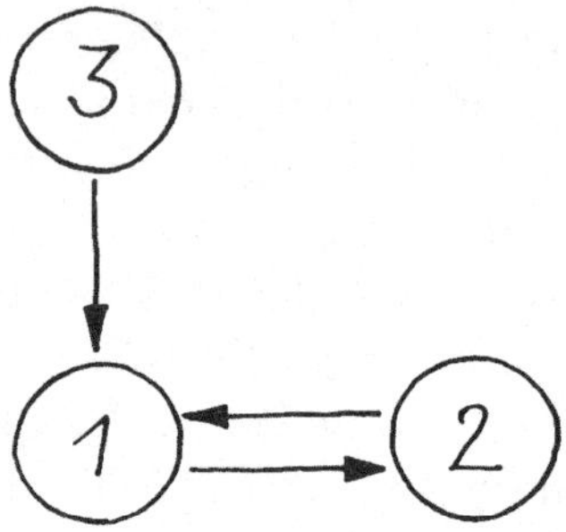

3. Was haben Sie bisher schon versucht, um Ihr Verhalten in dieser Beziehung zu verändern? Welche Alternativen haben Sie ausprobiert?

4. (4. Position) Gehen Sie nun noch einen Schritt weiter zur Seite und betrachten Sie Ihre Beziehung zu sich selbst. Dieser Blickwinkel erscheint Ihnen möglicherweise ungewohnt. Wir sind alle geübt darin, unsere Einstellungen unseren Kindern gegenüber zu betrachten, aber kaum einmal achten wir darauf, wie wir mit uns selbst innerlich umgehen.
   Wie stehen Sie zu sich selbst? Wie gehen Sie als Beobachter mit sich selbst um? (3. Position „Beobachter" in der Beziehung zur 1.Position „Ich") Machen Sie sich Vorwürfe, geben Sie sich Kommandos? Was sagen Sie als Beobachter zu sich selbst? Charakterisieren Sie sich kurz in beiden Positionen. (Beispiel: „In der Situation bin ich wütend und hilflos, als Beobachter bin ich klar und sachlich. Da weiß ich, was zu tun wäre.")

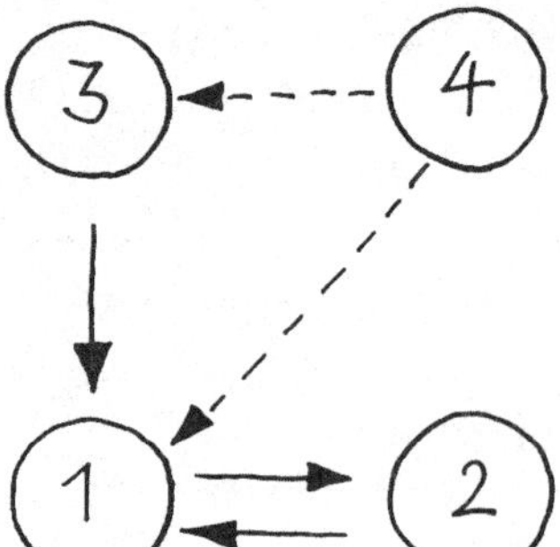

5. Vertauschen Sie nun die beiden Positionen. Stellen Sie sich vor, Sie stehen mit den Eigenschaften, die Sie als **Beobachter** haben, direkt Ihrem Kind gegenüber (in der bisherigen 1. Position). Was sagen Sie Ihrem Kind? Wie ändert sich die Reaktion, die Sie von Ihrem Kind bekommen? (Im Beispiel: Sie stehen Ihrem Kind klar und sachlich gegenüber. Wie reagiert Ihr Kind?)

6. Versetzen Sie sich jetzt in die Position Ihres Kindes (2. Position), wie es sich mit Ihnen als „Ich mit den Eigenschaften des Beobachters“ unterhält. Wie fühlt sich Ihr Kind jetzt, wenn Sie klar und sachlich sind? Was ist anders als zuvor?
   Wechseln Sie zwischen den verschiedenen Positionen und versetzen Sie sich jeweils in eine hinein. Tun Sie das so lange, bis Sie das System der Beziehung verstehen. Finden Sie den Blickwinkel, der den Unterschied ausmacht. Vielleicht fällt Ihnen auf, welche Ressourcen in den verschiedenen Positionen fehlen. Was braucht jeder? Wie können Sie die nötigen Ressourcen für sich und Ihr Kind verfügbar machen? Wenn Sie zum Beispiel „innere Sicherheit“ brauchen: Gab es schon einmal eine Situation, in der Sie ganz sicher waren, das Richtige zu tun? Eine Situation, in der Ihr Unbewusstes Sie unterstützt hat, für alle Beteiligten die angemessene Lösung zu finden? Wenn Sie sich an eine Situation erinnern: Lassen Sie die Erinnerung ganz lebendig werden und nehmen Sie dieses Gefühl innerer Sicherheit mit hierher in Ihre Position, in der Sie genau das brauchen. (Genauso können Sie Ressourcen Ihrem Kind geben.)

7. Nehmen Sie sich Zeit, um die neuen Erfahrungen und Einsichten zu verarbeiten. Vielleicht legen Sie sich einfach einige Minuten hin, lassen Ihre Gedanken wandern und stellen sich vor, wie Ihnen all das helfen wird, die nächste ähnliche Situation mit Ihrem Kind auf eine ganz neue Art und Weise zu gestalten, sodass sie für Sie beide hilfreich und angemessen ist. Ihr Unbewusstes wird Sie dabei unterstützen, neue Möglichkeiten zu sehen und Wege zu öffnen, sodass Sie ganz neugierig sein können, wie die Geschichte weitergeht ...

Robert Dilts, der diese Übung entwickelt hat und einmal während einer therapeutischen Fortbildung demonstrierte, sagte darüber: „Probleme in einer Beziehung treten nur dann auf, wenn ich meine Identität vom anderen abhängig mache.“ Wenn ich also beispielsweise glaube, *weil* mein Kind aggressiv ist oder ausrastet, habe ich als Mutter versagt. Oder *weil* ich selbst wütend werde und mein Kind anschreie, bin ich eine schlechte Mutter. Es geht nicht darum, bestimmte Eigenschaften für mich zu (er-)finden (Geduld, Belastbarkeit, immer gut gelaunt sein ...), sondern wesentlich ist, dass wir für unsere persönlichen Eigenheiten und Reaktionen den angemessenen Platz finden. Wenn die Beziehung klar und offen ist, kann jede Reaktion an der richtigen Stelle hilfreich sein. Eine Mutter, die selbst einmal losschreit, oder ein Vater, der klipp und klar eine Grenze setzt, kann für ein Kind viel besser zu ertragen sein als jemand, der krampfhaft versucht, seine „negativen" Gefühle zu verstecken, und damit so beschäftigt ist, dass er sein Kind gar nicht mehr richtig sieht.

11.3 Eine Reise durch die Zeit

Die Art und Weise, wie wir eine Situation erleben, hängt entscheidend von unserer Zeitwahrnehmung ab. Manchen Menschen fällt es schwer, einen schönen Sonntag zu genießen, weil sie immer wieder daran denken müssen, dass ihnen nur noch einige Stunden bleiben, bis wieder am Montag der Arbeitsalltag beginnt. Die zeitliche Begrenztheit beeinflusst sie so stark, dass die Gegenwart zurücktritt und die (vorgestellte) Zukunft ihr Erleben steuert. So kann man sich übrigens sehr gut selbst programmieren – in der Psychologie nennt man das „selbsterfüllende Prophezeiung". Wenn wir nur fest genug daran glauben, dass etwas Bestimmtes eintritt, erhöht das die Wahrscheinlichkeit, dass es genauso passiert. Wenn ich überzeugt bin, dass der nächste Tag wieder furchtbar sein wird, kommt es wahrscheinlich auch so. Wissenschaftliche Forschungen haben gezeigt, dass auch innere Einstellungen zu anderen Menschen deren Verhalten einseitig beeinflussen können. In einer Studie wurden Lehrer, die eine neue Klasse übernahmen, vom Leistungsstand der Schüler informiert. Manche Schüler wurden als intelligent und fleißig beschrieben, andere als durchschnittlich und einige als weniger intelligent und eher faul. Die Kinder waren in Wirklichkeit aber von ihren Leistungen her gleich. Am Ende des Schuljahres zeigte sich, dass sich die „intelligenten" Schüler tatsächlich in der Leistung verbessert hatten, die „dummen" dagegen noch schlechter abschnitten als zu Beginn des Schuljahres. Die durchschnittlichen Schüler waren in ihren Leistungen gleich geblieben. Die Voreinstellung der Lehrer beeinflusste ihr Verhalten (meist unbewusst) und das wiederum wirkte sich auf das Verhalten und die Leistungen der Schüler aus. Mich selbst macht dieses Ergebnis oft sehr nachdenklich, denn es gibt dem Thema „Erziehung" noch eine ganz neue Dimension. Natürlich wirkt nicht jeder dahingesagte Satz beim Kind wie eine derartige „Prophezeiung". Aber bestimmte wiederkehrende Zuschreibungen können durchaus Nachwirkungen haben. – „Du bist ja wirklich ungeschickt!" „Das kannst du nicht!" Wenn ein Kind so etwas immer wieder hört, wird es das irgendwann selbst glauben. Ich denke, hier liegt unsere Verantwortung, bewusst mit solchen Zuschreibungen umzugehen, sie immer öfter zu erkennen und dann positiv zu formulieren.

Zurück zu unserer Zeitreise: Kinder leben in einer ganz eigenen Zeit-Welt. Für sie kann ein Augenblick endlos dauern, weil sie mit allen Sinnen beteiligt sind und keinen Gedanken an die Zukunft verschwenden. Ihr Zeitgefühl ist völlig anders. Vielleicht wechseln sie auch leichter von der Gegenwart zur Zukunft und in die Vergangenheit oder die Grenzen dazwischen sind noch durchlässiger? Fantasie wird ja für Kinder oft auch ganz selbstverständlich zur Realität – eine Tatsache, die manche Erwachsene immer noch als „Schwindelei“ abtun wollen.

Diese flexible Zeitwahrnehmung ist eine Stärke, die wir als Erwachsene nutzen können, um belastende Situationen anders zu erleben. Wenn Sie Ihr Kind wieder einmal an die Grenzen treibt und Sie denken, Sie halten es keine Minute länger mehr aus ... klinken Sie sich kurz aus und erlauben Sie sich einen Tagtraum.

ÜBUNG: EINE REISE DURCH DIE ZEIT

Reisen Sie in Ihrer Vorstellung zurück durch die Zeit und erinnern Sie sich an die ersten Wochen und Monate mit Ihrem Kind. Wie ging es Ihnen damals? Erinnern Sie sich an das erste Lächeln, den ersten Schritt, seine ersten „Worte“? Erleben Sie diese ganz besondere Qualität der Zeit mit einem Neugeborenen noch einmal. Dann erlauben Sie sich eine Reise in die Zukunft. Wie werde ich in fünf Jahren über den heutigen Tag denken, über den Anlass meiner Krise? Wie werde ich dann aussehen, wer werde ich sein? Wo möchte ich in fünf Jahren sein? – Und was wird mein Kind in fünf (zehn / fünfzehn) Jahren über den heutigen Tag sagen? Woran wird er / sie sich erinnern? Welche Erinnerungen aus seiner / ihrer Kindheit werden dann lebendig sein? – Was werde ich in fünf Jahren wissen, das mir heute hilfreich sein kann?

Sie werden überrascht sein, wie verändert Ihnen die Gegenwart plötzlich erscheint! Manchmal reicht solch eine kurze Zeitreise, um plötzlich neue Wege aus einer vorher so festgefahrenen Situation zu sehen. Besonders hilfreich ist dabei der Blick in die Zukunft. Wo will ich in fünf Jahren sein? Was will ich dann gelernt haben, was möchte ich getan haben? Wo ist mein Lebensziel? Es ist nicht unbedingt entscheidend, ob Sie auf diese Fragen gleich klare Antworten finden. Wenn Sie sich damit beschäftigen, wird Ihr Unbewusstes die Gelegenheit nutzen, um Sie dabei zu unterstützen. Vielleicht sind die Antworten ja auch schon da und kommen nur in einer bisher ungewohnten Form – als Bilder, Symbole, Klänge oder auch in anderer Weise.

11.4 Ihre persönliche Lebenslinie

Aus der Mathematik kennen wir den Begriff des Zeitstrahls, der Zeit als unsichtbare Größe räumlich fassbar macht und als Linie darstellt. Einen derartigen Zeitstrahl hat jeder Mensch in seinem Unbewussten abgespeichert. Alle Ereignisse werden darin eingeordnet, in der zeitlichen Reihenfolge, in der sie stattgefunden haben. Diese Repräsentation der Zeit kann individuell ganz verschieden aussehen. Deshalb bezeichnen wir sie als Lebenslinie. Eine Linie kann auch einmal Bögen machen oder die Richtung wechseln – ein Strahl könnte das nicht.

Um Ihre persönliche Lebenslinie zu finden, genügt eine einfache Übung:

ÜBUNG: FINDEN SIE IHRE LEBENSLINIE

1. Stellen Sie sich frei im Raum auf, an einem Platz, der für Sie das „Heute" repräsentiert. Denken Sie nun an eine alltägliche Handlung, die Sie schon oft ausgeführt haben und auch noch oft ausführen werden, z. B. morgens zu duschen oder sich die Zähne zu putzen.
2. Denken Sie daran, wie Sie in der Vergangenheit geduscht haben – letzte Woche zum Beispiel. Wo würden Sie diese Erinnerung im Raum lokalisieren? Ist die Vergangenheit eher hinter Ihnen, eher seitlich, höher oder tiefer ...? Gehen Sie dann noch weiter zurück: Erinnern Sie sich daran, wie Sie im letzten Monat geduscht haben, vor einem halben Jahr, vor fünf Jahren ... Wo ist für Sie die Vergangenheit im Raum?
3. Denken Sie nun daran, wie Sie in Zukunft duschen werden – morgen, nächste Woche, in einem Jahr. Wo ist diese Vorstellung lokalisiert? Im Raum vor Ihnen, seitlich, oben oder unten ...?
4. Betrachten Sie nun Ihre Lebenslinie als Ganzes: Vergangenheit, Gegenwart und Zukunft. Wie verläuft Ihre persönliche Linie?

Die Repräsentation der persönlichen Lebenslinie kann individuell ganz verschieden sein. Für viele Menschen verläuft sie als Gerade, die hinter ihnen beginnt und vor ihnen in der Ferne verschwindet. Manche sehen sie auch als Bogen vor sich (das hat den Vorteil, dass man Vergangenheit und Zukunft gleichzeitig betrachten kann, ohne sich umdrehen zu müssen ...). Es gibt auch ganz andere Lebenslinien, aufsteigende, wie die Bahn eines startenden Flugzeuges, spiralförmige oder Linien über Berg und Tal, bei denen Teile von der Gegenwart aus nicht sichtbar sind ... Auch hier gilt wieder, dass es kein Richtig oder Falsch gibt. Jeder hat seine individuelle Repräsentation der Zeit. Entscheidend ist vielmehr, wie wir unsere Lebenslinie nutzen können, um unsere Zukunft zu gestalten.

Am Anfang diese Buches ging es um Ihre persönlichen Ziele. Im Zusammenhang mit Ihrer Wahrnehmung der Zeit können Sie viel dafür tun, um Ihre Ziele erreichbarer zu machen. Wer seine Ziele klar formuliert, gibt ihnen Gestalt und Energie. Wenn Sie an Ihre Zukunft denken – was möchten Sie in einem Jahr erreicht oder verändert haben? Finden Sie drei Ihrer wichtigsten Ziele heraus und formulieren Sie sie nach dem positiven Zielrahmen[8]. Ganz wichtig dabei: Schreiben Sie Ihre Ziele auf! „Was man schwarz auf weiß besitzt, kann man getrost nach Hause tragen."

ÜBUNG: DIE ZUKUNFT GESTALTEN

1. Benennen Sie Ihr Ziel. Prüfen Sie, ob Sie Ihr Ziel nach den Kriterien des positiven Zielrahmens formuliert haben. Stellen Sie sich Ihr zukünftiges Selbst vor: Wie werden Sie sein, wenn Sie dieses Ziel erreicht haben? Wie werden Sie aussehen, wie werden Sie sich verhalten?
2. Vergegenwärtigen Sie sich dann Ihre Lebenslinie im Raum. Finden Sie den Zeitpunkt in Ihrer Zukunft, an dem Ihr Ziel Wirklichkeit werden darf. Bestimmen Sie diese Stelle auf Ihrer Lebenslinie.

8 Wie ausführlich beschrieben in Kapitel 2.

3. Gehen Sie neben Ihrer Lebenslinie zu diesem Punkt, an dem Sie Ihr Ziel erreicht haben werden. Nehmen Sie das Bild Ihres zukünftigen Selbst und platzieren Sie es an diese Stelle in Ihrer Zukunft. Steigen Sie hinein in das Bild und fühlen Sie, wie es ist, Ihr Ziel erreicht zu haben. Was sehen Sie um sich herum, was hören Sie? Genießen Sie das Gefühl, am Ziel zu sein.
   Drehen Sie sich dann um und blicken Sie zurück zur Gegenwart auf Ihrer Lebenslinie. Sehen Sie, wie alle Ereignisse zwischen der Gegenwart und der Zukunft dazu beitragen, dass Sie Ihr Ziel erreicht haben?
4. Wenn Sie innere Einwände bemerken (ein Zögern, Ungläubigkeit oder konkrete Zweifel über die Konsequenzen), dann ist das ein Zeichen, dass Sie Ihr Ziel noch einmal überprüfen sollten. Welche Veränderungen sind nötig? Überprüfen Sie auch noch einmal den Zeitpunkt der Zielerreichung – vielleicht ist hier noch eine Feinabstimmung nötig. Wiederholen Sie die Schritte 1 bis 3 noch einmal.
5. Gehen Sie auf Ihrer Lebenslinie zurück zur Gegenwart und erlauben Sie sich die Vorstellung, dass die Gegenwart schon der Anfang dessen ist, wie Sie Ihr Ziel erreichen werden. Sie sind Ihrem Ziel dadurch schon ein Stück näher gekommen.
   Schauen Sie von Ihrem Standpunkt in der Gegenwart in Ihre Zukunft, wenn Sie Ihr Ziel erreicht haben. Sehen Sie Ihr zukünftiges Selbst und spüren Sie seine Anziehungskraft.
6. Gehen Sie in Ihre Zukunft. Spüren Sie, wie Sie jeder Schritt Ihrem Ziel näher bringt und fühlen Sie die Veränderungen. Wenn Sie am Ziel sind: Atmen Sie tief durch und lassen Sie sich Zeit, um zu sehen, zu hören und zu fühlen, wie es ist, hier am Ziel zu sein!

12. Reizwort Aggression: Wenn Kinder um sich schlagen

12.1 Verschiedene Seiten der Aggression

„Mein Kind ist einfach schwierig." „Sie macht gerade eine aggressive Phase durch, das ist wichtig für ihre Entwicklung." „Ich hätte nicht gedacht, dass Kindererziehung so anstrengend ist. Manchmal würde ich am liebsten alles hinschmeißen." „Da muss man eben hart durchgreifen. Uns hat diese Art der Erziehung ja auch nicht geschadet!" „Wenn ich ihn jetzt nicht richtig erziehe, tanzt er uns später nur noch auf der Nase herum." „Meine Kinder machen, was sie wollen. Ich werde nicht mehr mit ihnen fertig." Wenn Eltern und Kinder Probleme haben, kann sich das ganz unterschiedlich anhören. Eltern, die sich selbst eingestehen, dass etwas schiefläuft, und davor nicht die Augen verschließen, können die Ursache der Problematik entweder bei sich selbst oder bei ihren Kindern sehen. Entsprechend ergeben sich unterschiedliche Bewertungen und Ansatzpunkte für Änderungen. Diese Schwarz-Weiß-Zuschreibung ist in der Realität wenig hilfreich. Es mag zwar momentan entlastend sein, die „Schuld" beim Kind zu sehen, das da aggressiv, eifersüchtig, schüchtern oder in anderer Form negativ auffällt; langfristig ist diese Sichtweise aber ebenso einseitig wie die Selbstbezichtigung, eine schlechte Mutter oder ein schlechter Vater zu sein. Entscheidend ist die Dynamik in der Familie, die sich in der Natur der gegenseitigen Beziehungen spiegelt. Wie geht es den Eltern und Kindern miteinander, wie fühlen sie sich, was fehlt ihnen vom anderen? Was ist zu viel in dieser Beziehung, was ist zu wenig? Fragen dieser Art entlasten den vermeintlichen „Sündenbock" und erlauben gemeinsame Lösungssuche.

Gerade Kinder, die sich den Eltern oder anderen Kindern gegenüber aggressiv verhalten, geraten leicht in diese Rolle des „Sündenbocks" hinein, denn sie ziehen die Aufmerksamkeit der anderen auf sich. Die Eltern sind anfangs beschämt, dann wütend. Andere Kinder reagieren ängstlich oder lassen das Kind nicht mehr mitspielen („Der haut ja immer, den wollen wir nicht!") und Außenstehende, die im Grunde erleichtert sind, dass sie selbst diese Probleme mit ihrem Kind nicht haben, bieten schnell eine Reihe von guten Ratschlägen an, wie man denn mit so einem Kind umgehen sollte. Das Kind steht im Mittelpunkt der Betrachtung und findet vielleicht sogar langsam Gefallen daran, denn es ist anscheinend etwas Besonderes.

Bleiben wir zunächst einmal bei dieser Perspektive und betrachten einen aggressiven Jungen aus der Sicht der Erwachsenen. Mädchen entwickeln in der Regel andere

Strategien, deshalb hier ein Junge als „typisches" Beispiel. Selbst wenn die Eltern den Jungen gar nicht als aggressiv oder dominierend beschreiben, sondern eher als launisch, unkonzentriert und rastlos, handelt es sich immer noch um eine typische Erwachsenenperspektive. Der Junge scheint stark von Impulsen getrieben, denn er „rastet" sehr schnell „aus" und lässt sich in seinem Zorn kaum noch erreichen und beruhigen. Sobald er sich ärgert, schlägt er um sich. Wenn man ihn ansprechen will, bekommt man den Eindruck, er sei überhaupt schwer erreichbar, denn er schaut meist weg, antwortet nicht oder nur einsilbig und lässt niemand so recht an sich herankommen. Andererseits hat er aber auch richtig gute Tage, in denen das Zusammensein mit ihm sehr viel Spaß macht. Das sind Zeiten, in denen die Eltern aufatmen und sich zum Ausgleich besonders intensiv mit ihm beschäftigen. Die Eltern wissen aber nie mit Sicherheit, wann das wieder umschlägt, und sind schon für kleine Anzeichen wachsam. Manchmal wirkt der Junge auch traurig ohne Grund. Vorherrschend in der Beschreibung scheint aber das Kontaktproblem zu sein. Er zieht die Aufmerksamkeit der Erwachsenen eigentlich ständig auf sich, denn an einem guten Tag ist er ungeheuer lieb und anhänglich, sodass sich die Erwachsenen auch gerne mit ihm beschäftigen. An den anderen Tagen haben die Eltern sowieso meist damit zu tun, aggressive Übergriffe zu verhindern oder zu beenden. Wenn er mit anderen Kindern zusammen ist, „passiert" meist irgendetwas oder es gibt Streit. Er ist selbst auch eher nachtragend, wird von andern beim Spielen ausgeschlossen und seine Freundschaften halten nicht besonders lange.

Bisher stand das Kind im Mittelpunkt der Aufmerksamkeit. Wenden wir uns nun den Eltern zu. Was ist typisch für Eltern aggressiver Kinder? Ebenso wie die Darstellung des aggressiven Jungen überzeichnet und vereinfacht gewesen sein mag, kann das nun für die folgende Beschreibung der Eltern zutreffen. Zahlreiche Untersuchungen der Familiensysteme aggressiver Kinder führen aber zu ähnlichen zentralen Merkmalen der Eltern und der Beziehungen innerhalb der Familie. In der Regel zeigen die Eltern eines aggressiven Kindes ihm gegenüber eher eine ablehnende als unterstützende Haltung. „Was ist denn nun schon wieder los? Kannst du denn nicht einmal fünf Minuten mit anderen Kindern spielen, ohne dass schon wieder eine Katastrophe passiert? Andere Kinder führen sich doch auch nicht so auf!" Die Eltern haben im Allgemeinen unrealistische Erwartungen an ihr Kind, wie es sich benehmen soll. Durch die häufigen Entgleisungen des Verhaltens verschiebt sich ihr Bezugsrahmen und sie erwarten Dinge, die das Kind entwicklungsmäßig nicht ohne Weiteres leisten kann. Für einen Dreijährigen ist eine halbe Stunde schweigendes Stillsitzen bei Tisch kaum zu ertragen. Die Eltern selbst sind schnell erregbar und erleben starke Gefühlsschwankungen. Sie fühlen sich abhängig von den Launen ihres Kindes – hat es einen „guten" Tag, ist alles in Ordnung, an einem „schlechten" Tag des Kindes stehen die Eltern selbst unter starkem Stress. Dies führt bei ihnen eher zu

Inkonsequenz und willkürlichen Strafen („Da ist mir eben der Kragen geplatzt – ich konnte nicht mehr anders!") als zu konsequentem Handeln.

Betrachtet man das System der Familie, fällt auf, dass die Eltern ihrerseits häufig aggressiv auf das Kind reagieren. Aggression des Kindes erzeugt Gegen-Aggression der Eltern. Sie wollen dem Kind schließlich zeigen, wer hier der Stärkere ist und das Sagen hat. Das Kind kann sich ja nicht alles herausnehmen! Allerdings lernt das Kind genau dadurch, dass Aggression ein legitimes und eben doch erfolgreiches Mittel ist, wie man sich durchsetzt. Kurzfristig beeendet der Gegendruck der Eltern zwar die aggressive Handlung des Kindes, langfristig übernimmt das Kind aber das Modell der Eltern und lernt das „Recht des Stärkeren". Die Eltern sprechen mit dem Kind häufig im Kommandoton („Lass das!" „Hör sofort auf zu hauen!" „Verschwinde in dein Zimmer, wenn du dich nicht benehmen kannst!") und wenden harte Strafen an. „Bei ihm hilft ja nichts anderes, da muss man hart durchgreifen!" In der Regel entwickeln sich auch erpresserische Muster der Interaktion nach dem Motto „Wenn du jetzt nicht ..., dann ...!" Auf der anderen Seite wird angemessenes Verhalten des Kindes wenig beachtet und selten gelobt. Wenn das Kind einmal über eine gewisse Zeit ruhig mit anderen gespielt hat, nehmen die Eltern dies eher als selbstverständlich und sind höchstens erleichtert. Das Kind wird für sein positives Verhalten aber selten in dem Maße gelobt, wie es für das negative geschimpft wird.

In der Beziehung zwischen Eltern und Kindern prallen oft verschiedene Bedürfnisse aufeinander, die unvereinbar scheinen. Der Vater ist müde und möchte in Ruhe Zeitung lesen, das Kind will spielen. Die Mutter will sich am Kaffeetisch mit ihrer Freundin unterhalten, doch ihr Kind hat keine Lust, mit dem Kind der Freundin zu spielen; es möchte nach Hause, jetzt gleich! Viele Erwachsene versuchen zunächst eine Lösung zu finden, in der sowohl ihre als auch die Bedürfnisse des Kindes berücksichtigt werden. Das führt dann zu solch grotesken Versuchen, mit dem Kind zu spielen und dabei gleichzeitig Zeitung zu lesen – und ist in den seltensten Fällen erfolgreich. Also ist eine Entweder-oder-Lösung gefragt: mein Bedürfnis oder deines? Kinder haben Erwachsenen gegenüber den entscheidenden Vorteil ihrer großen Energie und Vitalität und gehen aus diesem Kampf meist als Sieger hervor.

Um kein Missverständnis entstehen zu lassen: Dieser Kampf, wessen Bedürfnis jetzt zuerst an der Reihe ist, ist etwas völlig Normales. Jedes gesunde Kind wird probieren, daraus als Sieger hervorzugehen. Die entscheidende Frage ist, ob es neben dem Kampf noch andere Beziehungsformen zwischen Eltern und Kind gibt oder ob der Kampf überwiegt.

12.2 Echter und halbherziger Kontakt

Das Kind hat ein natürliches Bedürfnis nach lebendigem Kontakt mit seinen Eltern. Es möchte viel lieber mit ihnen spielen als mit leblosem Spielzeug. Wenn der Erwachsene auch Lust zum gemeinsamen Spiel hat, können beide dabei sehr viel Spaß haben. Im andern Fall, in dem der Erwachsene ein anderes Bedürfnis hat, entwickelt sich das Problem der „Entweder-oder-Lösung". Für den Erwachsenen gibt es nun eine Reihe von Möglichkeiten, wie er sich aus der Affäre ziehen kann.

Er kann das Bedürfnis des Kindes nach gemeinsamer Aktivität rundweg **ablehnen** und seine eigenen Interessen wahrnehmen. Gesunde Kinder lassen sich in der Regel nicht so einfach abspeisen und versuchen, ihn dennoch herumzubekommen. Aggressive Kinder entwickeln hier wahrscheinlich eine besondere Dynamik. – Eine weitere Möglichkeit besteht darin, das Kind **abzulenken** und seine Aufmerksamkeit mit etwas anderem zu fesseln, das dem Erwachsenen keine Aktivität abverlangt. Die Methode „Schau mal, da draußen ist eine Katze im Garten" funktioniert allerdings nicht einmal bei ganz kleinen Kindern mit Sicherheit. – Schließlich gibt der Erwachsene nach und erklärt sich zu einer **Minimallösung** bereit. „Also gut, aber nur fünf Minuten!" Auch diese Strategie hat ihre Risiken, denn das Kind lernt so, dass Druck zum Erfolg führt, und wird beim nächsten Mal eher noch beharrlicher bleiben. Der Erwachsene ist nur halbherzig dabei, weil er seine eigenen Bedürfnisse ignoriert und dies eigentlich überhaupt nicht will. Vielleicht spielt er auch aus schlechtem Gewissen mit („Andere Eltern spielen viel mehr mit ihren Kindern!") oder weil er Nachgeben für das kleinere Übel angesichts eines drohenden Wutanfalls hält. In keinem Fall bekommt das Kind den lebendigen Kontakt, den es sich wünscht, sondern einen mageren Ersatz dafür. Es wird also gleichzeitig befriedigt und frustriert. Davon wird sein Bedürfnis nicht gesättigt – also geht der Kampf in die nächste Runde.

Gerade „schwierige" Kinder brauchen Ehrlichkeit von ihren Eltern. Halbherzige Zugeständnisse helfen weder dem Kind noch den Eltern. Ein Kind, das oft genug spürt, dass seine Eltern es ernst nehmen, seine Bedürfnisse und seine Sicht der Welt gelten lassen, wird aus dieser Gewissheit die Kraft nehmen können, um seinerseits andere gelten zu lassen. Wer oft genug „Ja" sagt und so auf die Bedürfnisse seines Kindes eingeht, der kann auch einmal „Nein" sagen und seine eigenen Wünsche wichtiger nehmen. Wer dieses „Nein" klar und ehrlich vermittelt, der zieht sich eben gerade nicht „aus der Affäre" wie mit einer halbherzigen Lösung!

12.3 Wie wird Aggression gelernt?

Um zu konkreten Lösungsmöglichkeiten für den Alltag zu kommen, nun ein kurzer Ausflug in die Verhaltenstherapie. Sie beschäftigt sich ausführlich mit der Art und Weise, wie bestimmte Verhaltensweisen erlernt und aufrechterhalten werden.

Wenn ein Kind durch Aggression ein bestimmtes Ziel erreicht, lernt es, dass Aggression eine erfolgreiche Methode ist. „Wenn ich im Supermarkt an der Kasse ein großes Geschrei anfange, wird mir die Mama schon das Eis kaufen!" „Wenn ich den kleinen Bruder oft genug haue, geht er mir bald automatisch aus dem Weg und stört nicht mehr." Wenn das Verhalten nicht jedes Mal zum Erfolg führt, sondern nur in manchen Fällen, wirkt diese positive Verstärkung sogar besonders gut. „Beim letzten Mal habe ich wohl nicht laut genug geschrien, aber heute habe ich Mama wieder dazu gebracht, mir das Eis zu kaufen. Also funktioniert das doch!"

In einem anderen Fall beendet das Kind durch aggressives Verhalten einen unangenehmen Zustand. Es kommt zum Beispiel in eine Gruppe fremder Kinder, fühlt sich unsicher und unwohl und kehrt nun besonders den Starken heraus. Dieses Verhalten gibt ihm Sicherheit – die unangenehmen Gefühle verschwinden. Erfahrungen dieser Art stabilisieren das aggressive Verhalten ebenfalls.

Manche Eltern dulden das aggressive Verhalten ihres Kindes und geben ihre stillschweigende Zustimmung dazu. Dies kann aus den unterschiedlichsten Motiven geschehen: Sie sind überlastet, fühlen sich überfordert und ohnmächtig oder interessieren sich einfach nicht besonders dafür und geben so ihre Verantwortung ab. Diese stillschweigende Duldung steht übrigens im Gegensatz zu „Einfach nicht beachten!", was immer wieder empfohlen wird, aber schwer durchführbar ist, wenn man gefühlsmäßig so stark berührt wird wie vom falschen Verhalten des eigenen Kindes. „Dulden" bedeutet, seine (starken) eigenen Gefühle von Ärger, Wut, Hilflosigkeit oder Ohnmacht zu leugnen – „nicht beachten" setzt voraus, dass man wirklich unbeteiligt ist und bleibt.

Die wesentliche Art und Weise, wie Kinder lernen, ist schließlich das Lernen am Modell. Bereits zu Beginn dieses Kapitels wurde beschrieben, wie Kinder durch Gegen-Aggression der Eltern genau das aggressive Verhalten langfristig lernen. Beim Thema Aggression spielt die Fähigkeit zur Selbstkontrolle eine zentrale Rolle. Eltern, die ihren Kindern als Vorbild dafür dienen, wie man sich auch einmal beherrscht und nicht gleich herausplatzt, bieten ihnen ein Modell dafür, wie man *anders* mit aggressiven Impulsen umgehen kann.

Abgesehen von diesen Lernprinzipien gibt es natürlich auch noch Bedingungen in der aktuellen Situation, die die Bereitschaft zur Aggression beeinflussen. Frustration durch Niederlagen, Zurückweisung oder Verlust an Anerkennung sind hier an erster Stelle zu nennen. Im Schutz einer Gruppe, in der der Einzelne nicht für die Folgen seines Handelns verantwortlich gemacht werden kann, liegt die Hemmschwelle für Aggressionen wesentlich niedriger. Bei kleinen Kindern spielt das noch keine entscheidende Rolle, denn sie schätzen die Folgen ihres Tuns noch nicht sehr genau ab. Mit zunehmendem Alter gewinnt sie aber an Bedeutung. Außerdem gibt es natürlich noch bestimmte Auslöser für Aggression, etwa Befehle, die die Interessen des Kindes verletzen, oder die Anwesenheit bestimmter Personen (bei Kindern ganz wichtig!). Nicht zu vergessen ist auch der große Bereich der Gewalt im Fernsehen und in Büchern, die eigentlich nicht für Kinder bestimmt sind.

Aggression an sich gibt es eigentlich nicht, denn entscheidend ist die Bewertung durch die Umwelt. Das gleiche Verhalten eines Kindes wird unter Umständen vom Lehrer als „unkonzentriert", von den Großeltern als „aufgeweckt" und von den Eltern als „ungezogen" beschrieben. Auch das Geschlecht des Kindes spielt dabei eine entscheidende Rolle. Wenn der kleine Junge im Sandkasten den Rambo herauskehrt, ist er eben schon „ein kleiner Mann". Das gleichaltrige Mädchen, das seine Ellenbogen oder Fäuste gebraucht, um sich durchzusetzen, wird wahrscheinlich mit weniger schmeichelhaften Bewertungen bedacht.

12.4 Was tun?

Der zentrale Ansatzpunkt, um mit einem aggressiven Kind und dem entsprechenden Familiensystem umzugehen, ist auch hier die Trennung von Absicht und Verhalten. Was will das Kind denn mit seinem aggressiven Verhalten erreichen? Welche Absicht steckt dahinter? Welches Bedürfnis will es befriedigen? Wenn wir uns als Erwachsene einmal in dieses Kind hineinversetzen und seine **gute Absicht** suchen, können wir möglicherweise auf ganz verschiedene Ziele seines Verhaltens stoßen. Das Kind richtet einen sehr starken Appell an seine Umwelt und möchte *Aufmerksamkeit bekommen*. Einerseits will es seine *Hilflosigkeit verdeutlichen*, denn es hat wahrscheinlich bisher nicht so recht gelernt, mit anderen Kindern in einer nicht aggressiven Weise umzugehen. Sicher will es auch seine *eigenen Interessen durchsetzen* und entwickelt dabei beträchtliche Energie. Es lässt sich nicht so einfach beiseiteschieben. Das Kind gewinnt so auch *Selbstbewusstsein* und bildet seine *Identität*: „Ich bin stark." Eine ganz andere, gar nicht so seltene gute Absicht seines aggressiven Verhaltens könnte auch sein, dass es so eine Krise in seinem familiären Umfeld *signalisieren* möchte. Denkbar ist etwa, dass das Kind sich wegen eines Geschwisters zurückgesetzt fühlt und sich den ersten Platz erkämpfen will. Vielleicht haben die Eltern auch akute Schwierigkeiten miteinander und das Kind fühlt sich den Streitereien hilflos ausgeliefert. So tritt es die Flucht nach vorn an, denn wenn die Eltern sich gemeinsam um das „schwierige" Kind kümmern müssen, haben sie weniger Zeit und Energie, um miteinander zu streiten. Gerade hier ist allerdings unklar, was die Ursache und was die Folge ist. Wird eine Familie erst „chaotisch", weil in ihr ein aggressives Kind lebt? Oder führen ungünstige Familienverhältnisse zur Aggressivität des Kindes? Diese Frage lässt sich auch in der Forschung nicht eindeutig beantworten. Wenn man die Familie als System wechselseitiger Beziehungen betrachtet, wird die Frage der Ursache gegenstandslos – entscheidend ist vielmehr die Berücksichtigung der (guten) Absicht des „schwierigen" Kindes. Dass diese Absicht durchaus vielschichtig sein kann, hat sich bereits an den genannten Beispielen gezeigt.

Nicht das Kind muss also geändert werden, sondern die **Beziehung** zwischen Erwachsenem und Kind. Wenn hier eine sichere Basis bereitet ist, wird das Kind auch leichter lernen, mit anderen Kindern nicht aggressiv umzugehen. Im Zentrum steht also das System Eltern – Kind. Gerade in Familien mit Aggressionsproblematik ist es wichtig, die Schwierigkeiten zwischen Kind und Eltern ganz klar von denen zu trennen, die die Eltern untereinander haben.[9] Natürlich belastet das Verhalten des Kindes die Eltern, denn sie suchen die Schuld erst einmal bei sich selbst oder ihrem Partner. Das kann zu erheblichen Differenzen führen. Wenn die Streitigkeiten der Eltern aber mit der Beziehungsebene Eltern – Kind vermischt werden, erschwert das die Suche nach Auswegen, weil die Situation weiter kompliziert wird. Manchmal ist der Zusammenhang ganz offensichtlich: Vor kurzer Zeit hatten die Eltern Streit miteinander und plötzlich ist das Kind unzufrieden, missmutig und schlecht gelaunt. Kinder reagieren noch viel unmittelbarer auf Stimmungen ihrer Umgebung. Sie haben noch nicht gelernt, sich davon abzuschirmen, und sie bekommen wesentlich mehr mit, als wir glauben. „Das versteht sie ja sowieso noch nicht." – „Das hat er doch gar nicht gehört." Meist liegen Eltern mit solchen Behauptungen falsch. Die Kinder verstehen die Situation vielleicht nicht in unserem Sinne, aber sie bemerken das Verhalten der Eltern, sind sensibel für ihre Stimmung und spüren oft auch das „Unausgesprochene". Deshalb ist es so wichtig, auch schon mit kleinen Kindern über schwierige Familiensituationen zu reden. Verschweigen macht es nur noch schlimmer, weil das Kind mit seiner Verunsicherung alleine bleibt. „Ich habe mich mit dem Papa gestritten, weil er etwas anderes möchte als ich. Wir haben uns beide geärgert und haben uns deshalb angeschrien. Weißt du, du hast doch auch manchmal Streit mit deiner Freundin. So ist das bei Erwachsenen auch. Ich habe den Papa deswegen trotzdem lieb – und dich auch!"

Wenn die gute Absicht hinter dem aggressiven Verhalten des Kindes deutlich wird, können neue Wege zu ihrer Erfüllung gesucht werden.[10] Beschränken Sie sich hier zunächst auf einzelne Situationen und ermöglichen Sie ihrem Kind Erfolgserlebnisse. Es hat bisher vielleicht noch nicht gelernt, sich in angemessener Form selbst zu behaupten und braucht dabei Ihre Unterstützung. Gerade vor Dritten ist Sicherheit und gefühlsmäßige Rückendeckung, die Sie Ihrem Kind geben, besonders wichtig. Auch wenn das Kind aggressiv war, braucht es die Sicherheit, als Person immer noch geliebt zu werden, auch wenn es sich eben nicht richtig verhalten hat. Die oft vorgeschlagene Methode, das Kind dann alleine hinauszuschicken, scheint mir als Dauerlösung nicht geeignet. Wenn ein vorgewarntes Kind nach einer aggressiven Entgleisung vor die Tür geschickt wird, braucht es eine klare Information, wann es

---

9 Bei der Klärung von Beziehungen kann die Übung „Spiegel der Beziehung" aus dem vorhergehenden Kapitel sehr hilfreich sein.

10 Wie in Kapitel 10 beschrieben („Reframing").

wieder hereinkommen darf. „Geh auf dein Zimmer, hier will ich dich gar nicht mehr sehen!“ So weiß das Kind nicht, wann ihm verziehen wird, und es fühlt sich verunsichert. Sicher ist es wichtig, dem Kind die momentane Aufmerksamkeit zu entziehen, doch es braucht dabei klare Informationen, warum es hinausgehen soll und wie lange. Falls das Kind in fremder Umgebung aggressiv ist, bekommt es eine eindeutige Warnung, was im Wiederholungsfall passiert. Wenn es dann wieder schlägt, kratzt, beißt usw., sollte die Mutter / der Vater ohne große Szene zusammen mit dem Kind gehen. Die Methode „Dann bleibst du eben alleine im Auto, wenn du dich hier nicht benehmen kannst!“ halte ich für problematisch, denn das Kind fühlt sich so völlig alleingelassen. Wenn der Erwachsene stattdessen mit dem Kind den Schauplatz verlässt, vermittelt er seinem Kind eine klare Botschaft. Allerdings hat diese ihren Preis, denn der Erwachsene muss ja selbst auch gehen. Überlegen Sie also vorher, ob Sie dazu im Ernstfall auch bereit sind.

In psychologischen Verhaltenstrainings mit aggressiven Kindern wird die Notwendigkeit betont, den Kindern Selbstkontrolle und kooperatives Verhalten nahezubringen. Dies geschieht durch Rollenspiel bei größeren Kindern und mit Puppenspielen bei kleineren. Im Alltag lassen sich hier sicher immer wieder Möglichkeiten finden, dies „nebenbei“ und ohne erhobenen Zeigefinger zu tun. Das Erzählen von Geschichten[11] ist ein weiterer Weg, emotionale Unterstützung und neue Lösungen so anzubieten, dass nicht der Widerstand des Kindes herausgefordert wird.

Aggressive Kinder stecken voller Energie, die ausgelebt werden will. Die ursprüngliche Bedeutung des Wortes „Aggression“ ist „auf etwas zugehen“. Raum zum Austoben ist für die Kinder ebenso wichtig wie direkter, häufiger Körperkontakt mit den Eltern. Auch die Eltern können davon viel profitieren, wenn sie die Lebendigkeit ihres Kindes so auf eine neue Weise erfahren.

Die Eltern können ihrerseits ihre Beziehung zu ihrem Kind klären und Konsequenzen für ihr eigenes Verhalten ziehen. Überlegen Sie sich einmal, wie Sie in *anderen* schwierigen Situationen erfolgreich reagieren. Lassen sich diese Strategien übertragen? Was können Sie für sich selbst tun, um gelassener zu werden und so den Aggressionskreislauf Ihrerseits zu unterbrechen? Bei diesen Überlegungen kann Ihnen eine kurze Übung helfen:

11 Mehr dazu finden Sie im nächsten Kapitel „Heilende Geschichten“.

ÜBUNG: UNTERBRECHUNG DES NEGATIVEN KREISLAUFS

1. Erinnern Sie sich an eine Situation mit Ihrem Kind, in der Sie sich so richtig geärgert haben. Lassen Sie diese Situation noch einmal ganz lebendig werden, so als würde sie jetzt eben passieren.
2. Finden Sie heraus, was es genau war, das Sie so geärgert oder genervt hat. Was im Verhalten Ihres Kindes war der Auslöser, auf den Sie mit Ärger reagiert haben? Benennen Sie den Auslöser möglichst konkret und kurz.
3. Gehen Sie nun innerlich einen Schritt heraus aus der Situation und betrachten Sie sich und Ihr Kind von außen. Was hätten Sie selbst in der Situation gebraucht, um anders reagieren zu können? Welche persönliche Stärke, die Sie in einer anderen Situation schon einmal hatten, wäre hier wichtig gewesen? (zum Beispiel: innere Gelassenheit, Klarheit, einmal tief durchatmen ...) Erinnern Sie sich an eine andere Situation, in der Sie genau diese Stärke schon einmal erlebt haben, und ankern Sie dieses Gefühl.
4. Nehmen Sie dieses Gefühl (mit dem Anker) mit in die ursprüngliche „Ärger-Situation" und erleben Sie diese neu. Sie ändern also nicht das Kind, sondern schaffen sich selbst neue Möglichkeiten, in der Situation anders zu reagieren. – Finden Sie nun mit dieser persönlichen Stärke die gute Absicht hinter dem Verhalten Ihres Kindes. Wichtig ist, dass Sie die gute Absicht nicht nur benennen, sondern auch wirklich als „gut" für das Kind anerkennen.
5. Erleben Sie die ursprüngliche Situation nun ein weiteres Mal neu, indem Sie Ihre persönliche Stärke und die gute Absicht des Kindes mit hineinnehmen. Schauen, hören und spüren Sie die Veränderungen in Ihrem Erleben.
6. Denken Sie einmal an die Zukunft, wenn sich Ihr Kind wieder ähnlich verhalten wird. Wie werden Sie mit dem Wissen aus dieser kurzen Übung dann anders reagieren? Was bedeutet das für Ihre Beziehung zu Ihrem Kind und zur restlichen Familie?

Die gute Absicht hinter dem Problemverhalten steht also auch hier wieder im Zentrum der Aufmerksamkeit. Eine zusätzliche Perspektive öffnet sich, wenn man das Problemverhalten einmal ganz konkret betrachtet: Weiß das Kind, was es mit seinem Verhalten anrichtet, oder sind ihm die Folgen gar nicht bewusst? Ein dreijähriges Kind kann den Zusammenhang zwischen seinem aggressiven Verhalten und der Tatsache, dass es von den anderen Kindern beim Spiel ausgeschlossen wird, unter Umständen noch nicht klar erkennen und braucht dabei Hilfe. Interessant ist auch die Frage, ob das Kind „stellvertretend" für einen anderen handelt. Ein typisches

Beispiel dafür wäre etwa eine Familie mit einem schwachen Vater, der sich selbst wenig behauptet, einer dominanten Mutter und einem aggressiven Kind.

Abschließend vier Grundregeln für Eltern:

1. Setzen Sie Ihrem Kind wenige und klare Regeln – und halten Sie sich dann selbst daran. Ermahnen Sie Ihr Kind nicht zwanzigmal, sondern ziehen Sie beim zweiten Mal bereits die Konsequenz.
2. Wenn überhaupt, setzen Sie angemessene und nicht zu harte Strafen ein. Schläge helfen in der Regel am wenigsten!
3. Loben Sie Ihr Kind, wo immer es geht, für etwas, das es gut gemacht hat.
4. Vermitteln Sie Ihrem Kind das Gefühl, dass Sie es lieben und akzeptieren – auch wenn Ihnen sein Verhalten nicht immer gefällt.

13. | Heilende Geschichten

„Erzählst du mir eine Geschichte?“ Diese Frage wird von Kindern gern und oft gestellt. Dann klettern sie auf den Schoß des Erwachsenen und hören aufmerksam zu. Geschichten erzählen können aber längst nicht nur die Großen – auch Kinder haben Erzähltalent. Unsere Tochter hat zum Beispiel ihrem kleinen Bruder gerne Geschichten erzählt. Das gefiel beiden sehr gut und wenn der Bruder mal nicht zuhören mochte, bekam der Teddybär oder die Puppe die Geschichte zu hören.

Kinder leben in einer bunten, lebendigen Welt voller Bilder, Klänge und Geschichten. Ihr Erleben ist ganzheitlich und wird noch nicht so stark vom Verstand gesteuert, wie es bei den meisten Erwachsenen üblich ist. Deshalb mögen Kinder Geschichten so gern und akzeptieren bereitwillig deren Realität. Die Personen einer Geschichte sind für Kinder kaum weniger lebendig als die Menschen ihrer Umgebung. Sie fühlen mit dem Helden der Geschichte, leiden mit und freuen sich mit ihm, wenn er sein Glück findet. Ganz selbstverständlich „sehen“ sie ein Hexenhäuschen im Wald und ebenso die Elfen, die im Nebel tanzen.

Das Erzählen von Geschichten hat eine Tradition, die so alt ist wie die Menschheit. Vor der Einführung der Schrift waren Geschichten der einzigen Weg, wichtige Informationen festzuhalten und von Generation zu Generation weiterzugeben. Die Geschichtenerzähler im Orient sind bis heute angesehene Persönlichkeiten, denen auch Erwachsene gerne zuhören. In der modernen Psychotherapie haben Geschichten auch ihren Platz bekommen. Besonders in hypnotherapeutischen Verfahren erzählt der Therapeut seinem (erwachsenen!) Klienten spezielle Geschichten, um Veränderungsprozesse einzuleiten und zu unterstützen. Erwachsenen mag das anfangs merkwürdig erscheinen, denn was soll eine Geschichte schon bewirken? Kinder muss man nicht zum Zuhören überreden, denn sie tun es bereitwillig von selbst.

13.1 Vom Zauber der Märchen

In den meisten Familien ist das Geschichtenerzählen ein ganz besonders positiver Anker. Oft gibt es dafür spezielle Plätze, etwa einen bestimmten Sessel oder die Bettkante. Viele Eltern erinnern sich selbst noch gut daran, wie sie als Kind auf Omas Schoß saßen und ein Märchen erzählt bekamen. Diese Märchenstunde hatte ihren ganz besonderen Zauber, den wir als Eltern ein bißchen wieder spüren können, wenn wir unseren eigenen Kindern Märchen erzählen. „Kinder brauchen Märchen“ ist der Titel eines Buches von dem bekannten Kinderpsychologen Bruno Bettelheim (1980).

Darin beschreibt er ausführlich, wie Märchen dem Kind beim Verständnis seiner Gefühle und der verwirrenden Welt der Erwachsenen helfen können. Ich empfehle dieses Buch allen Eltern. Wenn sie ihren Kindern bereits Märchen erzählen oder vorlesen, öffnen Bettelheims Gedanken ihnen möglicherweise neue Perspektiven dabei. Falls die Eltern aber noch zweifeln, ob und wann Märchen für ihr Kind überhaupt gut sind, bekommen sie wertvolle Informationen für ihre Entscheidung. Es ist fesselnd zu lesen, wie Bettelheim Märchen analysiert und ihre verborgenen Schätze ans Tageslicht bringt.[12] Mir persönlich öffnete es einen ganz neuen Zugang, denn ich hatte Märchen auch als grausam und deshalb nicht erzählenswert eingeordnet. Diese Bewertung hat sich durch Bettelheims Buch grundlegend geändert – und die Art und Weise, wie meine Tochter im Alter von vier Jahren von den Märchen fasziniert war, hat mir manche Thesen Bettelheims ganz persönlich bestätigt.

Kinder erleben Märchen anders als Erwachsene, die ihren Inhalt häufig für grausam, unrealistisch und brutal halten. Im Märchen sind alle Charaktere schwarz oder weiß, gut oder böse, grausam oder hilfsbereit, ohne jede Abstufung. Diese extreme Schilderung erleichtert es dem Kind, die Handlungen und Reaktionen der Figuren zu begreifen. So vermittelt das Märchen dem Kind einfache, direkte Bilder ohne jede Zweideutigkeit und hilft ihm, „seine vielschichtigen, ambivalenten Gefühle zu entwirren, sodass sie nicht mehr ein großes Durcheinander bilden, sondern einzeln ihren Platz bekommen“ (Bettelheim, S. 73). Dies geschieht auf natürliche Weise, ohne den belehrenden Zeigefinger, denn dem Kind bleibt es freigestellt, wie weit es sich in dem Märchen selbst wiederfinden möchte oder inneren Abstand hält durch das Wissen, dass es sich bei dem Märchen ja nur um eine Geschichte handelt, an der es sich einfach freuen kann. Das Kind darf seine Schlüsse selbst ziehen und ist nicht den Anweisungen der Erwachsenen unterworfen, die ihm sagen, was richtig und falsch ist. Ein Märchen spricht Kinder ganz direkt an.

Märchen wollen nicht belehren, denn sie erheben weder den Anspruch, die Welt so zu beschreiben, wie sie ist, noch geben sie Verhaltensanweisungen. Alle Märchen beginnen auf eine ganz typische Weise, die zeigt, dass man das Hier und Jetzt mit seinen logischen Gesetzen verlässt. „Es war einmal ...“ „Zu einer anderen Zeit in einem fernen Land ...“ „Als die Tiere noch reden konnten ...“ Das Märchen spielt also in einer anderen Welt und überlässt es dem Kind, ob es dorthin folgen möchte. Auch der Schluss ist für alle Märchen gleich, denn am Ende siegt das Gute. Dieser grundlegende Optimismus ist typisch für Märchen. Sie spielen in einer Zauberwelt, doch am Ende führen sie den Zuhörer wieder zurück in die Wirklichkeit. „Sie lebten

---

12 Stellenweise überwiegen zwar die psychoanalytischen Deutungen, die möglicherweise nicht jedermanns Sache sind. In diesen Fällen empfehle ich Ihnen, den Inhalt zu „übersetzen“. Entnehmen Sie dem Buch das, was Ihnen nützlich und sinnvoll erscheint – das andere lassen Sie getrost beiseite. Es muss nicht jeder zum Psychoanalytiker werden!

voller Glück bis an ihr Ende.“ „Und fortan lebten sie glücklich und in Frieden.“ „Und wenn sie nicht gestorben sind, so leben sie noch heute.“

Das Märchen erscheint uns Erwachsenen grausam, weil es negative Gefühle und böse Handlungen direkt und unverblümt anspricht. Kinder erleben dies laut Bettelheim aber nicht als grausam, sondern als hilfreich, denn im Märchen erfährt das Kind verschlüsselt, wie es mit seinen negativen und widersprüchlichen Gefühlen umgehen kann. „Das Märchen setzt dort ein, wo sich das Kind in seiner Enwicklung augenblicklich befindet und wo es ohne Hilfe des Märchens stecken bleiben würde: in dem Gefühl, vernachlässigt, abgelehnt und geringgeschätzt zu werden. Mit Gedankengängen, die denen des Kindes entsprechen, der Rationalität der Erwachsenen aber durchaus zuwiderlaufen können, eröffnet dann das Märchen beglückende Ausblicke, die dem Kind dabei helfen, seine völlige Hoffnungslosigkeit zu überwinden“ (S. 59). Sicher ist dies überspitzt dargestellt, denn Kinder fühlen sich durchaus nicht immer hoffnungslos! Wenn sie es aber tun – und es ist die Frage, ob wir Erwachsenen dafür so feine Antennen haben – könnte ihnen ein entsprechendes Märchen auf seine Weise ein Stück weiterhelfen. Dies betrifft nicht nur die Hoffnungslosigkeit, sondern auch ganz „normale“ Schwierigkeiten und negative Gefühle, mit denen Kinder sich auseinandersetzen müssen. Bettelheim beschreibt in seinem Buch die gängigsten

Märchen und ihre Botschaften, die sich auf ganz zentrale Entwicklungsschritte des Kindes beziehen: Der Weg zur Selbstständigkeit und Ablösung von den Eltern (zum Beispiel: „Hänsel und Gretel", „Die Gänsemagd"), Umgang mit Eifersucht und Geschwisterrivalität (zum Beispiel: „Aschenputtel") oder die Enttäuschung, dass die eigenen Eltern doch nicht so allmächtig und gut sind, wie es dem Kleinkind erscheint (spiegelt sich in der Thematik der bösen Stiefmutter und des grausamen Königs).

Die Tatsache, dass die Märchen verschlüsselte Botschaften enthalten, die wir als Erwachsene analysieren können, bedeutet aber ganz und gar nicht, dass wir unseren Kindern diese Botschaften erklären müssten! Erstens wissen wir nicht, welches Märchen zu einem bestimmten Zeitpunkt der Situation des Kindes am besten entspricht. Das kann nur das Kind selbst spüren. Die beste Hilfe, die wir von außen geben können, ist es, dem Kind verschiedene Märchen anzubieten. Wenn das Kind auf ein Märchen keine besondere emotionale Reaktion zeigt, kann man ihm am nächsten Tag ein anderes erzählen. Oft hat ein Kind über eine bestimmte Zeit hinweg ein Lieblingsmärchen, das es immer wieder hören möchte, weil es seine gegenwärtigen Gefühle spiegelt. „Selbst wenn Eltern erraten, warum ihr Kind ein bestimmtes Märchen bevorzugt, ist dies ein Wissen, das man am besten für sich behält. Wer einem Kind erklärt, warum ein Märchen es so sehr fesselt, zerstört den Zauber der Geschichte, der in großem Maß darauf beruht, dass das Kind nicht ganz genau weiß, woher er rührt" (S. 22). Nur dieses Gefühl der Verzauberung lässt dem Kind die unbewusste Sicherheit, dass es selbst einen Schritt weitergekommen ist, indem es eine Geschichte immer wieder hörte und dadurch mit einer schwierigen Situation fertig werden konnte. „Wir wachsen, wir finden Sinn im Leben und Sicherheit in uns selbst, wenn wir persönliche Probleme selbstständig erfasst und gelöst haben und nicht, wenn andere sie uns erläutert haben" (S. 23).

Der Zweck des Märchen-Erzählens oder -Vorlesens ist also nicht Belehrung, sondern gemeinsame Freude und Anteilnahme. Wenn der Erwachsene selbst noch ein Stück des Zaubers spürt, den ihm die Märchen in seiner eigenen Kindheit vermittelt haben, und gleichzeitig sensibel dafür ist, was das Märchen in seinem Kind gefühlsmäßig anspricht, der wird es so erzählen können, dass sich das Kind in seinem Inneren verstanden fühlt. Wer ein Märchen aus Pflichtgefühl vorliest, ohne innerlich gemeinsam mit dem Kind mitzufühlen, der beraubt das Märchen seiner Kraft und nimmt sich selbst und dem Kind eine wichtige Erfahrung. Ein aufrichtig erzähltes Märchen dagegen kann dem Kind die Überzeugung vermitteln, „dass ihm nach all seinen Mühen eine herrliche Zukunft gewiss ist – und nur diese Zuversicht verleiht ihm die Kraft, in Sicherheit mit Selbstvertrauen und Selbstachtung erwachsen zu werden" (S. 147).

13.2 Märchen und Metaphern

Märchen helfen nach Bettelheim dem Kind dabei, seine Gefühlswelt in ihrer Ganzheit zu begreifen und zu ordnen. Märchen unterstützen das Kind allgemein im Umgang mit sich und der Welt, indem sie archetypische Gefühle und Konflikte beschreiben. Bettelheim nennt dies „unser gemeinsames Erbe". Metaphern sind dagegen individuelle Geschichten, die sich auf eine bestimmte Thematik beziehen, bei der der Erwachsene dem Kind spezielle Unterstützung geben möchte.[13] Märchen sprechen allgemeine menschliche Probleme an, Metaphern sind individuell für den Zuhörer maßgeschneidert. Märchen führen uns immer in eine märchenhafte Welt, Metaphern können dagegen auch im Alltag spielen.

„Es ist wesentlich für das Märchen, dass es ein existenzielles Dilemma kurz und pointiert feststellt. Das Kind befasst sich also mit dem Problem in seiner wesentlichen Gestalt; eine komplizierte Handlung wäre nur verwirrend. Das Märchen vereinfacht alle Situationen. Seine Gestalten sind klar gezeichnet" (Bettelheim, S. 14). Ähnliche Kriterien gelten auch für Metaphern: Sie beschreiben eine bestimmte Problematik und mögliche Lösungen in Form einer Geschichte. Der **Kontext**, in dem sich die Geschichte abspielt, steht ganz im Ermessen des Erzählers – entscheidend ist, dass sich die **Struktur des Problems** in der Geschichte zeigt. Viele gute Kinderbücher sind Beispiele solche Metaphern. Die Geschichte von Janosch „Ich mach dich gesund, sagte der Bär" erzählt, wie der kleine Tiger krank ist und sich matt und lustlos fühlt. Der Bär bringt ihn ins Krankenhaus, wo der Doktor feststellt, dass ein Streifen verrutscht ist. Der kleine Tiger wird operiert und fühlt sich gleich besser. Schließlich kommen alle Tiere, um ihn nach Hause zu holen, und es wird ein großes Fest gefeiert. Was ist die Struktur der Geschichte? Der kleine Tiger ist krank und fühlt sich unwohl. Sein Freund, der Bär, kümmert sich um ihn und bringt ihn ins Krankenhaus. Dort wird der kleine Tiger vom Doktor gesund gemacht. Die Behandlung kann schmerzhaft sein (wie eine Operation), doch danach geht es dem Patienten schon viel besser. Die Anteilnahme der Freunde tut das Übrige und der kleine Tiger ist wieder ganz gesund.

Ein anderes, ganz kurzes Beispiel einer gelungenen Metapher ist Helme Heines Bilderbuch vom „Hasen mit der roten Nase und dem blauen Ohr". Dieser Hase sieht anders aus als die übrigen Hasen und ist deswegen betrübt. Die anderen Hasen spie-

---

13 Viele nützliche Hinweise zum Aufbau einer individuellen Metapher bietet David Gordons Buch „Therapeutische Metaphern". Es beschreibt sehr ausführlich die Konstruktion von Metaphern für Erwachsene, wie sie im psychotherapeutischen Bereich eingesetzt werden können. Da Kinder viel unmittelbarer auf Geschichten ansprechen, ist es nicht unbedingt notwendig, die Informationen so kunstvoll zu verschlüsseln, wie man es bei einer Geschichte für Erwachsene tun sollte. Wer mehr zum Aufbau von Metaphern erfahren möchte, dem sei Gordons Buch empfohlen.

len nicht mit ihm und er sitzt allein im Kleefeld. Als aber der Fuchs vorbeikommt, erkennt er den Hasen mit der roten Nase nicht, gerade weil dieser so anders aussieht als die übrigen Hasen. Das rettet dem Hasen mit der roten Nase das Leben, denn der Fuchs geht an ihm vorbei und macht keine Anstalten, ihn zu fangen. – Die Problematik des Andersseins wird hier mit wenigen Worten klar und verständlich dargestellt. Gleichzeitig zeigt das Buch auch, wie genau das Problem plötzlich zum Vorteil wird, und bietet ein klassisches Beispiel dafür, wie ein neuer Rahmen die Qualität des Erlebens ändert. Der Hase, der vorher betrübt war, weil er nicht so aussieht wie alle anderen Hasen, hat genau dadurch einen großen Vorteil und übersteht eine Gefahr unbeschadet.

Folgende Bücher sind für kleinere Kinder geeignet und enthalten schön gestaltete Metaphern:

- „Ich mach' dich gesund, sagte der Bär" von Janosch (Thema: Krankheit und Unterstützung)
- „Oh wie schön ist Panama" von Janosch (Thema: unerfüllter Wünsche)
- „Der Hase mit der roten Nase" von Helme Heine (Thema des Andersseins)
- „Der Regenbogenfisch" von Marcus Pfister (Thema: Stolz und Teilen)
- „Das Traumfresserchen" von Michael Ende (zum Umgang mit Schlafschwierigkeiten und bösen Träumen)
- „Familie Igel und der Wichtelmann" von Eva Rößler & Jule Ehlers (Thema: Freundschaft und unsoziales Verhalten)

13.3 Wie erzählt man eine Metapher?

Wenn Sie Ihrem Kind mit einer Geschichte bei der Lösung eines momentanen Problems helfen möchten, haben Sie vielleicht nicht immer das passende Kinderbuch zur Hand. Es gibt zwar unzählige Bücher, die sehr viele Problembereiche ansprechen, doch vielleicht ist gerade Ihr spezielles Thema nicht dabei. Oder Ihr Kind möchte eine besondere Geschichte, die sonst niemand hat und die nur Sie erzählen können. Viele Eltern denken erst einmal, dass es eine schwierige Sache ist, sich Geschichten auszudenken, weil man dazu doch ein besonderes Talent braucht – und wer von uns hat das schon?

Kinder sind keine Literaturkritiker und stellen andere Ansprüche an Geschichten als Erwachsene. Sie achten nicht auf gewählte Ausdrucksweise, formale Gestaltung oder logische Gliederung. Ein Kind möchte sich in der Geschichte wiederfinden, es will sich hineinversetzen können und es möchte Spaß beim Zuhören haben. Schrauben Sie Ihre persönlichen Ansprüche an eine „gute" Geschichte erst einmal gehörig herunter und fangen Sie einfach an zu erzählen. Je weniger Sie nachdenken und konstruieren, desto eher können Sie auch selbst in die Geschichte gefühlsmäßig einsteigen. Einige Regeln zum Erzählen einer Geschichte können Ihnen den Anfang erleichtern.

13.3.1 *Die Geschichte soll in das Weltbild des Kindes passen*

Der Kontext, in dem die Geschichte spielt, soll sich an den Vorlieben und der Erfahrungswelt des Kindes orientieren. Unsere Tochter wollte über Monate hinweg zum Einschlafen immer eine Geschichte „vom kleinen Hund" hören. Dieser kleine Hund erlebte verschiedene Abenteuer, die ihre eigenen Erlebnisse widerspiegelten, und wurde so zum guten Bekannten. Er hatte manchmal Streit mit seinem Freund, dem großen Hund, oder er feierte Geburtstag mit allen Tieren des Waldes. Ab und zu musste er mit seinem Herrchen mitgehen, obwohl er eigentlich gar nicht wollte, und an anderen Tagen hatte er viel Spaß mit ihm. Diese Phase der Hundegeschichten hörte irgendwann ganz von selbst auf. Einige Zeit später mussten es dann immer Geschichten vom kleinen Kälbchen sein.

Für Kinder ist es ganz selbstverständlich, wenn Tiere in einer Geschichte denken, sprechen und sich ausgesprochen „menschlich" verhalten. Deshalb sind Tiergeschichten eine einfache und ansprechende Form für Metaphern. Mögliche Szenarien einer Geschichte können sein:

- ein Bauernhof
- Fische im Ozean
- der Dschungel mit seinen Tieren
- eine Mannschaft auf einem Schiff

13.3.2 *Die Geschichte spiegelt das aktuelle Problem wider*

Am Anfang der Geschichte wird kurz und knapp das aktuelle Problem beschrieben. Der kleine Hund hatte Streit mit dem großen Hund. Die anderen Tiere wollten ihn nicht mitspielen lassen. Oder er ist krank geworden und seine Pfote tut ihm weh. – Wichtig ist, dass Sie das Problem aus der Sicht des Kindes beschreiben. Schlüpfen Sie deshalb vor dem Erzählen kurz in die Rolle Ihres Kindes und betrachten Sie die Problemsituation aus seiner Sicht. Was ist die gute Absicht des Kindes? Was möchte es erreichen? Wodurch fühlt es sich belastet? Wenn Sie die Situation zu sehr aus der Sicht des Erwachsenen darstellen, verlieren Kinder schnell die Lust am Zuhören.

Alle Personen, die bei der aktuellen Problematik eine Rolle spielen, sollen sich in der Geschichte wiederfinden lassen. Dasselbe gilt für die Beziehungen zwischen den Personen, die ebenfalls abgebildet werden. Schwierigkeiten zwischen Eltern und dem Kind könnten also zum Beispiel in einer Tierfamilie wiederkehren.

13.3.3 Bisherige Versuche und neue Lösungen

Wenn es sich um ein Problem handelt, bei dem schon verschiedene Lösungen versucht wurden, können diese auch in der Geschichte wiederkehren. Wenn der Erzähler neue Lösungen suchen und anbieten will, gibt es dafür verschiedene Wege.

Hat der Erzähler schon neue Lösungen gefunden, die die gute Absicht auf andere Art und Weise sicherstellen, kann er diese natürlich einfach in die Geschichte einbauen. Der kleine Hund, der Streit mit dem großen hat und sich unterlegen fühlt, kann sich zum Beispiel die Katze als Verstärkung holen. Das wäre eine konkrete Lösung, bei der man sehen müsste, wie das Kind darauf reagiert: nachdenklich, erleichtert, ungläubig oder teilnahmslos? Lösungen, die von einem anderen vorgeschlagen werden, tragen das Risiko in sich, dass sie nicht genau in das Weltbild des Kindes passen. Es ist nicht selbstverständlich, dass das Kind eine vorgegebene Lösung so vollständig akzeptiert wie eine, die es selbst gefunden hat.

Ein Ausweg aus dieser Schwierigkeit wäre, nicht die Lösung anzusprechen, sondern die Strategie, wie man sie erreichen kann. Sie lassen dem Kind also die Freiheit, selbst seine Lösung zu finden, und bieten ihm dabei lediglich Unterstützung. In unserem Beispiel würde also nicht erzählt, dass der kleine Hund die Katze holt, sondern wie er sich überlegt, dass er Hilfe braucht.

Eine andere Möglichkeit ist, das Kind die Geschichte selbst weitererzählen zu lassen. Der Erwachsene kann fragen: „Was meinst du, was könnte der kleine Hund denn jetzt machen? Was würde ihm helfen?“ – Wichtig ist hier, dass Sie als Erzähler darauf achten, ob das Kind selbst weitererzählen möchte. Viele Kinder sind im Rahmen einer Geschichte ganz auf Zuhören eingestellt und von daher gar nicht recht bereit, selbst weiterzuerzählen. Wenn das Kind aber bereit ist, selbst etwas zur Geschichte beizutragen, entwickelt sie sich manchmal auf ganz überraschende Weise anders, als der Erwachsene vorher gedacht hatte.

13.3.4 *Bleiben Sie so allgemein, dass das Kind die Geschichte mit seinem persönlichen Inhalt füllen kann*

Als Erwachsener kennen Sie die Ereignisse und die Problemsituation aus Ihrer Sicht, aber Sie wissen nie mit Sicherheit, wie das Kind es erlebt. Hier gilt deshalb genau das Gegenteil der klaren, präzisen Informationsvermittlung, wie es im Kapitel „Verstehen und verstanden werden" beschrieben wurde. Bei Geschichten ist es vorteilhaft, den Bezugsrahmen absichtlich offen zu lassen, damit das Kind seine eigenen Erfahrungen hineinlegen kann. Beschreiben Sie also nicht detailliert, wie der kleine Hund Streit mit dem großen hatte, was beide gesagt und gedacht haben und was jeder wollte. Das weiß das Kind ohnehin, denn es hat die Situation ja selbst erlebt, die Sie da beschreiben. Es genügt, die Situation allgemein darzustellen. „Der kleine und der große Hund hatten Streit. Der kleine Hund fühlte sich an diesem Tag ganz besonders klein, wenn er dem großen Hund begegnete. Er ließ die Ohren hängen und schlich ganz vorsichtig vorbei an ihm." Wenn sie in dieser Weise ein Gefühl ansprechen, das dem Kind bekannt ist, wird es die Geschichte innerlich mit eigenen Erfahrungen ergänzen.

14. Glückliche Eltern – glückliche Kinder

14.1 Was ist Glück?

Wenn man Eltern fragt, was sie sich für ihre Kinder wünschen, dann lautet eine der häufigsten Antworten: „Ich wünsche mir, dass meine Kinder glücklich werden." Doch was heißt eigentlich Glück? Fröhlichkeit, gute Stimmung, Freude, Zuversicht? Oder gehört noch mehr dazu? Mit diesen Fragen beschäftigen wir uns in diesem Kapitel.

Was ist Positive Psychologie?

„Die Psychologie ist die Wissenschaft vom Erleben und Verhalten des Menschen" – so habe ich es selbst in meinem Studium gelernt. Diese Wissenschaft ist noch nicht sehr alt, etwa 150 Jahre. Der Schwerpunkt der Forschung lag in diesen 150 Jahren (neben Grundlagenforschung zu Wahrnehmung, Lernen usw.) auf dem Erkennen und Behandeln von seelischen Krankheiten und Störungen. Doch genauso wie Gesundheit mehr ist als die Abwesenheit von Krankheit, ist seelische Gesundheit mehr als die Abwesenheit psychischer Störungen.

Der Psychologie-Professor Martin Seligman, einer der Großen seines Fachs, erweiterte das Forschungsgebiet der Psychologie um das Jahr 2000 herum in einen Bereich, der bisher in der akademischen Welt eher belächelt wurde: Er wollte herausfinden, was das Leben lebenswert macht, und die Voraussetzungen für ein solches Leben schaffen. Dieses Gebiet nannte er „Positive Psychologie".

Sie ist ein Forschungszweig der akademischen Psychologie und man könnte ihr zentrales Thema folgendermaßen formulieren:

Positive Psychologie ist die Psychologie positiver menschlicher Gefühle, Beziehungen und Leistung, um das Gedeihen von Menschen zu fördern.

Und genau deshalb ist es interessant, sich beim Thema Erziehung mit den Erkenntnissen der Positiven Psychologie zu beschäftigen. Wie können Eltern bei ihren Kindern positive Gefühle, konstruktives Verhalten und optimale Leistung fördern – und vielleicht selbst auch für ihre eigene Lebensführung davon profitieren?

Seit der Jahrtausendwende hat der Bereich der Positiven Psychologie einen signifikanten Aufschwung erfahren. In der Presse wurde dabei teilweise kritisiert, dass nun wohl Esoterik im psychologischen Mäntelchen daherkäme. Das sogenannte „Positive Denken", bei dem es um positive Affirmationen („Es geht mir jeden Tag besser." „Ich bin reich und schön.") und um „beim Universum bestellte Parkplätze" geht, ist aber auf keinen Fall mit der Positiven Psychologie gleichzusetzen: An Positives Denken muss man glauben, sonst funktioniert es nicht; die Interventionen der Positiven Psychologie wirken dagegen auch ohne Glauben.

Jeder einzelne Erklärungsansatz der Positiven Psychologie und vor allem die Wirkung der daraus abgeleiteten Übungen sind durch Forschungen belegt. Dafür wurden – vor allem in den USA – hohe Summen an Forschungsgeldern bereitgestellt für die Anwendungsbereiche Persönlichkeitsentwicklung, Psychotherapie und Bildung / Schule.

In Deutschland gibt es ebenfalls praktische Ansätze der Positiven Psychologie, z. B. im Bildungsbereich. Das „Schulfach Glück", das als Pilotprojekt an einer Heidelberger Schule eingeführt und evaluiert wurde, ist nur ein Beispiel dafür.

Was macht das Leben lebenswert? Was ist für alle Menschen erstrebenswert? Was wollen wir unseren Kindern weitergeben? Die Positive Psychologie hat dafür den Begriff „Aufblühen“ geprägt. „Aufblühen“ bedeutet: sein Potenzial entfalten, seine Stärken einsetzen und dadurch glücklich leben.

Dieses „Aufblühen“ umfasst also weit mehr als nur Fröhlichkeit und gute Gefühle. Diese positiven Emotionen sind ein Aspekt des „Aufblühens“ und sie werden durch weitere Aspekte eines erfüllten Lebens ergänzt. Die folgende Grafik veranschaulicht das: Sinn, Erfüllung, Leistungsbereitschaft und positive Beziehungserfahrungen sind neben den positiven Gefühlen die Säulen des Aufblühens.

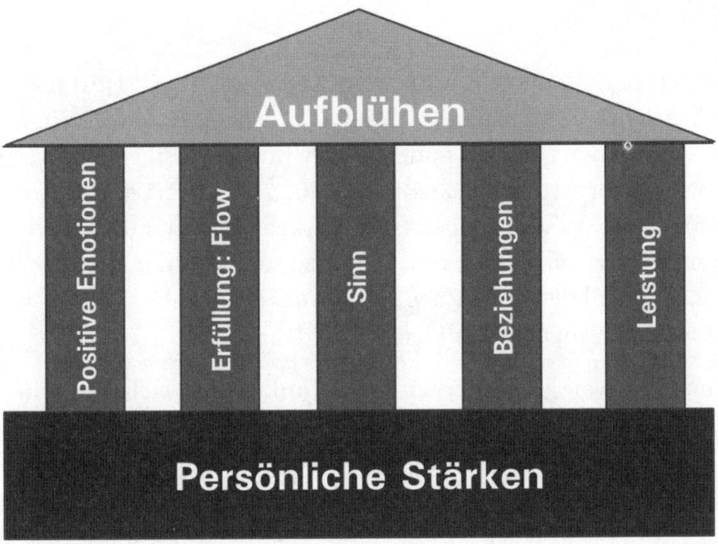

Betrachten wir diese Bausteine des persönlichen Glücks zunächst einzeln, bevor wir uns dann der Frage zuwenden, wie Sie als Eltern diese Anregungen mit ihren Kindern im Alltag umsetzen können.

14.1.1 Positive Emotionen

Das Erleben angenehmer Gefühle ist sicher ein wesentlicher Aspekt eines glücklichen Lebens. Dazu gehören Gefühle wie z. B. Spaß, Freude, Fröhlichkeit, Genuss, Entspannung ... Und alle diese Gefühle sind für Kinder ganz natürlich – zumindest so lange sie ihnen nicht im Rahmen der Erziehung oder Schule „abgewöhnt" worden sind. Es geht also darum, diese positiven Gefühle als wichtig und wertvoll wahrzunehmen. Sie helfen uns dabei, emotionale Polster zu bauen, auf die wir uns dann verlassen können, wenn der Alltag einmal nicht so fröhlich ist.

14.1.2 Erfüllung

Kennen Sie den Begriff „Flow"? Auch wenn Ihnen das Wort selbst nicht geläufig ist, so kennen Sie sicher den Zustand, der damit beschrieben wird: Wir vergessen Zeit und Raum – und gehen ganz auf in dem, was wir tun. Musiker beschreiben diese Erfahrung, ebenso Schriftsteller, Künstler und auch Handwerker, die ihre Arbeit gerne ausüben. Flow entsteht, wenn wir unsere Stärken einsetzen und mit hoher Motivation dabei sind. Wer völlig entspannt in der Sonne liegt, der erlebt vielleicht völlige Ruhe und Zufriedenheit – doch das Gefühl des Aufgehens im Tun ist immer mit Aktivität und Engagement verbunden.

Jeder, der im Flow war, hat hinterher das Gefühl, „aufgewacht" zu sein. Das Gefühl der Erfüllung können wir nur rückblickend erkennen, denn wenn wir realisieren: „Jetzt bin ich gerade im Flow", dann sind wir ja gerade schon wieder aus der Erfahrung ausgestiegen und betrachten sie von außen. Diese intensive Erfahrung trägt maßgeblich zum persönlichen Wohlbefinden bei. Kinder sind darin Meister: Flow ist für sie eine ganz selbstverständliche Qualität ihres Erlebens; z. B. wenn sie ganz im intensiven Rollenspiel aufgehen oder selbstvergessen beim Spazierengehen stehen bleiben, um die Spiegelung des Himmels in einer Pfütze zu betrachten ...

14.1.3 Sinn

Was gibt meinem Leben Bedeutung? Wofür setze ich mich ein? Wo fühle ich mich zugehörig? Antworten auf diese Fragen verhelfen uns beim Aufblühen. Engagierte Eltern (und als Leser dieses Buches gehören Sie ganz sicher zu dieser Gruppe!) möchten ihren Kindern Werte und Sinnhaftigkeit weitergeben – besser noch: vorleben. Im Lauf der Zeit machen sie dann vielleicht die Erfahrung, dass ihre Kinder sozusagen den Gegenentwurf zu dem der Eltern leben wollen. Im Rahmen des Heranwachsens, in der Pubertät und der beginnenden Adoleszenz, ist das eine völlig normale und wahrscheinlich notwendige Phase. Denn wenn ich definieren kann, was ich nicht will, dann bin ich schon einen Schritt weiter bei der Frage, was ich will.

In der Positiven Psychologie wird das Thema „Sinn" mit folgenden Fragen beschrieben: „Wo fühle ich mich zugehörig? Für was setze ich mich ein, das größer ist als ich?" Das gibt dem Leben Sinn.

14.1.4 Leistungsbereitschaft

Wie können wir Spaß daran entwickeln, unsere eigenen Stärken einzusetzen? Aufblühen bedeutet längst nicht nur, lächelnd dazusitzen, sondern es hat sehr viel damit zu tun, das eigene Potenzial auszuschöpfen. Wer sich für seine persönlichen Ziele einsetzt, Zeit und Energie investiert und Erfolg damit hat, der trägt nachhaltig zum Wohlbefinden bei.

Zur Leistungsbereitschaft gehören auch so „altmodische" Tugenden wie Ausdauer, Verzicht und Disziplin. Psychologen nennen das „Belohnungsaufschub". Sie beschreiben damit die Fähigkeit, kurzfristig auf eine Belohnung, ein angenehmes Gefühl verzichten zu können, im Wissen, dass der positive Effekt langfristig größer sein wird. Jeder Sportler, jeder Musiker kennt das, ebenso jeder, der sich auf eine Prüfung vorbereitet. Und auch jede Mutter, jeder Vater, der oder die nachts von seinem Kind geweckt wird. Es ist sicher kein angenehmes Gefühl, aus dem wohlverdienten Schlaf gerissen zu werden. Doch für Eltern ist es selbstverständlich, denn sie wissen um den langfristigen Nutzen, wenn sie ihrem Kind nachts die nötige Sicherheit und Zuwendung geben, die es braucht, um ruhig weiterzuschlafen.

Untersuchungen haben übrigens gezeigt, dass für die Vorhersage des schulischen Erfolgs nicht etwa die Intelligenz (in Form des IQ-Wertes) ausschlaggebend ist, sondern viel mehr die Fähigkeit zum Belohnungsaufschub. Und das lässt sich in kleinen Schritten trainieren.

14.1.5 Positive Beziehungen

Glück erlebt sich am besten zusammen mit anderen. Nehmen Sie sich Zeit für Begegnungen. Menschen mit glücklichen Beziehungen leben länger! Alte Menschen, die einsam und ohne Bezugspersonen leben, sterben früher.

Bindung ist ein ganz zentrales menschliches Grundbedürfnis. Psychologen sprechen davon, dass ein Kind „sicher gebunden" ist, wenn es das Verhältnis zu seinen Bezugspersonen vertrauensvoll erlebt. Diese Bezugspersonen müssen nicht die biologischen Eltern sein, entscheidend ist, dass sie dauerhaft und zuverlässig für das Kind da sind. Sichere Bindung heißt: „Ich kann mich auf dich verlassen. Du bist für mich da, nimmst mich an und sorgst für mich." Der Aufbau solcher Bindungserfahrungen beginnt mit dem ersten Lebenstag des Kindes und ermöglicht dem Kind, Grenzen zu testen, um immer wieder sicherzustellen, dass Mama oder Papa auch wirklich da sind und bleiben. Das bedeutet, sicher gebundene Kinder können starke Gefühle zeigen, weil sie die innere Sicherheit haben, dass sie mit ihren Emotionen angenommen werden.

So viel zu den fünf Säulen des „Aufblühens". In der Grafik stehen diese Säulen auf einem Fundament, den persönlichen Stärken. Was haben diese Stärken nun mit Glück zu tun?

14.2 Die Grundlage des Aufblühens: persönliche Stärken

Persönliche Stärken

Um den Begriff „Glück“ wissenschaftlich fassen zu können, untersuchte Seligman, was in den verschiedensten Kulturen als „Stärke“ oder „Wert“ betrachtet wird – etwas, „zu dem alle Menschen ‚Ja‘ sagen können“, und zwar über alle Kulturen hinweg. Seine Ergebnisse zeigen sechs verschiedene Gruppen von Stärken, die ich Ihnen hier kurz vorstellen möchte.

Weisheit und Wissen

Kreativität, Neugier, Offenheit, Lernbereitschaft

Mut

Ausdauer, Tapferkeit, Lebenskraft

Menschlichkeit

Bindungsfähigkeit, Freundlichkeit, soziale Kompetenz

Gerechtigkeit

Zusammenarbeit, Fairness, Führungsstärke

Maßhalten

Bescheidenheit, Vorsicht, Vergebung, Selbstregulation

Transzendenz

Dankbarkeit, Hoffnung, Sinn für das Schöne, Spiritualität, Humor

Glück bedeutet auch, das zu nutzen, was bereits da ist. Bei den persönlichen Stärken wird das besonders deutlich. Jeder von uns hat Stärken; manche davon sind uns bewusst, andere weniger. Statt sich nun zu fragen, welche Stärken man entwickeln sollte, ist es wesentlich entspannender und auch glücksfördernder, wenn Sie die Stärken anwenden und nutzen, die Sie bereits kennen.

Das ist übrigens auch direkt auf Kinder anwendbar: Wir sind leider so sehr daran gewöhnt, unsere Kinder zu fördern, ihre Entwicklung zu unterstützen, dass wir manchmal darüber im Alltag vergessen, was eigentlich schon da ist. Was kann mein Kind? Welche Stärke kann ich in der momentanen Entwicklungsphase bei meinem Sohn wahrnehmen? Wo überrascht mich meine Tochter vielleicht sogar?

ÜBUNG: PERSÖNLICHE STÄRKEN EINSETZEN

Nutzen Sie Ihre ganz persönlichen Stärken.

Doch wie findet man heraus, welche die persönlichen Stärken sind? Dazu gibt es im Internet einen kostenlosen Fragebogen:

auf Englisch auf Martin Seligmans Website ↗ www.authentichappiness.com und auf Deutsch auf der Seite der Universität Zürich ↗ www.charakterstaerken.org.

Die Zeit für diesen Fragebogen ist sehr gut investiert – probieren Sie es aus.

Und wenn Sie herausgefunden haben, welches Ihre persönlichen Stärken sind: Setzen Sie sie bewusst ein.

Definieren Sie in der folgenden Woche einen Zeitraum, in dem Sie eine oder mehrere Ihrer Stärken auf eine neue Weise einsetzen werden, entweder privat (vielleicht auch in Bezug auf Ihr Kind) oder beruflich. Schreiben Sie danach auf:

- Wie ging es mir vorher?
- Was habe ich gemacht, wie ging es mir dabei? Was er leicht oder schwer, habe ich das Zeitgefühl verloren, bin ich darin aufgegangen?
- Wie habe ich mich danach gefühlt, was war das Ergebnis?
- Wie möchte ich das wiederholen?

Beobachten Sie langfristig, wie sich Ihre Stimmung dadurch ändert.

In Studien wurde nachgewiesen, dass durch die Beschäftigung mit den persönlichen Stärken depressive Verstimmungen zurückgingen und die Lebenszufriedenheit stieg.

Eine weitere Anwendung der Charakterstärken können Sie zusammen mit Ihrem Partner oder einem Familienmitglied ausprobieren: Nehmen Sie sich die Liste der Stärken zur Hand und überlegen Sie gemeinsam, welche Stärken Sie bei Ihrem Kind jetzt bereits sehen. Was macht Ihr Kind aus? Was kann es gut? Was macht ihm Freude?

In einem weiteren Schritt können Sie sich dann gemeinsam überlegen welche Stärkenbereiche bei Ihrem Kind „ausbaufähig" sein könnten. Wo möchten Sie gemeinsam ihr Kind unterstützen, damit es seine Stärken in diesem Bereich weiterentwickelt?

Für solch ein Gespräch ist es gut, wenn Sie sich Zeit und Ruhe nehmen, denn es kann eine sehr intensive gemeinsame Erfahrung sein. Und vielleicht stellen Sie sogar fest, dass Sie danach Ihr Kind mit anderen Augen betrachten können.

14.2.1 *Aktivitäten im Alltag*

Sie haben nun verschiedene Bausteine des Aufblühens kennengelernt. Nun geht es um die Anwendung: Wie können wir die Wirkung dieser Bausteine in unserem Alltag mit Kindern erleben und fördern? Dazu möchte ich Ihnen einige Beispiele geben, die Sie leicht in Ihren Alltag integrieren können. Diese Aktivitäten tun übrigens nicht nur Kindern gut – auch Sie als Eltern profitieren davon!

Positive Emotionen

Wie können wir in unserem Leben mehr Raum für positive Gefühle schaffen? Dazu gibt es eine sehr einfache Möglichkeit – und diese ist nicht einmal neu, denn auch unsere Großmutter hätte uns dazu schon geraten: „Genieße das Schöne, was du täglich erlebst!" Neu ist dagegen, dass es mittlerweile wissenschaftliche Nachweise dafür gibt, was es bringt, bewusst das Schöne im Alltag zu genießen.

Eine sehr einfache und vor allem alltagstaugliche Übung der Positiven Psychologie empfiehlt uns, den Augenblick zu genießen und positive Gefühle wahrzunehmen und bewusst zu erleben. Wenn Sie sich jetzt einmal an die letzten zwei bis drei Tage zurückerinnern, welche schönen, erfüllenden, bereichernden Momente fallen Ihnen dann ein? Und wie oft gehen wir im Alltag direkt darüber hinweg und nehmen sie als selbstverständlich?

Gerade im Alltag mit kleinen Kindern haben wir laufend Gelegenheit dazu. Kleine Kinder sind Meister des Genießens – wenn wir sie lassen. Wenn wir schöne Momente genießen können, bauen wir uns sozusagen ein emotionales Polster auf, das uns dann trägt, wenn der Alltag etwas rauer wird. Und es kann dabei helfen, die eigene Stimmung nachhaltig zu verändern. Nach einer Studie bringt dies sogar bei depressiven Patienten nachhaltig positive Wirkungen. Sie sollten täglich eine positive Bilanz ziehen und abends drei positive Dinge aufschreiben, die an diesem Tag geschehen waren (z.B. „Meine Freundin hat mich angerufen." „Ich habe heute etwas Leckeres zu Mittag gegessen." „Die Sonne hat geschienen."). Diese Patienten, die vorher zum Teil das Bett nicht verlassen konnten, führten den positiven Tagesrückblick zwei Wochen lang durch. Danach ging es 94 % von ihnen deutlich besser. Ihre Depression veränderte sich von „stark depressiv" zu „leicht bis mittelschwer". Und wenn diese einfache Übung sogar bei depressiven Patienten hilft, so ist zu erwarten, dass sie gesunde Menschen mindestens ebenso weiterbringt.

Was bedeutet das nun für den Alltag mit Kindern? Wenn Sie Ihr Kind abends ins Bett bringen, so können Sie in Ihr persönliches Ritual einfach ein weiteres Element einbauen: Fragen Sie Ihr Kind: „Und was war heute für dich schön? Was hat dir heute gefallen?" Hören Sie aufmerksam zu und vor allem: Bewerten Sie die Antworten nicht. Viel interessanter ist es, wenn sie neugierig darauf sind, was Ihr Kind Ihnen erzählt. Was macht Ihr Kind glücklich? Bei diesem Abendritual bekommen Sie ohne großen Aufwand Antworten darauf, die Ihnen wiederum helfen können, Ihr Kind besser zu verstehen. Außerdem lernt Ihr Kind so auf eine ganz einfache und angenehme Weise, wie gut es tut, sich abends die positiven Erfahrungen des Tages noch einmal zu vergegenwärtigen.

Älteren Kindern können Sie noch einen zusätzlichen Vorschlag machen: Schenken Sie Ihrer Tochter (Mädchen sind dafür oft leichter empfänglich, doch natürlich können Sie das Ihrem Sohn auch vorschlagen) ein schönes Buch mit leeren Seiten. Darin soll sie abends einfach drei schöne Erfahrungen des Tages aufschreiben. „Was war heute schön? Und wie habe ich dazu beigetragen?"

Dieser positive Tagesrückblick macht nachhaltig glücklicher. Kurzfristig hilft er dabei, besser in den Schlaf zu finden, denn Sie beschließen so den Tag mit einem positiven Grundgefühl.

ÜBUNG: POSITIVE GEFÜHLE GENIESSEN

Schreiben Sie eine Woche lang jeden Abend drei positive Dinge auf:

„Was war heute positiv?"
„Wie habe ich dazu beigetragen?"

Beobachten Sie, wie sich Ihre Stimmung dadurch ändert.

Studien zeigten deutliche Wirkungen: Depressive Tendenzen sanken und die Lebenszufriedenheit stieg. Diese Veränderungen waren auch nach sechs Monaten noch messbar – und das nach dieser einen Woche, in der die untersuchten Personen jeweils drei positive Dinge abends aufgeschrieben hatten.

Positive Beziehungen

Jemandem helfen

Es steigert das Wohlbefinden kurzfristig am meisten, wenn man jemandem hilft. Sei es, dass Sie an der Kasse jemandem mit Kleingeld aushelfen oder der sprichwörtlichen alten Dame über die Straße helfen. Die Pfadfinderweisheit „Jeden Tag eine gute Tat" hält langfristig psychisch gesund.

ÜBUNG: JEMANDEM HELFEN

Finden Sie eine neue und für Sie ungewöhnliche Sache, wie Sie morgen nett zu jemandem sein können bzw. jemandem helfen können. Beobachten Sie, wie sich Ihre Stimmung dadurch ändert.

Und natürlich lässt sich das wunderbar in den Alltag mit Kindern integrieren. Kinder lernen ohnehin am besten, wenn sie uns zuschauen – ob wir das wollen oder nicht. Wenn Sie Hilfsbereitschaft in Ihren Alltag integrieren, schlagen Sie damit zwei Fliegen mit einer Klappe: Einerseits tut es Ihnen selbst gut (sagen die psychologischen Studien), andererseits sind Sie Ihrem Kind ein Vorbild für Hilfsbereitschaft. Seligman zitiert in seinem Buch die Mutter eines Freundes, die ihrem Sohn immer dann, wenn er bedrückt war, folgenden Rat gab: „Komm, geh nach draußen und hilf jemandem." Dies ist sicherlich ein sehr praktikabler und wirkungsvoller Ratschlag.

Beziehungen pflegen

Positive Beziehungen sind ein Glücksfaktor für das subjektive Wohlbefinden. Haben Sie jemanden, den Sie nachts um vier anrufen können, wenn Sie Hilfe brauchen? Wenn ja, dann leben Sie länger (... sagen Studien!).

Der bekannte „Glücks-Arzt“ Eckart von Hirschhausen empfiehlt, sein Adressbuch aufzuschlagen, durchzublättern und rote Kringel um Namen zu machen, die „echte Kontakte“ darstellen, d. h. Menschen, mit denen man lachen, weinen oder schweigen kann. Und dann fragt man sich: „Wie oft treffe ich diese Menschen wirklich?“ Selten – denn bei ihnen trauen wir uns normalerweise, eine Verabredung abzusagen. Eckart von Hirschhausen meint, bei unseren anderen Kontakten würde sich das Absagen weitaus mehr lohnen – doch dort trauen wir uns das leider nicht.

ÜBUNG: BEZIEHUNGEN PFLEGEN

Welche Beziehung möchten Sie wieder aufnehmen bzw. vertiefen? Entscheiden Sie sich für eine konkrete Beziehung und planen Sie konkrete Schritte: einen persönlichen Kontakt per Telefon oder einen Besuch (E-Mail oder Facebook reicht nicht). Führen Sie den Plan aus und beobachten Sie, wie sich Ihre Stimmung dadurch ändert.

15. | Grundlagen positiver Erziehung

In diesem Buch ging es um die Frage, wie Eltern und Kinder so zusammen leben können dass sie „miteinander wachsen". Wir haben dabei entstehende Probleme betrachtet und mögliche Auswege aus Sackgassen ebenso beleuchtet wie neue, ungewöhnliche Lösungen für alltägliche Fragen. Wenn wir diese Mosaiksteine zu einem Bild zusammenfügen, so zeigt sich als zentrales Element die innere Haltung der Eltern ihren Kindern gegenüber. Diese Haltung ist im Wesentlichen eine Frage der inneren Einstellung. Und diese Einstellung lässt sich wiederum in wenigen Kernaussagen zusammenfassen.

15.1 Wer und was soll sich ändern?

Wenn Eltern und Kinder Probleme haben, kann sich das unterschiedlich äußern. Manchmal fallen die Kinder selbst durch bestimmte störende Verhaltensweisen auf. Sie sind zum Beipiel aggressiv, eifersüchtig, unzugänglich, schlafen schlecht oder benehmen sich in anderer Weise daneben. Andererseits kann sich das Problem aber auch bei den Eltern selbst zeigen, die dann abgehetzt, reizbar, überfordert und hilflos sind. Unterschiedliche Mischformen sind zusätzlich denkbar, in denen alle Beteiligten leiden. Immer ist jedoch die Beziehung von Eltern und Kind betroffen. Sie sind Partner in einem **gemeinsamen System gegenseitiger Auswirkungen**. Wenn sich ein Teil des Systems ändert, kann der andere nicht gleich bleiben. Eltern, die auf aggressive Handlungen ihres Kindes bisher mit Gegendruck reagiert haben und dies nun nicht mehr tun, ändern das System. Der eingespielte Kreislauf gegenseitiger Aktion und Reaktion wird unterbrochen – und plötzlich merkt das Kind, dass es mit seinem ursprünglichen Verhalten nicht mehr die gewünschte Wirkung erzielt. So ist der Grundstein für eine Veränderung gelegt.

Die grundlegende Haltung der Eltern wird durch die **Eigenverantwortung** charakterisiert. Sie wollen nicht das Kind ändern, sondern beginnen zuerst bei sich selbst, indem sie ihre Einstellung gegenüber dem Kind und ihr eigenes Verhalten verändern. Sie finden für sich selbst neue Wege, auf das Verhalten des Kindes zu reagieren. Kinder haben ein feines Gespür dafür, ob jemand sie verändern möchte, und reagieren darauf nicht unbedingt positiv. Wenn sie dagegen bemerken, dass der andere bei sich selbst beginnt, werden sie wesentlich kooperativer.

15.2 Das Kind akzeptieren und sein lassen

Die Basis dieser Einstellungsänderung ist die **grundlegende Achtung** vor dem Kind und seinem Erleben der Welt. Statt das Kind an die Erwachsenenwelt mit ihren Normen und Werten anzupassen, akzeptieren die Eltern ihr Kind, so wie es ist. Das bedeutet nicht, dass sie sein gesamtes Verhalten damit gutheißen – aber sie bemühen sich zunächst um Verständnis dafür, wie die Welt aus der Sicht des Kindes aussieht. Ein Kind, das sich in dieser Weise wahr- und ernst genommen fühlt, ist nicht mehr gezwungen, sich zu verteidigen, und wird offen für gemeinsame Lösungssuche.

15.3 Das Prinzip der guten Absicht

Die Eltern werden aufmerksam für die **positiven Absichten**, die das Kind mit seinem Verhalten verfolgt. Sie vermitteln dem Kind Verständnis dafür und suchen gemeinsam mit ihm neue Wege, um die ursprüngliche Absicht so sicherzustellen, wie es für alle angemessen ist. Auch bei sich selbst gehen sie mit dieser Grundeinstellung heran und achten ihre eigene gute Absicht.

15.4 Es gibt viele Wege zum Ziel

Auf dieser Basis von Eigenverantwortung, Akzeptanz und Würdigung der guten Absicht sind verschiedene Wege möglich, um an ein Problem heranzugehen. Auf der **Verhaltens-Ebene** lässt sich eher direkt und kurzfristig ansetzen. Interventionen auf der Ebene der persönlichen Haltung (**Identität und Glaubenssysteme**) sind wesentlich umfassender und weitreichender. Sie werden sich schließlich auch im Verhalten zeigen. Wenn ich an meiner Einstellung als Mutter arbeite, widersprüchliche Persönlichkeitsanteile versöhne und meine Werte bewusst begreife, helfe ich damit nicht nur meinem Kind, sondern auch mir selbst. Mein Verhalten wird dadurch stimmiger, konsequenter und überzeugender werden.

Nachdem es viele Wege zum Ziel gibt, sind auch Kombinationen möglich. Der Ansatz bei der eigenen Identität mag eher als Grundlage und Triebfeder wirken, während konkrete Verhaltensänderungen im akuten Fall sinnvoll sind oder wenn es einmal nicht mehr weiterzugehen scheint. Je nach der Zielvorstellung sind Teilziele möglich, die ihrerseits in einer bestimmten Reihenfolge stehen. Wichtig erscheint mir hier der weite Blickwinkel. Es gibt kein absolutes „Richtig“ oder „Falsch“, denn Ziele sind immer etwas ganz persönliches. Die Bandbreite der Ansatzpunkte vom Verhalten über Fähigkeiten und Überzeugungen bis zur Identität zeigt viele verschiedene Möglichkeiten, etwas zu tun. Genau das ist das Entscheidende: nicht stehen bleiben und klagen, sondern wahrnehmen, ernst nehmen und gemeinsam weitergehen.

15.5 Aktive Gestaltung der Umwelt

Hier schließt sich der Kreis: Wie das Kind nur ein Mitglied des Systems Familie ist, ist die Familie wiederum ein Mitglied eines größeren Systems. Eltern und Kinder leben nicht isoliert, sondern sind eingebettet in eine gemeinsame Umwelt. Wenn man auch als Einzelner bei sich selbst anfangen und viel verändern kann, darf der Aspekt der Umwelt nicht vernachlässigt werden. Viele Probleme, die Eltern und Kinder haben, sind in entscheidendem Maß durch unsere Lebensbedingungen mitbedingt. Dieser Themenkomplex würde den Rahmen des Buches bei Weitem sprengen, deshalb nur einige Schlagworte dazu: Die moderne Kleinfamilie in ihrer Isolation verlangt von den Eltern wesentlich mehr Engagement, Belastbarkeit und Kraft als ein Leben in einer Großfamilie, die noch dazu in ein intaktes soziales Umfeld eingebunden war. Alleinerziehende Eltern und ihre Kinder stehen zusätzlich unter enormem Druck. Schon Grundschulkinder nehmen Pillen gegen Schlaflosigkeit und psychosomatische Störungen. Der Tierschutzverein hat stellenweise mehr Mitglieder als der Kinderschutzbund ...

Unsere Aufgabe ist deshalb auch, einschränkende Umweltbdingungen immer wieder aktiv mitzugestalten. Statt über Kinderfeindlichkeit zu klagen, kann man einzelne Personen direkt ansprechen und sich im Kleinen für Kinderfreundlichkeit einsetzen. Wer im Supermarkt den Marktleiter auf die Süßigkeitenregale im Kassenbereich anspricht, erreicht langfristig mehr als nur Einzelerfolge bei seinen eigenen Kindern. In Amerika gibt es bereits regelmäßig „Kinder-Kassen", an denen keine Süßigkeiten in Augenhöhe der Kinder drapiert sind. Wenn mein Kind nicht in den Kindergarten möchte, kann ich natürlich mit dem Kind sprechen und ihm versuchen zu helfen. Vielleicht ist es aber eine größere Hilfe, direkt mit der Erzieherin zu reden, mit der mein Kind Probleme hat, und bei ihr seine Interessen zu vertreten. Ähnliches gilt für die Schule, für Gespräche mit den Lehrern und Aktivität im Elternbeirat. Wer auch hier mit der „Brille" der guten Absicht herangeht, wird Möglichkeiten entdecken, die Umwelt als Ressource zu nutzen.

Wie können wir unsere Umwelt langfristig verbessern? Einen wesentlicher Beitrag liegt in unserer Hand: Unterstützen und erziehen wir unsere Kinder so, dass sie in der Zukunft das ihre dazu tun können und wollen, um die Umwelt weiter zu verbessern – vielleicht mit besseren Chancen als frühere Generationen. Robert Dilts, den ich als führenden NLP-Lehrer bereits mehrfach erwähnt habe, beschreibt das eigentliche Ziel von NLP mit Einsteins Worten: „creating a world, to which people want to belong“ – eine Welt schaffen, in der wir leben und zu der wir gehören wollen. Wir, das sind wir Eltern und unsere Kinder.

Ein Wort zum Schluss

Wie geht es Ihnen, nachdem Sie das Buch bis zum Ende gelesen haben? Vielleicht haben Sie schon eine Menge Ideen bekommen, was Sie in Ihrem Alltag mit Kindern ausprobieren und verändern möchten. Möglicherweise schwirrt Ihnen aber auch der Kopf bei so vielen Übungen und Anregungen und sie wissen gar nicht, womit Sie beginnen wollen. Deshalb zum Schluss des Buchs einige Tipps:

1. Setzen Sie sich realistische Ziele. Nehmen Sie sich ein Kapitel vor, das Sie besonders anspricht, und arbeiten Sie damit über einen gewissen Zeitraum. Lesen Sie dieses Kapitel noch einmal in Ruhe durch und finden Sie heraus, wie Sie Ihre Erfahrungen weiter umsetzen können. Machen Sie die Übungen und lassen Sie sich Zeit dafür. – Erst dann nehmen Sie sich das nächste Kapitel vor.
2. Besorgen Sie sich ein schönes Heft oder Buch und schreiben Sie Ihre Gedanken, Erfolge, Ideen auf, die Ihnen beim Lesen und Ausprobieren kommen.
3. Suchen Sie sich Gesprächs- und Übungspartner! Wenn Sie nicht ohnehin schon mit Ihrem Partner darüber reden, sprechen Sie mit Freunden und anderen Eltern. Gemeinsam geht vieles leichter. Vielleicht wollen Sie sich ja mit einem Gesprächspartner regelmäßig treffen, um sich auszutauschen?
4. Nehmen Sie sich in der Familie Zeit, um gemeinsam etwas zu unternehmen, was allen Spaß macht. Solche Unternehmungen bringen frischen Wind herein und erleichtern den gemeinsamen Weg.

Ich freue mich über jede Rückmeldung von Ihnen, wie Ihnen das Buch gefallen hat und welche Erfahrungen Sie bei der Anwendung in **Ihrem** Alltag mit Kindern gemacht haben. Auch wenn Sie weitere Informationen über NLP und Systemisches Coaching haben möchten – schreiben Sie mir. Wir bieten regelmäßig Seminare, Ausbildungen und Einzelcoaching an.

Daniela Blickhan
Asternweg 10a
D-83109 Großkarolinenfeld

daniela.blickhan@inntal-institut.de
www.inntal-institut.de
Telefon +49 (0)8031 50601

Verzeichnis der Übungen

Weiterführende Literatur

BETTELHEIM, B. (1993): *Kinder brauchen Märchen.* München, dtv.

BLICKHAN, C. & D. (2007): *Denken, Fühlen, Leben. Vom bewussten Wahrnehmen zum kreativen Handeln mit NLP.* Landsberg / Lech, mvg, 7. Aufl.

BLICKHAN, C. & ULSAMER, B. (2008): *NLP für Einsteiger.* Würzburg, Hemmer-Wüst.

CSIKSZENTMIHALYI, M. (2010): *Flow: Das Geheimnis des Glücks.* Stuttgart, Klett-Cotta.

DILTS, R. (1991): *Identität, Glaubenssysteme und Gesundheit.* Paderborn, Junfermann.

DILTS, R. (1993): *Veränderung von Glaubenssystemen.* Paderborn, Junfermann.

GORDON, D. (1986): *Therapeutische Metaphern.* Paderborn, Junfermann

GORDON, T. (1972): *Familienkonferenz.* Hamburg, Hoffmann und Campe.

GORDON, T. (1993): *Die neue Familienkonferenz.* Hamburg, Hoffmann und Campe.

JACKSON, D. (1991): *Drei in einem Bett. Schlafen mit Kind.* Reinbek, Rowohlt.

JORGENSEN, M. & SCHNEIDER, P. (1989): *Kampfbeziehungen. Wenn Kinder gegen Erwachsene kämpfen: Erklärungen und Lösungen.* Reinbek, Rowohlt.

LORIE, P. (1989): *Mit den Augen eines Kindes.* München, Mosaik.

LYUBOMIRSKY, S. (2008): *Glücklich sein: Warum Sie es in der Hand haben, zufrieden zu leben.* Frankfurt, Campus.

SELIGMAN, M. E. P. (1999): *Kinder brauchen Optimismus.* Reinbek, Rowohlt.

SELIGMAN, M. E. P. (2001): *Pessimisten küsst man nicht: Optimismus kann man lernen.* München, Droemer.

SELIGMAN, M. E. P. (2005): *Der Glücks-Faktor. Warum Optimisten länger leben.* Bergisch Gladbach, Lübbe.

SELIGMAN, M. E. P. (2011): *Flourish: A Visionary New Understanding of Happiness and Wellbeing.* Free Press (deutsche Übersetzung in Vorbereitung).

ZIMMER, K. (1992): *Versteh mich doch bitte! Über die alltäglichen Missverständnisse zwischen Eltern und Kindern.* München, Kösel.